U0510452

项目资助

本书系全国教育科学规划国家青年项目 "社会责任视角的大学可持续发展组织转型研究"（CFA180252）的研究成果

面向可持续发展的
大学组织转型

康乐 著

中国社会科学出版社

图书在版编目（CIP）数据

面向可持续发展的大学组织转型／康乐著. -- 北京：
中国社会科学出版社，2024. 12. -- ISBN 978-7-5227
-3830-7

Ⅰ. G647

中国国家版本馆 CIP 数据核字第 2024494CZ2 号

出 版 人	赵剑英	
责任编辑	赵　丽	夏大勇
责任校对	王　晗	
责任印制	郝美娜	

出　　版	中国社会科学出版社
社　　址	北京鼓楼西大街甲 158 号
邮　　编	100720
网　　址	http://www.csspw.cn
发 行 部	010 - 84083685
门 市 部	010 - 84029450
经　　销	新华书店及其他书店

印　　刷	北京明恒达印务有限公司
装　　订	廊坊市广阳区广增装订厂
版　　次	2024 年 12 月第 1 版
印　　次	2024 年 12 月第 1 次印刷

开　　本	710×1000　1/16
印　　张	13.5
字　　数	215 千字
定　　价	78.00 元

凡购买中国社会科学出版社图书，如有质量问题请与本社营销中心联系调换
电话：010 - 84083683
版权所有　侵权必究

前　言

　　可持续发展，是一场广泛而深刻的经济社会变革，是全球共同的追求和期待。2015 年，由联合国发起并得到成员国一致通过的《变革我们的世界：2030 年可持续发展议程》系统规划了世界可持续发展的蓝图，具有深远的意义和影响。该议程设立了 17 项全球可持续发展目标和 169 个子目标，涵盖消除贫困与饥饿、健康、教育、性别平等、水与环境卫生、能源、创新与科技、气候变化等。该议程的制定与实施，旨在引领全球发展转型，提供了共同的方案和议程来解决世界面临的严峻挑战，共同建设更加平等、包容和可持续的未来。这是联合国成立 70 年来全球发展与治理进程中的重要里程碑。

　　可持续发展已经进入全球行动的时代。人类发展的共同目标，自然是大学的努力方向。现代大学真正成为可持续发展的组织，不仅意味着历经千百年淬炼的大学顺应时代潮流而推动管理与技术更新，更代表着大学的社会功能及其对社会产生影响的方式发生了重大变化。各国大学对承担促进全球可持续发展的社会责任形成共识，有意愿对实现可持续发展目标做出重要贡献，然而，有些大学缺少切实可行的行动计划和具体落实的实际行动，有些大学有意愿亦有行动，但尚未系统规划，实践不成体系，社会效应不显著。要实现任何一项可持续发展目标，必须考虑所有目标间的相互依赖关系，这对任何一所大学而言都是具有挑战性的事情。一些政府部门、大学管理者和学者希望能将联合国 17 项可持续发展目标引入大学体制之中，但是却发现很多大学现有的制度并不能很好地容纳、激励可持续发展目标的深度融入与实现。现存的一些结构性障碍导致很多大学未能或无法更积极地为解决社会中妨碍可持续性的挑战做出贡献。

2023 年，全球可持续发展议程的实施时间已经过半，然而气候变化、生态失衡、环境污染、新冠疫情大流行、经济衰退、地区冲突等全球性危机日益严峻。面对着前所未有的艰难时刻，大学如何通过强有力的组织行动促进可持续发展转型的问题变得更加深刻。大学需要彻底转变自身的发展模式，以面对复杂严峻的形势和不确定性、不稳定性加大所带来的挑战，实现可持续发展。面对新的发展环境、挑战、危机、使命，一些大学开启面向可持续发展的组织转型，尝试做出根本性、深层次的改变。

本书旨在启发大学遵循可持续发展规律，通过组织转型实现自身的可持续发展，并更好地履行促进社会可持续发展的社会责任。"大学在促进全球可持续发展中承担着重要的社会责任"，各国对此已经达成普遍共识，但对"负有哪些社会责任，又该如何践行这些责任"，各国的大学可结合所在社会和国家的社会责任标准与需求，树立本土化主张，进行本土化实践。中国大学的社会责任研究，传统的研究取向过于宏观，研究视角主要集中在"国家—大学—社会"关系的结构视角，这种研究范式往往会忽略大学及其共同体作为行动者的立场和行动过程。对于中国大学来说，尽管政策驱动依然是行动和策略的重要影响因素，但组织层面的研究必须跳出过去的结构叙事，回到组织本身的立场。因此，本书引入社会责任视角，构建大学可持续组织转型的研究框架，进一步拓宽大学组织转型的研究路径。

本书共分为七章，第一章"面向可持续发展的高等教育"是本书写作的价值起点。可持续发展观是始终贯穿于本书的一条主线。现代高等教育是国家发展的重要基石，是社会文明凝聚的平台，是实现人类可持续发展的关键要素。大学居于教育促进可持续发展的核心地位，在全社会迈向可持续发展的过程中扮演着示范性、导向性的角色，肩负着为全球可持续发展提供人才、增添动力、创造典范的使命。各国大学须通过系统改变思维方式、决策方式、管理方式和行为方式，变革传统的、不可持续的发展模式，将"可持续发展"作为大学组织转型的价值观，在可持续发展观的指导下以平衡的、具有韧性的、适应性的方式推进组织转型。

第二章阐释了"大学促进可持续发展的社会责任",从确保实现公平优质教育、开展可持续发展教育、创新驱动可持续发展、促进可持续发展的社会服务、重振可持续发展的全球伙伴关系五个共识性的责任领域,分析大学在全球可持续发展中应承担的社会责任。大学应结合所在社会和国家的真实社会需求与可持续发展标准,树立本土化主张,进行本土化实践,结合大学自身的办学类型、组织特色与优势,履行共同而有区别的社会责任。

第三章"大学可持续发展组织转型面临的新场景"探讨了当今时代创造和传播知识的组织边界已经打开以及可持续转型与数字化转型同步进行的新场景。全球后疫情复苏背景下可持续发展的挑战,为大学的组织转型创造了试验场。新一轮科技革命和产业变革深入发展,数字—智能技术成为驱动人类社会思维方式、组织架构和运作模式发生根本性变革和全方位重塑的引领力量,为高等教育创新路径、重塑形态、推动发展提供了新的重大机遇。数智时代催生新形态的大学,来培养更具有创造力的学生,创造更具探索性的创新成果,运行可持续的数智型组织。

第四章"大学可持续发展组织转型的理论分析"界定了大学的可持续发展、组织转型、可持续发展转型等重要概念及内涵,分析了大学为何应转型为可持续发展的组织,重点运用四重底线理论剖析了大学可持续发展组织转型的理论框架和实现路径。四重底线框架不是解释大学可持续性的唯一模型,仍然需要开展更广、更深领域的内容延展性探索,对不同国家和地区不同类型的大学提出具有针对性的、可操作的组织转型策略。

第五章"大学可持续发展组织转型的案例研究"以探索性多案例的研究方式对组织转型开展调查研究。奥克兰大学、悉尼大学、博洛尼亚大学、北海道大学、清华大学五个成功的组织转型案例表明,上述大学已符合"可持续组织"的特征,即遵循并致力于推进可持续发展的价值观与原则,将对社会的可持续发展有所贡献视为宗旨;运用可持续发展的方法与规范,有效减少大学的教育和科研活动对环境和社会的消极影响,充分发挥自身职能、资源和优势主动寻求对经济、社会和环境可持续性产生积极影响的解决方案。这些特征的聚合且足够的连贯性可以揭示新的转型模式的出现。遵循案例研究的典型规则,使用多源的定性资料分析来源，在案例研究过程中，聚焦于大学可持续组织转型的策略选择和行动过程，精炼出稳健且可复制的理论框架。本书所接触的管理者们描述了大学发展面临的挑战，以及他们是如何转变工作方式以应对挑战的。本书经验并非闭门造车，而是在与兼具缜密思维与创新理念的教育管理者的合作中收获的。

第六章"大学可持续发展组织转型的驱动因素"通过跨案例的共性要素分析与案例间的差异性分析，揭示可持续发展组织转型的基础层、治理层、价值层三个层次的 10 类驱动因素。尽管各国大学组织转型的路径有些许差异，但其背后的驱动因素却是相似的。大学的组织转型无法依赖任何单一驱动因素实现，而是需要多维因素并行驱动，且各驱动因素之间相互关联、相互作用。

第七章"大学可持续发展组织转型的途径"结合转型的驱动因素，针对大学可持续发展面临的挑战，从加快人才培养的创新变革、创新驱动可持续发展转型、拓展社会服务的广度与深度、提升治理效能驱动组织转型四个方面，提出可持续发展组织转型的思路与策略。柏林自由大学、约翰·霍普金斯大学、欧林工学院、筑波大学、剑桥大学、香港科技大学、浙江大学、南方科技大学、山东大学、大连理工大学等实践案例，生动而又精简，使大学的组织转型实践带有"可视化"效果，让抽象的学术研究内容更接地气。

最后，读者们是否能够想象，2030 年 9 月，若联合国《2030 年可持续发展议程》的目标全部得以实现，世界各地的大学会是怎样一种景象？"为可持续的未来重塑高等教育"，是否会成为"未竟的改革""未完成的转型"？

目　　录

第 一 章

面向可持续发展的高等教育

在联合国教科文组织的倡导和建议下，已经有越来越多的国家认同现代高等教育是一项公共事业，是国家发展的重要基石，社会文明的凝聚平台，是全球共同利益所在，也是实现人类可持续发展的关键要素①。本书写作的价值起点，正是坚守高等教育作为全球共同利益的原则，致力于使这一原则成为一种战略力量，引领更加可持续、公平和包容的社会。社会责任的履行是高等教育实现自身可持续发展以及促进社会可持续发展的重要驱动力。对承担社会责任的高等教育来说，最终目标是实现高等教育、社会、人和环境整体的可持续发展。

第一节　高等教育是实现可持续发展的关键要素

一　可持续发展

全球人口多达80亿，而地球自然资源却有限，人类社会的发展面临着资源耗竭、生态恶化、气候变化、经济衰退、地区冲突等严峻挑战，应对这些挑战，需要找到理想的可持续发展之路。

20世纪80年代，发达国家工业化导致的环境污染和资源枯竭等问题，促使可持续发展理念兴起。由于全球范围内出现大规模环境和社会问题，1987年联合国世界环境与发展委员会发布了影响深远的报告《我们共同的未来》，报告中提出"可持续发展"是"既能满足当代人的需

---

① 史静寰、叶之红、胡建华等：《走向2030：中国高等教育现代化建设之路》，《中国高教研究》2017年第5期。

要，又不对后代人满足需要的能力构成损害的发展"，并论述了可持续发展的原则、要求、目标和策略，获得全球广泛认同。

1992 年，联合国环境与发展大会通过了《里约环境与发展宣言》和《21 世纪议程》。这是可持续发展思想和理念付诸行动的开端，它充分肯定了可持续发展道路，把实现可持续发展作为人类共同追求的目标。本次会议的成果是国际社会加深了对"可持续发展"的认识。相关成果报告提出落实可持续发展的"四维模型"。该模型主要包括经济、社会、环境和治理，强调实现可持续发展的关键是有组织机制的保障（如图 1－1 所示）①。在后续概念发展中，表达与"组织机制"相对应的概念已明确使用"组织治理"或"组织文化"，促进了"可持续发展"理念融入组织治理、组织文化中，推动各个行业高质量发展。

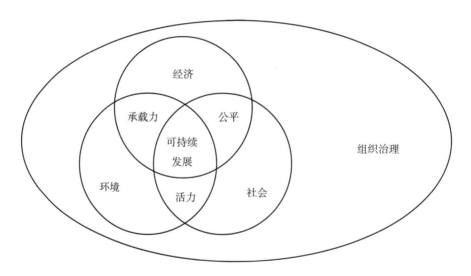

图 1－1　可持续发展与组织机制

"可持续发展"的科学内涵和外延处在动态变化发展过程中，这一概念已经不仅仅局限于人类生态学意义上的诠释和使用。可持续发展表现为在尽量降低代际/代内环境风险成本的前提下，实现经济、社会和环境三方面的协调发展，最大化共享发展的效益。社会—技术系统的传统发

---

　①　孙继荣：《可持续发展战略方法论》，中国经济出版社 2023 年版，第 21 页。

展模式以满足当前人类发展需要为出发点，忽视了资源环境承载力。要解决这些问题，需要从根本上将发展模式转变为注重经济、社会和生态系统协调共生的可持续发展模式，即实现社会—技术系统的可持续转型。

进入 21 世纪以来，可持续发展这一划时代的新理念，从萌芽到形成概念，再到确定科学方案，最终成为 21 世纪全球发展的新范式。可持续发展是社会生产力发展和科技进步的必然产物，是破解当前全球性问题的金钥匙。如今，全球不断探索推动可持续发展理论创新、模型构建和范式突破，并构建在新的技术革命（人工智能等）驱动下可持续发展科学的新型方法学，推动可持续发展科学前沿理论和研究范式的变革性发展。

可持续发展观是贯穿本书的一条主线。可持续发展观是根据人类社会面临的严峻挑战，科学地提出可持续发展新范式的理论和实践，是当今世界跨越国界、跨越组织边界的共同理念。已经领先的企业、大学等社会组织可持续发展管理的实践经验对在变化的世界中塑造可持续的大学具有普遍的实用价值。

可持续发展观理应成为各国大学的共识和发展理念，能够作为大学制度设计的内在逻辑和价值导向。可持续发展模式应该成为大学的新发展模式。各国大学须通过系统改变思维方式、决策方式、管理方式和行为方式，变革传统的、不可持续的发展模式，将"可持续发展"作为大学组织转型的愿景、价值观和目标，在可持续发展观的指导下以平衡的、具有韧性[①]的、适应性的方式推进组织转型的过程，提高组织未来的发展潜力。

二　变革世界的可持续发展目标

实现可持续发展成为全球治理和构建人类命运共同体的核心任务。联合国《变革我们的世界：2030 年可持续发展议程》（以下简称《2030 年可持续发展议程》）系统规划了世界可持续发展的蓝图，设立了 17 项可持续发展目标（UN Sustainable Development Goals，SDG），涵盖消除贫困与饥饿、健康、教育、性别平等、水与环境卫生、能源、创新与科技、

---

① 韧性反映系统对周边环境的适应能力和状态，强调大学对复杂环境的持续适应。

气候变化等发展目标（具体详见图 1-2）。可持续发展目标致力于动员多元主体的一致行动以实现共同利益，能够指引全球复苏，实现更加绿色、更具包容性的经济，建设更加强大、更具复原力的社会。议程的实施开启了人类历史上最宏大的公共政策实验，成为联合国成立 70 年来全球发展与治理进程中的一个里程碑。

图 1-2　联合国 17 个可持续发展目标

联合国希望将可持续发展目标纳入人类现实生活的各个部分，期待各国高等教育在此过程中担当重任，定位自身角色，动员大学及其他高等教育机构采取行动，共同参与这一历史性努力。联合国教科文组织认为，高等教育机构具有巨大的变革潜力，处于推动可持续发展的最前沿，并成为其他经济部门的基准，处于独特的地位①。近些年，联合国教科文组织围绕《2030 年可持续发展议程》形成多份有影响力的建议报告，强调可持续发展目标应融入高等教育机构的战略、科研、教学、教育、校园实践，使高等教育机构成为实现可持续发展目标的核心贡献者。

近年来，气候变化、自然灾害、新冠疫情大流行、恐怖主义等全球危机日益严峻，世界政治、经济格局不确定风险加剧，全球经济发展面

---

① UNESCO, *The Contribution of Higher Education to the SDGs* (https: // www. iesalc. unesco. org/en/the-contribution-of-higher-education-to-the-SDG).

临繁荣衰退和增长乏力的风险，给全球可持续发展带来了更大挑战。2022 年 4 月 27 日，经济合作与发展组织（OECD）发布的报告《通往 2030 年道阻且艰：衡量实现可持续发展目标的距离》，基于可持续发展目标的全球指标框架，对 OECD 成员国的表现进行评估。报告指出，在过去几十年，大多数 OECD 国家在减贫方面没有取得进展，包括妇女、年轻人和移民等群体比其他人面临更大的挑战，而教育差距会进一步加剧不平等①。其中，针对 SDG4 公平优质教育，一些经济最发达的国家仍未实现青年就业、教育和培训、性别平等和数字素养等领域的目标。这需要各国采取更强有力的政策行动并且开展国际合作来实现全球性的 2030 议程目标，大学及其他高等教育机构需要在可持续发展各领域承担社会责任，发挥积极作用。

2022 年 6 月 2 日，与联合国开展合作的国际研究组织"可持续发展解决方案网络"② 发布了《可持续发展报告 2022——从危机到可持续发展：以可持续发展目标为路线图通向 2030 及未来》③。该报告提供了全球 163 个国家的可持续发展目标指数（以下简称为 SDG 指数），展示了各个国家实现可持续发展目标的总体进展和单项绩效。该报告指出，全球可持续发展进程在多重危机的影响下已连续两年停滞不前。公共卫生问题、全球气候变化以及军事冲突等困难的持续性存在，使可持续发展目标的实现受到前所未有的挑战。我们已经意识到，每个国家在实现可持续发展目标过程中都面临重大挑战。不同收入水平的国家和地区面临着不同的发展风险。发展中国家主要面临消除贫困、社会包容、基础设施建设以及生态环境恶化等问题。相对富裕的国家所面临的问题更为具体，但也很严峻，例如应对气候变化、消除不平等、构建可持续的全球伙伴关系以及改善营养结构、性别平等和教育等问题。尽管东亚和南亚地区在

---

① OECD, *The Short and Winding Road to 2030：Measuring Distance to the SDG Targets*, Paris：OECD Publishing, 2022, pp. 23 – 25.

② 可持续发展解决方案网络由联合国原秘书长潘基文于 2012 年发起，成员单位涵盖大学、科研机构、非政府组织、社会团体等类别，旨在调动全球科学与技术专业资源，在国家及国际层面促进可持续发展和可持续发展目标的实施，解决实际问题。

③ Sustainable Development Solutions Network, *Sustainable Development Report 2022：From Crisis to Sustainable Development*（https：//s3. amazonaws. com/sustainabledevelopment. report/2022/2022-sustainable-development-report. pdf）.

"SDG 1 无贫穷"方面取得了长足进步，但在实现"SDG 3 良好健康与福祉"和"SDG 4 公平优质教育"上面临巨大挑战。未来需要进一步扩大融资，发挥政府有效作用，强化数据系统的应用，为全球可持续发展目标的实现提供可行性道路。

根据"可持续发展解决方案网络"发布的《可持续发展报告 2022》中提供的基础数据，绘制了加权平均①后的全球 163 个国家 SDG 指数得分趋势图，具体详见图 1 - 3。

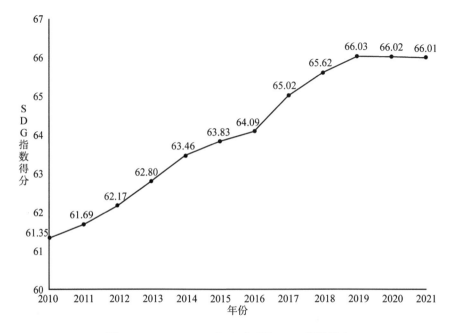

图 1 - 3 2010—2021 年全球平均 SDG 指数得分

如图所示，SDG 指数得分自 2010 年至 2019 年始终保持上升状态并达到峰值 66.03，随后的 2020 年及 2021 年得分较前一年相比约下降 0.01。经历 2017 年前的迅速增长后，随后的 2018 年和 2019 年的增速已经放缓。总体上看，2017 年以来，全球可持续发展目标实现受到阻碍，实施进程逐渐减缓，在新冠疫情肆虐的 2020 年和 2021 年，全球平均 SDG 指数得

———————————

① 由于不同认知群体对赋予某些可持续发展目标更高的权重并没有达成共识，因此可持续发展解决方案网络对每项可持续发展目标赋予固定、相同的权重。

分出现小幅度的倒退。这也印证了国际社会普遍担忧的可持续发展目标进展"微弱且不充分"的现象。

三　高等教育作为全球共同利益

教育是一项基本人权，是实现可持续发展的基础，是推动社会、经济、政治和文化发展的动力。在国际社会对于"教育"的讨论中，往往将教育视为一项人权、公共产品、公共责任。教育作为全球的共同利益的原则，在基础教育领域是没有异议的。然而，作为全球的共同利益的原则，是否适用于高等教育领域，在国际社会的诸多讨论中，并没有达成全球共识。

一些国家认为，高等教育是通过向在大学和其他高等教育机构中学习的人传授知识和技能来对社会做出重大贡献的公共产品。因此，国家应当承担高等教育大部分的费用。在很多国家，高等教育是关乎公共利益和国家前途的准公共物品，政府部门积极出资兴建公立的地方大学、新型的研究型大学，以满足本国学生与经济社会发展对多样化学习与培训的需求，实现高等教育有效的且可持续的发展。

20 世纪下半叶是高等教育发展史上最壮观的发展时期，全世界大学的学生入学数从 1960 年的 1300 万增至 1995 年的 8200 万，增长 5 倍多。发达工业化国家和发展中国家之间在高等教育与研究方面的机会与资源呈现出巨大差距，并在不断扩大。如果没有足够的高等教育与研究机构，任何一个国家都难以保证内生的和可持续的发展[①]。

从 20 世纪 80 年代开始，全球化极大地增强了高等教育的重要性。对于个人来讲，接受高等教育意味着获得更高的收益能力、更高的社会地位、更丰富的生活；对于国家和社会来讲，意味着获得更高的全球竞争力、经济的繁荣、理性的政府、社会的良性运转和更有活力的公民社会。从世界银行扩展到各国政府，对于高等教育的观念开始转变，由于高等教育投资的个人收益高于社会收益，高等教育越来越被视为是一种"私人物品"。

---

① 赵中建：《21 世纪世界高等教育的展望及其行动框架——'98 世界高等教育大会概述》，《教育发展研究》（原《上海高教研究》）1998 年第 12 期。

经济全球化加深了不同国家之间以及各国内部的不平等现象。如果没有包容、公平且有质量的高等教育以及终身教育的机会，任何国家都难以实现性别平等、打破贫困的怪圈。如果高等教育系统忽视弱势学生以及生活在贫穷国家的众多学生的教育需要，将教育机会集中在富裕阶层，使优质高等教育高不可攀，就会加剧这种社会不平等。2000 年至2015 年，全球高等教育的入学率已经翻倍，高等教育入学机会显著扩大。但是，基于收入和其他社会边缘化因素的差距依然普遍存在，出身高收入群体的学生在高等教育入学机会方面依然保持着相对优势。为了人类可持续发展的未来，人们需要反思高等教育与社会发展之间的关联，反思高等教育的目的，以便在复杂世界中更好地做出关于高等教育的决策。

联合国《2030 年可持续发展议程》提供了人类和地球和平与繁荣的共同蓝图，但是全球社会的可持续发展受到从自然灾害、气候变化、新冠疫情大流行等自然问题到不平等、失业、战争冲突、核污染扩散等众多社会威胁的严峻挑战。"教育"被认为是在危机下最需要被重新思考的社会领域。

2015 年，联合国教科文组织发布的重要报告《反思教育：向全球共同利益的理念转变?》明确提出教育是"全球共同利益"的理念。教育是可持续发展的核心。从批判性思维、网络道德和媒介素养到促进人类健康、公民意识和性别平等，教育会影响人们关于未来的决定，引导人们评估自己的行为，使人们意识到其行为对后代和他人生活的影响。因此，教育一直被认为是解决全球挑战的有效方法。联合国的目标是在所有层面和所有社会背景下，改善获得可持续发展优质教育的机会，通过调整教育方向实现社会转型，并帮助人们培养可持续发展所需要的知识、技能、价值观和行为。

教育应该以人文主义为基础，以尊重生命和人类尊严、权利平等、社会正义、文化多样性、国际团结为原则，为可持续发展的未来承担共同责任。2015 年，时任联合国教科文组织总干事的伊琳娜·博科娃（Irina Bokova）认为，"没有比教育更强大的变革力量了——在平等权利和社会正义、尊重文化多样性的基础上，促进人权和消除贫困，强化可持续性，为所有人建立更美好的未来，加强国际团结和共同承担责任，这些都是我们人类的共性"。联合国教科文组织建议，要在相互依存日益加深的世界中实现可持续发展，应将教育和知识视为全球共同利益。共同利益的概念让人们能够摆脱教育的"公益"概念所固有的个人主义社会经济理论的影响，超越狭隘的功利主义和经济主义，增强教育的包容性，为所有人提供发展的机会，创造一个可持续的未来。在《教育2030行动框架》的指导下，联合国教科文组织及其全球的合作伙伴致力于实现可持续发展目标4，即通过变革来确保公平包容的优质教育以及提供终身学习机会。

在新冠疫情大流行期间，国际社会面临着卫生、经济和社会危机并存的威胁。可持续发展是经济、环境、社会三位一体的发展，是应对气候变化、经济衰退、战争冲突、新冠疫情大流行等多重挑战的正确和可行的选择。2021年7月14日，联合国秘书长古特雷斯在"可持续发展高级别政治论坛"上提出，新冠疫情揭示了世界各地教育系统的脆弱性，同时也激发了教育系统的创新和适应能力。"我们在这场危机期间和危机之后所做的一切都必须着重于建设更加平等、包容和可持续的经济和社会，从而在面对疫情、气候变化和诸多其他全球挑战时更具韧性。""我们必须面对现实：国际社会非但没有取得进展，反而正在与可持续发展目标渐行渐远。"要克服危机，引导世界回到实现可持续发展目标的轨道上，需要所有国家政府、大学及所有利益攸关者展现领导力、远见、创新，促进投资和合作，需要重新界定将高等教育与社会联系起来的社会契约。

教育是推动全球可持续发展的公共纽带，是人类共享全球共同利益的基本权利，教育不断推动人类向可持续发展迈进。在后疫情世界，人们更加认为高等教育机构是对社会负责的，是构建更加可持续的现代世界的关键驱动力。2021年11月10日，联合国教科文组织面向全球发布的报告《一起重新构想我们的未来：为教育打造新的社会契约》，把教育定义为一种全球、公共和共同的利益，为教育构建新的社会契约。"教育可以视为一种社会契约——社会成员间为了共享的利益而合作达成的默示协议。"①

---

① UNESCO, *Reimagining Our Futures Together: A New Social Contract for Education* (http://en. unesco. org/futuresofeducation).

缔结这种社会契约必须遵循两条基本原则，即确保人们终身接受优质教育的权利以及强化教育作为公共行动和共同利益的形式。唯有将教育定位为人人参与、多领域协作的社会契约，方能真正释放教育的潜能与价值，也才能在确立受教育权得到保障的新境界与构建人类命运共同体之间达成内在的统一。报告呼吁重新定义教育的目的，认为教育旨在凝聚我们（人类）的共同努力，塑造以社会、经济和环境正义为基础的可持续发展目标，并为其提供必要的知识、技术和创新。它必须纠正过去的不公正，同时为我们未来的环境、技术和社会变革做好准备。希望这一重要报告能促使各国的政策制定者和高等教育利益相关者从根本上重新思考高等教育的未来，通过高等教育转型，最终建设一个公正、公平和可持续的未来。

高等教育作为全球共同利益的愿景与原则，对大学众多利益相关方的作用和责任产生了深远的影响。高等教育机构需要重新审视其在未来社会中的目的和作用。各国基于新的教育社会契约观的教育治理实践，需要将国家政府、社会组织、学校和教师、青年与儿童、家长与社区等教育的相关利益方全部纳入契约，实现教育作为"全球共同利益"的愿景。尽管很多国家的大学在此方面已取得进展，但全面落实"全球共同利益"原则依然任重道远。

四 为可持续的未来重塑高等教育

高等教育将我们与世界彼此联系起来，为人类带来新的可能性，增强了人类对话和行动的能力，但要塑造真正和平、公正和可持续的未来，需要重塑高等教育，大学需要转型。重塑高等教育的目的，是确保所有人都享有接受高等教育的权利，使各类高等教育机构及其教育系统对个人学习者、社会和地球的共同福祉负责，使所有的高等教育机构都能够为建设更可持续的未来做出积极贡献。

为可持续的未来重新塑造对社会更加负责的高等教育，是全球性的宏大系统工程。对这一问题的理解可以分为三个层次：一是指高等教育的理念和实践的整体性重塑，二是指一个国家的高等教育系统的重塑，三是指某种类型的高等教育机构层面的组织转型。本节重点讨论的是全球性的高等教育转型。全球性的高等教育重塑由强有力的方法和充满动能的过程共同构成，推动个人、组织、系统、国家和全球层面的高等教育发展与进步。各国各地区都应该评估未来的发展图景与面临的挑战，因地制宜制定高等教育转型路线图：定义优选事项、目标、行动路线等。

　　面对日益复杂和充满挑战的全球局势，在人类面临全球性威胁以及高等教育格局不断演变的背景下，2022 年 5 月，联合国教科文组织在西班牙巴塞罗那召开的第三届世界高等教育大会发布了《超越极限：重塑高等教育的新路径》。第三届世界高等教育大会重申了高等教育发展愿景，明确了重塑高等教育未来的六大原则和需要克服的六大挑战，提出了实现高等教育转型发展的七个实践路径，为面向 2030 年及之后高等教育的重新构想和塑造指明了方向（具体详见图 1 – 4）。

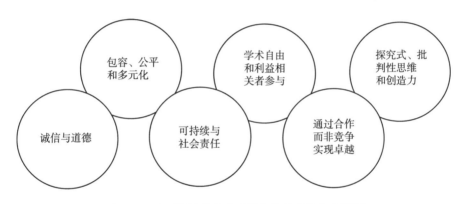

图 1 – 4　为可持续的未来重塑高等教育的六大原则

　　基于上述六大原则，第三届世界高等教育大会制定路线图确定了重塑高等教育的以下六大挑战。

　　一，从将高等教育视为精英主义的、歧视的、有时与公共任务疏离的状态，转型为通过公平、可负担、可持续的入学方式使高等教育成为人民应享有的权利。

　　二，从严格关注学科或专业训练，转变为学生的一种全面的学习经验。

　　三，将学科筒仓转变为学科间通过不同的视角开放对话和积极合作的状态。

　　四，从将高等教育视为中学教育后立即进行的教育，转型为旨在满足青少年和成人多样化教育需求的终身学习的路径。

五，从一个个等级森严、联系薄弱的部门和专业项目的孤岛，转型为拥有多元化的课程体系和灵活性的学习途径的整合系统，从而为年轻人和成年人提供终身教育的机会。

六，从工业化模式的学校教育，转变为在教学方式和技术上使学习者可以自主管理其学习路径的高等教育经历。

联合国教科文组织在第三届世界高等教育大会上提议了重塑高等教育的以下七大实践行动路径。

一，制定明确的目标并密切监测进展。重塑高等教育应加快促使高等教育扩大其对实现可持续发展目标 4 和其他可持续发展目标的贡献，并推动到 2050 年订立新的教育社会契约。

二，高等教育的质量保证和持续改进。质量保证机制是高等教育变革的重要杠杆，为此，高等教育系统应侧重在提供灵活的学习途径和认证机制、注重学科课程的改革和可迁移能力的开发、促进教研人员改善教学法和将科研与实际相联系，以及实施利益相关者介入的组织管理框架等方面采取行动。

三，灵活的学习途径、认证机制、流动性和国际化教育。随着课程和学习方式的不断多样化，高等教育机构需对近年来兴起的不同类型的学习进行认可。同时，国际学生流动性的提高也要求各国订立高等教育文凭互认公约，为跨境学习和认证提供工具。此外，高质量的虚拟学生流动和跨境教育将成为新的更具环境可持续性的高等教育国际化的组成部分。

四，与能力开发相关的高等教育研究和创新。目前以"高等教育"为研究对象的研究中心数量很少，且大多数设立在发达工业国家的大学里。今后的一个任务是应鼓励和支持更多的发展中国家的大学新建或加强从事高等教育议题及其政策研究的研究中心，并提供能力发展项目支持学术领军者的成长。

五，更新高等教育数据的生产、传播和使用方式。高等教育机构需使自身的数据生产、传播和使用符合透明、机会平等、问责、协作、包容、灵活和可持续的原则。

六，促进高等教育的全球交流与合作。当前，高等教育利益相关者面临的挑战是如何管理不同甚至相互冲突的观点，培养共同的目标和开发合作的方式。而关于高等教育政策、计划和实践的对话则是构建共同目标及相关途径的基本平台。为此，所有拥有知识、经验和共同价值观的利益相关者都必须参与到改善高等教育的行动中，并将知情、有效和建设性的对话和真正的合作作为一项长期活动持续开展。

七，为支持共同目标而进行国际合作。国际合作是促进高等教育机构和系统更有效地确保优质教育的可获得权得到实现并为可持续社会做出贡献的一种方式。为此，高等教育机构应将国际合作作为跨领域的维度纳入其学校计划和各类组织单位，并为其开发政策框架、资源和能力。合作的关键包括重新思考高等教育机构的目标以应对全球挑战、所有高等教育利益相关者的共同承诺、有效的培训和研究项目开发以及问责制。

为了重塑自身，高等教育系统和机构需要更新思考、对话、决策和行动方式。重塑高等教育的过程，意味着高等教育必须在多元领域实现转型，从调整高等教育政策，到重塑高等教育组织的优先事项和议程，以及让希望分享价值观、思想和行动的人们加入，为所在的地区和世界建设更美好的未来。

第二节　大学对社会可持续发展的积极影响

一　可持续发展目标与大学职能的高度契合

现代高等教育是国家发展的重要基石，是社会文明凝聚的平台，是实现人类可持续发展的关键要素。大学居于教育促进可持续发展的核心地位，在全社会迈向可持续发展的过程中扮演着示范性、导向性的角色，肩负着为全球可持续发展提供人才、增添动力、创造典范的使命。

大学及其他高等教育机构肩负着人才培养、科学研究、社会服务、文化传承与创新、国际交流与合作等社会职能。大学应通过人才培养、科学研究、社会服务、文化传承与创新、国际交流与合作等社会职能的发挥来解决可持续发展社会转型面临的核心问题。

大学在确保学习者获得促进可持续发展所需的知识和技能的同时，争取成为助力可持续发展目标实现的创新中心，为经济、社会和环境问题找到解决方案。以性别平等（SDG 5）为例，大学提供的教育有助于提升女性群体的社会流动性，大学开展的研究项目有助于确定社会中的性别平等问题、后果及提供对策，大学还可以通过积极制定政策打击校园内的性暴力和性骚扰。

大学是建立可持续发展伙伴关系（SDG 18）的重要平台，大学可以将研究人员、决策者、民间社会和私营部门聚集在一起，提供可持续发展知识和行动，在高等教育事业的发展策略中采取更具全球性、负责任的行动。

对社会负责的高等教育机构将更有助于社会的可持续增长和创新①。以可持续城市和社区（SDG 11）为例，高等教育可以通过许多不同的方式对可持续城市和社区产生直接影响。大学可以将当地和区域背景融入研究（例如解决当地城市问题）和课程（例如体验式学习）。大学的住房、交通、文化、安全、可持续性和基础设施政策，可以通过将校园融入城市环境及其开放空间，对可持续城市和社区产生直接影响。

世界各地的大学、学生、教育者以及教育合作伙伴持续合作，共同组成了一个个充满活力的共同体网络，使教育能够成为解决全球问题的引擎，共同建设一个更平等、更有韧性、更可持续的未来。很多大学在科学研究、人才培养、校园行动、学生活动、公众参与等多领域采取行动，共同推进可持续发展目标的实现进程。

因此，作为全球共同利益的高等教育，能够在落实全球可持续发展目标的历史进程中发挥关键作用。虽然各国大学已经为可持续发展贡献了重要力量，但与社会期待相比，仍然有所欠缺。现在比以往任何时候都更需要大学承担更多的社会责任，为人类可持续发展贡献智慧和力量。大学与利益相关者的务实合作、创新研究以及在关键领域推动全球性问题的解决，变得至关重要。在此背景下，各国政府、大学、企业都在主动谋划后疫情时代的发展战略，充分发挥制度变革的力量，积极采取有利于增强人类健康、推进可持续发展目标、实现经济复苏的措施。这既是为了生存、度过危机，也是为了实现更长远的可持续发展。

本书认为，促进社会的可持续发展和落实可持续发展目标，是当代

---

① Pedro E. M., Leitão J., Alves H., "Do Socially Responsible Higher Education Institutions Contribute to Sustainable Regional Growth and Innovation?" *International Journal of Sustainability in Higher Education*, Vol. 23, No. 8, July 2022, pp. 232 – 254.

大学的重要社会责任。各国大学都应加强对国家和社会的关注，积极为本国社会的可持续发展服务，自觉履行对国家的命运和前途负责的使命；各国大学也应该承担必要的国际责任，以汇聚共同利益和人类福祉为基础拓展协同合作空间，共同解决全球性问题。

二　可持续发展目标为大学发展提供新框架

大学对社会的贡献与积极影响力，是衡量大学地位的显著标志。大学对社会的积极影响力，长期以来由于难以全面量化，导致测量难度很大。可持续发展目标的提出为衡量高等教育机构对社会的积极影响提供了新框架，也为大学通过贡献可持续发展目标促进自身发展提供了新的管理框架。

在高等教育大众化和高等教育机构日趋多样化、高等教育国际化的重要趋势下，人们需要以一种简单、直观的方式快速了解大学的办学质量，以便在众多大学当中做出明智的选择。大学排名恰恰满足了这项社会需求，不同的排行榜对大学有着不同视角的评价。在全球范围内，不少国家的高等教育管理者和高等教育专业人员都会把大学排名当作评价结果和问责依据使用。进入 21 世纪以来，迅速兴起的大学排名已经将很多大学的注意力从教学转移到排名指标看重的科研上来。大学排名实际上鼓励了高等教育机构的同质化，使很多大学更倾向于向注重科研的研究型大学转型，从一定程度上忽视或削弱了各类大学对社会的积极影响力。泰晤士高等教育、QS 的世界大学排名开始将大学对可持续发展目标的贡献考虑在内，为大学在性别平等、气候行动、可持续城市和社区等领域的工作实践提供了新的视角。

（一）世界大学影响力排名

泰晤士高等教育发布的世界大学影响力排名是衡量大学在应对社会、环境、经济领域具有全球性挑战的议题方面采取积极行动的排行榜。排名从全球范围内收集数据，测量大学落实 17 项可持续发展目标的表现，使大学对实现可持续发展目标的贡献可视化。由此可以推动大学针对可持续发展目标开展创新研究、务实合作、培育人才以及在关键领域推动全球性问题解决，为可持续发展赋能。世界大学影响力排名于 2019 年 4月首次发布，随后每年更新一次。该排名采用的指标体系详见表 1 –1。

表1-1	世界大学影响力排名的指标说明
可持续发展目标	指标说明
SDG 1 无贫穷	关注大学对贫困问题的研究以及对贫困学生和当地社区贫困人口的支持
SDG 2 零饥饿	关注大学对于饥饿问题的研究、在食品可持续性方面的教学以及致力于解决学生和当地社区的食物浪费和饥饿问题的努力
SDG 3 良好健康与福祉	关注大学对人类关键疾病的研究对世界各地健康状况产生的影响，大学对师生医疗保健与健康的支持
SDG 4 公平优质教育	关注大学对早期教育和终身学习的贡献、教育学领域的研究以及推动全纳教育（inclusive education）的努力
SDG 5 性别平等	关注大学的性别研究、性别平等政策以及女性招募和职务晋升情况
SDG 6 清洁饮水和卫生设施	关注大学对水资源的研究、水资源使用，以及致力于确保更广泛的社区实现良好的水资源管理的努力
SDG 7 经济适用的清洁能源	关注大学在能源研究、能源使用、能源政策以及在更广泛的社区提升能源使用效率所做出的努力
SDG 8 体面工作和经济增长	关注大学的经济研究、学校的雇佣措施与实习学生比例
SDG 9 产业、创新和基础设施	关注大学培育创新和服务产业需求的角色，考察组织在产业和创新方面的研究、专利数量、衍生公司的数量和来自企业的科研收入
SDG 10 减少不平等	关注大学对社会不平等的研究、应对歧视的政策，以及从弱势群体中招募员工和学生的努力
SDG 11 可持续城市和社区	关注大学在保存和保护社区遗产方面的角色，考察大学对可持续发展的研究、对艺术和遗产的保护以及实现可持续发展的方式
SDG 12 负责任消费和生产	本排名关注大学对负责任消费的研究及其实现资源可持续利用的途径
SDG 13 气候行动	关注大学在气候变化方面的研究、对能源的使用以及为应对气候变化的后果所做的准备
SDG 14 水下生物	关注大学对水下生物的研究，提供水生生态系统相关的教育和支持
SDG 15 陆地生物	关注大学对陆地生物的研究，提供陆地生态系统相关的教育和支持
SDG 16 和平、正义与强大机构	关注大学在法律和国际关系方面的研究，担当政府顾问和采取学术自由政策
SDG 17 促进目标实现的伙伴关系	关注大学通过更广泛的方式与其他国家合作支持可持续发展目标的实现、对最佳实践的推广和可持续发展数据发布等

资料来源：Times Higher Education Impact Rankings 2020 Methodology（https：//www. timeshigh-ereducation. com/university-impact-rankings-2020-methodology）.

经过 2019 年至 2021 年的发展，世界大学影响力排名已经形成较成熟的评价模式，参评国家/地区和参评大学的数量大幅提升。2019 年共有来自 80 个国家/地区的 551 所大学参与排名，到 2021 年共有来自 98 个国家和地区的 1240 所大学参与排名，参评大学数量增长了 125%。2022 年的世界大学影响力排名的调查对象达到历届最多，涵盖了世界范围内的 1406 所大学。这反映出世界范围内大学积极拥抱可持续发展、以可持续发展助力大学创新发展的态势。

表 1 - 2　　　　2019—2021 年世界大学影响力排名前 30

	2019 年排名		2020 年排名		2021 年排名
1	奥克兰大学/新西兰	1	奥克兰大学/新西兰	1	曼彻斯特大学/英国
2	麦克马斯特大学/加拿大	2	悉尼大学/澳大利亚	2	悉尼大学/澳大利亚
=3	大不列颠哥伦比亚大学/加拿大	3	西悉尼大学/澳大利亚	3	皇家墨尔本理工大学/澳大利亚
=3	曼彻斯特大学/英国	4	拉筹伯大学/澳大利亚	4	拉筹伯大学/澳大利亚
5	伦敦国王学院/英国	5	亚利桑那州立大学（坦佩）/美国	5	加拿大女王大学/加拿大
6	哥德堡大学/瑞典	6	博洛尼亚大学/意大利	=6	伍伦贡大学/澳大利亚
=7	KTH 皇家理工学院/瑞典	7	不列颠哥伦比亚大学/加拿大	=6	奥尔堡大学/丹麦
=7	蒙特利尔大学/加拿大	8	曼彻斯特大学/英国	8	科克大学/爱尔兰共和国
9	博洛尼亚大学/意大利	9	伦敦国王学院/英国	=9	亚利桑那州立大学（坦佩）/美国
10	香港大学/中国香港	10	皇家墨尔本理工大学/澳大利亚	=9	奥克兰大学/新西兰
11	西悉尼大学/澳大利亚	=11	利兹大学/英国	11	伦敦国王学院/英国
12	南安普顿大学/英国	=11	纽卡斯尔大学/英国	12	澳大利亚纽卡斯尔大学/澳大利亚

续表

2019 年排名		2020 年排名		2021 年排名	
=13	滑铁卢大学/加拿大	13	同济大学/中国	13	不列颠哥伦比亚大学/加拿大
=13	伍伦贡大学/澳大利亚	=14	圣保罗大学/巴西	14	麦克马斯特大学/加拿大
15	赫尔辛基大学/芬兰	=14	都柏林圣三一学院/爱尔兰共和国	15	纽卡斯尔大学/英国
=16	奥克兰理工大学/新西兰	16	滑铁卢大学/加拿大	16	利兹大学/英国
=16	帕多瓦大学/意大利	=17	麦克马斯特大学/加拿大	17	西悉尼大学/澳大利亚
=16	阿姆斯特丹自由大学/荷兰	=17	莫纳什大学/澳大利亚	18	莫纳什大学/澳大利亚
19	阿尔托大学/芬兰	19	西蒙弗雷泽大学/加拿大	19	莱斯特大学/英国
20	邓迪大学/英国	20	艾克斯－马塞大学/法国	20	博洛尼亚大学/意大利
21	科克大学/爱尔兰共和国	21	莱斯特大学/英国	21	科英布拉大学/葡萄牙
22	南澳大利亚大学/澳大利亚	22	北卡罗来纳大学教堂山分校/美国	22	都柏林大学学院/爱尔兰共和国
23	纽卡斯尔大学/英国	=23	奥尔堡大学/丹麦	=23	南丹麦大学/丹麦
24	北卡罗来纳大学教堂山分校/美国	=23	奥克兰理工大学/新西兰	=23	普利茅斯大学/英国
25	悉尼大学/澳大利亚	=23	奥塔哥大学/新西兰	=23	朱拉隆功大学/泰国
26	约克大学/加拿大	26	安大略大学/加拿大	26	阳光海岸大学/澳大利亚
27	庆熙大学/韩国	27	诺森比亚大学/英国	27	努拉公主大学/沙特阿拉伯
28	都柏林圣三一学院/爱尔兰共和国	28	多伦多大学/加拿大	=28	印第安纳普渡大学/美国

续表

2019 年排名		2020 年排名		2021 年排名	
29	庞培法布拉大学/西班牙	29	卡尔加里大学/加拿大	=28	都市自治大学/墨西哥
30	成均馆大学/韩国	30	爱丁堡大学/英国	30	延世大学（首尔校区）/韩国

资料来源：作者根据泰晤士高等教育官网发布的世界大学影响力排名有关资料编译整理。

世界大学影响力排名数据显示，高等教育机构已经将关注重点转向可持续发展目标，支持和鼓励大学开展相关活动也将成为高等教育的重要任务。虽然 2020 年暴发的新冠疫情导致全球高等教育陷入前所未有的艰难时刻，但是仍然有越来越多的大学愿意承担推动并引领可持续发展的社会责任，助力实现 2030 年可持续发展目标及世界经济复苏。

从这一排名来看，2019 年至 2021 年，世界大学影响力排名全球前 30 的大学主要来自英国、澳大利亚、新西兰、加拿大等发达国家（具体详见表 1－2）。英国共有 20 所大学位于世界前 100，澳大利亚共有 17 所大学位列前 100。亚洲国家中，日本是参评大学最多的国家，2022 年共有 76 所大学参评。

近些年，中国大学为推动实现可持续发展目标采取了很多积极行动，做出了很多贡献。在"双一流"建设周期，中国大学更为关注上海软科世界大学学术排名、教育部学位与研究生教育发展中心组织的全国学科评估等，参与世界大学影响力排名的中国大学数量并不太多。中国参评的大学数量从 2019 年的 3 所增加到 2021 年的 13 所。其中，同济大学和上海大学分别在 2020 年和 2021 年进入该排名的前 100 名（具体详见表 1－3）。

表 1－3　　2019—2021 年世界大学影响力排名：中国大学的表现

2019 年排名			2020 年排名			2021 年排名		
排名	大学名称	得分	排名	大学名称	得分	排名	大学名称	得分
101—200	苏州大学	64.6—75.6	13	同济大学	94.0	94	上海大学	86.4
301 +	南华大学	23.8—53.6	201—300	苏州大学	68.2—75.3	101—200	同济大学	77.5—85.2

续表

2019 年排名			2020 年排名			2021 年排名		
排名	大学名称	得分	排名	大学名称	得分	排名	大学名称	得分
301+	湘潭大学	23.8—53.6	201—300	汕头大学	68.2—75.3	301—400	苏州大学	66.3—70.9
			301—400	对外经济贸易大学	61.5—68.0	401—600	汕头大学	56.6—66.2
			401—600	广东工业大学	46.7—61.4	401—600	广东工业大学	56.6—66.2
			401—600	扬州大学	46.7—61.4	401—600	北京理工大学	56.6—66.2
			401—600	上海海事大学	46.7—61.4	401—600	对外经济贸易大学	56.6—66.2
			401—600	湘潭大学	46.7—61.4	601—800	西南交通大学	47.6—56.5
			600+	南华大学	9.5—46.6	601—800	中国石油大学（北京）	47.6—56.5
						601—800	扬州大学	47.6—56.5
						601—800	南京师范大学	47.6—56.5
						601—800	南华大学	47.6—56.5
						801—1000	北京工商大学	36.5—47.5

资料来源：作者据泰晤士高等教育官网发布的世界大学影响力排名有关资料编译整理。

（二）QS 世界大学可持续性排名

随着可持续发展成为全球社会关注的焦点，QS 在 2023 年世界大学排名中增加新指标"可持续性"，用以反映大学在规划和推动未来可持续的变革中的关键作用（具体详见表 1-4）。

表 1-4　　　　2024 年 QS 世界大学排名指标　　　单位:%

指标	2023 年权重	2024 年权重
学术声誉	40	30
雇主声誉	10	15

续表

指标	2023 年权重	2024 年权重
师生比	20	10
师均论文引用	20	20
国际教职员工比例	5	5
国际学生比例	5	5
可持续性	—	5
就业成果	—	5
国际研究网络	—	5
合计	100	100

资料来源：QS World University Rankings Methodology（https：//www. topuniversities. com/qs-world-university-rankings/methodology）.

为测量大学的可持续发展表现，QS 进一步针对"可持续性"这一特定主题发布 2023 年 QS 世界大学可持续性排名。该排名采用了环境影响力和社会影响力两方面共 8 个指标，旨在评估大学采取行动解决世界上最紧迫的环境和社会问题的表现。QS 世界大学可持续性排名分数由以下指标综合决定：

表 1－5　　　　　　　　QS 世界大学可持续性排名指标

指标分类	指标名称	测量内容
环境影响力	可持续机构	是不是官方气候行动或可持续发展组织的成员，是否公开可持续发展战略和能源排放报告，是否有关注环境可持续性的学生团体，是否出台和履行净零[①]承诺
	可持续教育	考察校友在地球、海洋和环境科学课程中的成果和学术声誉，将气候科学或可持续性纳入课程的可用性，以及是否有致力于环境可持续性的研究中心
	可持续研究	测量大学围绕 SDG 开展的研究活动，以及政府是否资助相关领域的研究与开发

① 净零指温室气体的产生量和从大气中清除的量之间的平衡，它可以通过减排和清除排放量相结合来实现。

指标分类	指标名称	测量内容
社会影响力	平等性	测量女性学生和教师的比例，是否有支持群体平等、多样、包容的政策，对残障人士的组织支持
	知识交流	测量大学与其他组织合作的知识转移以及合作意向
	教育影响	测量大学在相关的领域是否提供有质量的教育、校友影响、在相关学科领域的学术声誉，以及学者和学生开展研究的学术自由程度
	就业能力与机会	雇主声誉评分和就业成果评分
	生活质量	对校内外福祉的组织承诺，在校园生活质量、健康和区域空气质量等方面的研究活动

资料来源：QS World University Rankings, Sustainability Methodology（https：//www. topuniver-sities. com/university-rankings/sustainability-rankings/methodology）.

从指标体系来看，QS 世界大学可持续性排名实际上也突出了大学的可持续性与 SDG 的一致性。2022 年 QS 国际学生调查发现 80% 的国际学生认为大学应该为环境做出更多贡献。一所高排名的可持续大学将能赢得更多国际学生的青睐。

2023 年 QS 世界大学可持续性排名共评价世界上 700 多所大学的环境和社会影响。位列全球前 10 名的大学分别是加州大学伯克利分校、多伦多大学、英属哥伦比亚大学、爱丁堡大学、新南威尔士大学、悉尼大学、东京大学、宾夕法尼亚大学、耶鲁大学、奥克兰大学。中国大学是全球实现 SDG 的关键力量，但由于较少有大学公开承诺实现净零碳排放或提供碳排放量数据，尚未有中国大陆地区的大学进入 QS 世界大学可持续性排名的前 100 名。港澳台地区已有大学进入前 100 名，香港大学（中国）排名第 34 名，台湾大学（中国）排名第 69 名，香港理工大学（中国）排名第 82 名。

三　亟须加强各国大学对可持续发展的贡献

联合国《2030 年可持续发展议程》发布以来，高等教育学术界、实践界给予积极关注，关注度的提升体现在如下两个方面。

一方面，从文献成果来看，2015 年至 2020 年，Web of Science 数据库中关于可持续发展研究的出版物数目逐年显著增长，全球大学正在以大量成体系的创新研究为可持续发展的实现贡献智慧和力量。以"sustainable development"为主题词进行搜索，2015 年度相关出版物数量为16322 篇，2020 年度相关出版物数量为30527 篇，2015—2020 年共检索到与可持续发展研究相关论文145859 篇，其中 Web of Science 核心合集数据库中有113922 篇论文。2020 年 11 月 18 日，全球信息分析和科技医学学术出版机构爱思唯尔发布的《以科研的力量推动联合国可持续发展目标的实现》报告显示，2015 年至 2019 年，与可持续发展目标相关的科研文章数量达到410 万篇。以复旦大学为例，复旦大学聚焦可持续发展前沿，2018 年至 2022 年共计发表可持续发展目标相关学术论文4.9 万篇，研究与咨询报告1100 篇，为人类可持续发展提供了科技支撑和解决方案①。

另一方面，从大学实践来看，各国大学致力于实现可持续发展目标的实践行动，极大拓展了社会服务的履责广度与深度，促进大学利用资源与优势解决社会关切的重大可持续发展问题，提升了大学对社会的贡献与积极影响力。《2030 年可持续发展议程》致力于解决当前世界面临的问题，可持续发展目标能够帮助大学展现并证明其社会价值，应该成为大学承担社会责任的重要参考。可持续发展目标为衡量高等教育机构对社会的积极影响提供了新框架，也为大学通过贡献可持续发展目标促进自身发展提供了新的管理框架。学术界和实践界逐步积累了关于可持续发展的知识和实践经验，对落实相关实践的关注力度日益提升。

为更好发挥自身在可持续发展中的作用，大学必须将传统的批判性思维与解决问题的能力结合起来，根据社会变化不断调整自己的定位。无论大学的规模大小、学科实力强弱，大学都能够以多种多样的方式为世界的可持续发展发挥积极影响，成为可持续的倡导者、践行者、赋能者。现阶段，客观来讲，高等教育尚未满足人类社会建立和平、公正和可持续未来的需要。每一项可持续发展目标的实现，都需要根植于科学、技术和工程的解决方案。要实现任何一项可持续发展目标，必须考虑到所有目标间的相互依赖关系，这本身是非常具有挑战性的工作。各国大

---

① 复旦大学：《践行可持续发展理念：复旦大学的智慧与行动》（http：//news. cyol. com/gb/articles/2022-05/03/content_BNLd8HlRa. html）。

学需要对围绕可持续发展目标形成的社会责任体系进行更为综合全面的管理，同时考虑到它们之间的众多相互关系。如果不顾全局地只针对某一个问题采取措施，那很可能会点燃另一个矛盾，导致大学履行社会责任的行为变得支离破碎、缺乏效率。须谨防将可持续发展目标框架变成"例行公事"。很多大学设有可持续发展委员会、可持续发展办公室等决策和组织机构、大学全球可持续发展主管等领导力职务，制定中长期的可持续发展战略，并周期性地发布可持续发展报告。但并不是说大学有了一个可持续发展部门，制定了可持续发展战略就足够了，大学本身的发展必须是可持续的。人类社会唯有系统转型才能实现可持续发展。真正满足美好世界的需要，高等教育和大学组织必须依靠现代化的治理和政策来应对挑战，通过可持续组织转型来应对变化。因此，本书积极提出以下倡议。

第一，在公共政策尤其是高等教育主流政策制定中，需要考虑将"可持续发展"纳入发展议程和规划方案中，关注高等教育与环境、社会问题的关联性，从"可持续发展"的视角重新审视高等教育机构的政策、举措和实践，进而从宏观规划、中观举措和微观行动三方面推动并扩展"负责任的高等教育"对社会可持续发展的积极影响。

第二，大学对可持续发展目标的贡献是其社会影响力的体现，每个国家的大学可以依据自身国情和教育现状将可持续发展理念融入教学、科研、社会服务、文化传承等领域，通过将可持续发展目标与大学的职能深度融合，实现组织自身的可持续发展转型，并且积极承担大学促进社会可持续发展的社会责任。各类大学重点在教学、科研、管理、社会服务等方面，通过贡献可持续发展目标的实际行动，更好地发挥大学的积极社会影响力。

第三，致力于成为应对全球重大挑战的重要机构，大学需要向可持续发展组织转型。通过对教学、学习的组织方式进行重新构想和创新，确保学习的多元化和灵活性，维系包容性和参与性，满足多样化的终身学习需求。大学需要打开边界，开放不同认知方式间的对话与融合，促进不同知识间的对话，形成人人享有的、更公平的知识空间，才能形成解决全球问题的知识基础。大学需要实现社会服务职能的扩充和转型，以提升对社会的可持续发展的贡献，促进社会的可持续发展转型。

第三节　践行可持续发展承诺的中国实践

联合国《2030 年可持续发展议程》所涵盖的可持续发展目标及具体指标，符合中国自身发展的实际需要，也为破解当前发展难题、增强发展动力、厚植发展优势提供了借鉴。全球越来越多的国家将可持续发展目标同国家发展战略进行配合拟定，将其纳入国家政策并出台了制度框架。中国于 2016 年 9 月发布了《中国落实 2030 年可持续发展议程国别方案》，从战略对接、制度保障、社会动员、资源投入、风险防控、国际合作、监督评估这 7 个方面入手，立足经济、社会、环境三大领域平衡推进落实工作。中国将 17 项可持续发展目标和 169 个具体目标融入《中华人民共和国国民经济与社会发展第十三个五年规划纲要》，并获得一系列早期收获。2021 年 7 月 14 日，《中国落实 2030 年可持续发展议程国别自愿陈述报告》在联合国可持续发展高级别政治论坛期间发布。报告从坚定的政治意愿、高度契合的发展理念、有效的制度保障、广泛的社会共识、紧密的伙伴关系五个方面，系统梳理了中国落实 2030 年议程的经验做法，结合"十四五"规划，就全面落实 2030 年议程，推动构建人类命运共同体提出展望。推动全球可持续发展转型，不仅是国际社会的目标，更是中国正在努力实现的目标①。

中国作为世界上最大的发展中国家，在推进国家现代化的进程中，坚持把教育摆在优先发展的战略位置，把科技创新摆在国家发展全局的核心位置。围绕 2035 年跻身创新型国家前列的远景目标，中国正加快推进教育现代化，建设高质量教育体系。中国高等教育是全球发展最蓬勃、变化最快速、挑战最多元的高等教育体系之一。中国建成世界规模最大的高等教育体系，2021 年中国各类高等教育在校生总规模超过 4430 万人，全国普通高等学校数量达到 3012 所，高等教育毛入学率达到 57.8%，已经进入世界公认的高等教育普及化阶段。由此可见，中国高等教育在不断满足人民群众对高等教育的需求方面迈出了非常坚实的一

---

① 关婷：《2030 年可持续发展议程的现实挑战与落实之道》，社会科学文献出版社 2022 年版，第 5 页。

步，为民族振兴、经济建设、社会发展、科技进步发挥了重要作用，为建设世界重要人才中心和创新高地提供了有力支撑，正走在一条具有中国特色的高质量发展的新路上。

2021 年 10 月，复旦大学发布了《中国高等教育 SDGs 行动报告》，围绕消除贫困、公共卫生、生命健康、绿色发展、气候变化等可持续发展目标，通过 Scopus 和 SciVal 数据，从全球可持续发展目标研究现状、中国高校各单项可持续发展目标表现、碳中和三个部分，以科研产出量化数据回顾了 2016—2020 年中国高等教育落实 2030 年可持续发展议程取得的进展和成就。报告还综合衡量了各高校在各个可持续发展目标领域中的人才培养、科研成果、社会影响、学科表现、国际合作等多维度突出表现，提供了北京大学、南京农业大学、复旦大学、武汉大学、西安交通大学、浙江大学等 14 个代表性案例。这一报告展示了中国大学推动可持续发展的积极行动。

2022 年 5 月 20 日，同济大学联合全球信息分析机构爱思唯尔发布报告《同济大学可持续发展科研创新报告——全球视角下高校对可持续发展目标（SDG）的科研贡献》。该报告指出，中国高校正成为实现可持续发展目标的关键力量。

2024 年 1 月，浙江大学发布《浙江大学可持续发展报告 – 2023》，为该校首次发布可持续发展报告，以数据和案例全景展示浙大师生围绕 17 个联合国可持续发展目标所做的努力与贡献，展示了中国大学在促进经济增长、应对气候变化、保护生物多样性、消除贫困饥饿、增进民生福祉、促进共同富裕等方面积极创造的经济、社会、环境综合价值。

本书重点选取中国大学表现突出的 SDG 1 无贫穷、SDG 4 公平优质教育、SDG 13 气候行动三个领域详细分析。

一　消除贫困

贫困是人类社会面临的共同挑战，消除贫困是联合国 2030 年可持续发展议程的首要目标。消除贫困，能够推动实现整个社会更加均衡、更加公平的发展。贫困至今依然困扰着许多发展中国家，全球减贫事业面临的困难和挑战仍然很严峻。近年来，新冠疫情持续蔓延与全球减贫赤字叠加震荡。2020 年 12 月 3 日联合国开发计划署发布报告称，鉴于新冠疫情大流行造成的严重和长期的影响，到 2030 年，全球或将再有 2.07 亿人陷入极端贫困，极端贫困总人数将突破 10 亿。

《2030 年可持续发展议程》对极端贫困的衡量标准是每人每日生活费不足 1.25 美元。中国的标准是根据联合国标准和中国具体国情制定的综合脱贫标准，即：一达标（农村居民家庭人均纯收入达到 2300 元人民币/年）；两不愁（不愁吃、不愁穿）；三保障（住房、医疗和教育）[①]。在过去的 70 年里，中国成功实现了 8.5 亿人脱贫，占全球减贫人口的 70% 以上，这是对全球实现 SDG 1 "无贫穷：在全世界消除一切形式的贫困" 的重大贡献。2020 年，占世界近五分之一人口的中国彻底摆脱绝对贫困，提前 10 年实现联合国可持续发展议程确定的减贫目标，创造了人类扶贫史上的中国奇迹。这既得益于中国的制度优势，同样也建立在中国对于贫困的精准理解和科学施策上。

中国大学作为汇聚了大量人才与科技资源的智力高地，将消除贫困的目标作为大学的社会责任，进行了大量有影响力的务实行动。特别是党的十八大以来，教育部 75 所直属高校、14 所部省合建高校以及广大地方高校充分发挥人才、科技、智力和文化方面的优势，承担起中国特色社会主义大学的社会责任，让先进的理念、人才、技术等落地贫困地区，推动各类资金、项目、管理等要素向贫困地区聚集，探索形成了教育扶贫、智力扶贫、科技扶贫、产业扶贫、健康扶贫、消费扶贫、文化扶贫等中国特色扶贫路径，为帮助贫困人口摆脱贫困做出了重要贡献。

中国认为，普及公平有质量的教育是消除贫困的关键基础。中国大学应发挥教育系统整体资源的效用，以教育扶贫阻断贫困代际传递，加大对基础教育的支持力度，持续在义务教育短板上发力，从根本上斩断代际贫困，确保脱贫工作的可持续和不返贫。例如，清华大学依托远程教育领域的技术优势，在全国 1100 多个县建立清华大学教育扶贫远程教学站，构建覆盖国家级贫困县、革命老区、边疆少数民族地区的教育扶贫网络。通过面授和远程方式，累计培训贫困地区基层治理、乡村教育和乡镇产业等各类人才 260 万人次。每年组织中外师生赴贫困地区开

---

① 杜娟：《吴红波：〈2030 议程〉的全球推进与可持续发展的中国叙事》，《可持续发展经济导刊》2019 年第 3 期。

展暑期支教实践，累计 3700 余人参与，足迹遍及 20 个省市自治区。北京林业大学针对内蒙古科右前旗基础教育弱、科技力量薄的问题，开展"林翼计划"教育帮扶。北京林业大学共派出 41 名大学教师、50 名研究生连续七年深入当地 10 所偏远农村学校长期扎根，累计授课超过 18000 课时，覆盖学生 6000 余人，其中建档立卡贫困户学生 1840 名，让贫困家庭子女接受更加公平而有质量的教育，为阻断贫困代际传递贡献了力量。

中国大学通过持续选派优秀机关干部到农村任第一书记，组织教师、研究生支教团，开展社会实践、志愿服务等项目，向定点扶贫地区输送各类人才。中国大学通过科技咨询、业务培训、科技成果转化等途径把先进的理念、技术、经验传播到适用地区，由单纯救济式扶贫向依靠科学技术开发式扶贫转变能有效提高地方经济发展水平和劳动生产率，推动贫困地区从"脱贫摘帽"向"乡村振兴"转轨升级，形成扶贫对象自我发展的良性循环。中国大学发挥特色学科优势，帮助贫困县加强产业发展顶层设计，制定符合当地实际的产业发展规划，组织动员专家教授等专业力量深入贫困县，建设科技产业园，打造产业核心示范区，壮大集体经济，建设扶贫车间，培育发展乡村旅游、中草药、民族文化用品、民间传统技艺等特色产业，助推扶贫县种养业、手工业、农产品加工业等传统产业发展升级。

例如，从 2013 年起，大连理工大学承担定点扶贫云南省保山市龙陵县的任务。七年间，一批批挂职干部相继赴任，一个个扶贫项目先后落地。2018 年龙陵县实现脱贫摘帽，并不断巩固脱贫攻坚成果实现可持续发展。学校挂职干部积极对接全球最大的单晶硅光伏产品制造商西安隆基硅材料有限公司，促成总投资 45 亿元，年产 5GW 单晶硅棒的建设项目落户龙陵，为当地提供 2000 余个就业岗位，平均每家贫困户月增收 3000 至 4000 元。学校挂职干部为云南龙陵县引进稻田蟹养殖试验项目，帮助龙陵县核桃坪村建立"伕佤翁"核桃品牌，开展"教授科技服务团"、校友"保山招商引智行"等活动，持续为滇西产业发展助力。

华南理工大学开展"大教育扶贫"的研究与实践，在全国首创"碳中和新乡村"发展理念，持续助力帮扶地区构建乡村生态资源资产化绿色发展新模式。"碳中和新乡村"的核心内涵旨在全方位构建生态资源资产化乡村绿色发展新模式，重点体现在空间、经济和社会低碳转型三个维度。在空间维度，强调建立城乡统筹的低碳空间体系，科学策划以新能源为引领的低碳技术项目开发与空间布局，构建清洁高效的能源体系，促进乡村发展的再电气化，重构乡村生活、生产、生态空间格局。在经济维度，强调碳交易在乡村生态资源资产化过程中的决定性作用，并注重将低碳技术与乡村产业发展相结合，培育以"碳中和新农业"为载体的生态人文新经济。在社会维度，强调乡村低碳治理体系的研究，培育村民低碳意识，建立低碳社会。例如华南理工大学定点帮扶云南省临沧市云县，构建"扶贫链"造血机制，结合生态产业化，成功培育云游、云酒、云茶、云泉等低碳产业与生态农业品牌。华南理工大学以院士团队牵头开展科技援疆扶贫，研发高强度全回收地膜的先进制造与循环利用技术，实现地膜循环有效利用，在促进耕地质量改善、提升农民收入的同时，显著减少了地膜残留量与碳排放量。

中国大学作为重要的社会力量，把定点扶贫工作作为服务国家、服务社会、服务人民的重要阵地，在"脱贫攻坚战"中贡献重要力量、提供坚实智力支持与技术保障，形成了众多经典案例，形成大学扶贫的"中国方案"。在新的历史阶段，中国大学将继续在巩固拓展脱贫攻坚成果、全面推进乡村振兴中发挥驱动作用。

二　确保公平优质教育

在《2030 年可持续发展议程》框架下，2015 年 11 月联合国教科文组织通过了《可持续发展目标 4——2030 年教育行动框架》（以下简称《2030 年教育行动框架》）。该框架包括 11 项全球指标、3 个实施办法、43 个专题指标的监测评价体系，以动员所有国家和地区为实现可持续发展目标 4 及其具体任务而付出努力，并协调、监测公平优质教育的进展。《2030 年教育行动框架》所确立的全球指标和拟议专题指标框架，以及 2022 年 3 月联合国教科文组织公布的指标清单，是构建评价中国式教育现代化国际方位主要参考的国际指标。

SDG 4 公平优质教育的基本目标是"确保包容和公平的优质教育，让全民享有终身学习机会"，是一个综合、全面和普遍适用的议程，许多国家将其融入教育发展规划中。将教育提升到全球政治议程的重要位置，有利于调动各方的行动和团结力。SDG 4 公平优质教育包含 10 个分目标，其中 7 个分目标是希望达成的预期成果，3 个分目标是实现这些目标的手段。具体详见表 1 - 6。

其中，SDG 4 的分目标 4.2 提出"到 2030 年前，确保教育方面男女平等，皆可享有可负担的高质量的技术教育、职业教育和高等教育（含大学）"。高等教育机会增加，能使人们最大程度地发挥潜能，进一步实现全面可持续发展目标。与高等教育密切相关的，还有分目标 4.7 "教育推动可持续发展和全球公民意识"。该目标提出"到 2030 年，确保所有进行学习的人都掌握可持续发展所需的知识和技能，具体做法包括开展可持续发展、可持续生活方式、人权和性别平等方面的教育、弘扬和平和非暴力文化、提升全球公民意识，以及肯定文化多样性和文化对可持续发展的贡献"。

公平而有质量的教育既重视教育的公平，又强调发展的质量，使教育公平与教育质量相互促进、协调发展。这一目标深刻揭示了教育公平与教育质量具有的内在统一性以及二者价值取向具有的一致性。没有教育质量的公平不是真正意义上的教育公平，没有教育公平，教育质量也不可能持续发展。

一些发达国家可能在 SDG 4 公平优质教育的大部分领域达标，但是要求所有发展中国家届时也都能够达标是不现实的。不过新的教育议程应该具有雄心，把标准定得高一些，以激励起人们的斗志去争取最好的成果①。近年来，不少国家在促进教育可持续发展方面取得了新进展，但在全球范围内实现公平优质教育仍然面临较大挑战。预计到 2030 年，只有 1/6 的国家能够普及公平优质教育。呼吁各国政府应明确目标，加大教育投入，加强国际合作，让更多的孩子能够享受公平且高质量的教育。

---

① 唐虔：《全球教育治理的一次成功实践——对国际社会制定"2030 教育议程"的回忆》，《比较教育学报》2023 年第 4 期。

表 1 - 6　　　　　　　　　　**2030 可持续发展目标 4 及其分目标**①

SDG 4	确保包容、公平的优质教育，促进全民享有终身学习机会
7 个 成果目标	4.1　普及中小学教育 到 2030 年，确保所有男女童完成免费、公平和优质的中小学教育，并取得相关和有效的学习成果
	4.2　幼儿发展和普及学前教育 到 2030 年，确保所有男女童获得优质早期幼儿发展、保育和学前教育，为接受初等教育做好准备
	4.3　公平的职业技术教育和高等教育 到 2030 年，确保所有男女平等获得负担得起的优质职业与技术教育以及高等教育，包括大学教育。
	4.4　获得体面工作的相关技能 到 2030 年，大幅增加掌握就业、体面工作和创业所需相关技能（包括职业技术技能）的青年和成人的人数
	4.5　性别平等和教育包容 到 2030 年，消除教育中的性别差距，确保残疾人、土著居民和处境脆弱的儿童等弱势群体平等获得各级教育和职业培训
	4.6　青少年扫盲 到 2030 年，确保所有青年和大部分成年男女具有识字和计算能力
	4.7　教育推动可持续发展和全球公民意识 到 2030 年，确保所有进行学习的人都掌握可持续发展所需的知识和技能，具体做法包括开展可持续发展、可持续生活方式、人权和性别平等方面的教育、弘扬和平和非暴力文化、提升全球公民意识，以及肯定文化多样性和文化对可持续发展的贡献等
3 个 实现手段	a. 有效的学习环境 建立和改善兼顾儿童、残疾人和性别平等的教育设施，为所有人提供安全、非暴力、包容和有效的学习环境
	b. 奖学金 到 2020 年，在全球范围内大幅增加发达国家和部分发展中国家提供的、发展中国家（特别是最不发达国家、小岛屿发展中国家和非洲国家）可获得的高等教育奖学金数量，包括职业培训和信息通信技术、技术、工程、科学项目的奖学金
	c. 教师和教育工作者 到 2030 年，大幅增加合格教师人数，具体做法包括在发展中国家，特别是最不发达国家和小岛屿发展中国家开展师资培训方面的国际合作

---

　　①　联合国教科文组织：《可持续发展目标 4 及其分目标》（https：//zh. unesco. org/education2030-sdg4/targets）。

中华人民共和国成立 70 年来，中国在推进教育包容性和公平方面取得了历史性成就。中国政府始终把公平作为教育的价值追求，推进教育包容发展，切实保障人民受教育权利。2017 年 10 月，党的十九大报告作为重要的施政纲领，明确提出"推进教育公平""努力让每个孩子都能享有公平而有质量的教育"。党和政府高度重视推进教育公平，优质教育资源覆盖面不断扩大，不断缩小城乡、区域、校际办学差距，教育基尼系数保持逐渐降低的趋势，教育质量持续上升，人民群众教育获得感明显增强。中国已经形成层次完整、类别齐全的世界上最大规模的教育体系，教育总体发展水平进入世界中上行列，中国人享有更好更公平教育的梦想正在逐步成为现实。

进入 21 世纪以来，伴随着高等教育大众化到普及化的进程，中国高等教育规模和体量出现了持续增长。普通高等学校数量从 2000 年的 1041 所增加到 2020 年的 2738 所。高等教育毛入学率由 2000 年的 12.5% 提升至 2020 年的 54.4%。高等教育在校总人数从 2000 年的 1229 万人增长到 2020 年的 4183 万人。这仍然不是增长的极限，预计 2021 年至 2025 年中国研究生教育规模仍然会有可观的增幅。

中国大学的时代使命是要进一步解决好发展不平衡不充分的问题，满足人民日益增长的对更高质量、更加公平的教育的需求。2020 年年底，全国 800 多万初高中毕业后未能继续学习和就业的贫困家庭学生，全部免费接受了职业教育。全国 20 万义务教育阶段建档立卡贫困家庭辍学学生实现了动态清零，义务教育有保障地全面实现。党的十八大以来，累计 514.05 万建档立卡贫困学生接受了高等教育，呈现逐年增长的态势。目前，中国高等教育阶段已经建立起包括国家奖助学金、助学贷款、新生入学资助、研究生"三助"岗位津贴、勤工助学、校内奖助学金、困难补助、学费减免等多元混合资助政策体系，实现了家庭经济困难学生入学前、入学时和入学后的"三不愁"，保证不让一个学生因家庭经济困难而失学。

中国大学坚持立德树人，应放眼世界，将全球优秀青年作为育人对象，培养具有全球视野、了解中国特色，又能够适应其本土需求的优秀人才，让这些国际人才成为可持续发展的重要传承者、宣传者、传播者、拓展者。中国几千年来深厚的文化传统和教育实践，形成了中华文明的恢宏气象，奠定了深沉而持久的教育自信。这将持续吸引世界各地的年轻人来领略中华文明的魅力，这是来华留学教育的持久竞争力。2010—2020 年，中国对外宣布了 30 项涉及来华留学的重大承诺，表明中国高等教育愿持续加大对外开放力度，欢迎发展中国家优秀青年来华学习前沿学科专业，欢迎科研人员利用中国高校科研平台开展合作研究，欢迎各国教师利用中国的"国家智慧教育平台"开展教学合作，并与中国开展形式多样的中外青少年科技人文交流活动。中国大学坚持质量为先，依法依规保障来华留学质量，全面提升学历学位留学教育质量，积极探索与世界高水平大学双向交流的留学支持新机制，努力将中国建设成为具有国际影响力的全球教育中心和世界优秀青年向往的留学目的地。中国大学应积极吸引来自全球的留学生深入认识中国，培养了解中国国情和文化的优秀国际人才，促进国际学生把真实、立体、全面的中国介绍给世界，为促进各国人民的民心相通、推动构建人类命运共同体贡献力量。

三　气候行动

气候变化以及极端气候事件的频率和规模的变化，给自然和人类系统带来更多新的风险。全球气候变化导致的危机是我们这个时代最严重的问题之一，已经严重威胁到人类社会的可持续发展。鉴于全球气候危机日益严重，联合国呼吁采取紧急行动应对气候变化及其影响，建议各国通过优先安排适应性计划和行动来识别、理解和管理气候变化风险，呼吁政府、工业界、学术界、民间社会组织和媒体之间的国际和国家跨部门行动者合作应对气候危机。全球气候治理进程和可持续发展事业仍任重道远，需要各国政府、企业、大学和民间社会成员在气候倡议中携手合作，加速采取气候行动。

碳中和行动是各国应对气候变化的共识性策略。碳中和行动不仅是实现可持续发展的内在要求，也是重要路径之一。越来越多的国家将碳中和的承诺纳入国家战略，推进实现零碳未来。2020 年 9 月，中国宣布将在 2030 年前实现碳达峰，努力争取在 2060 年前实现碳中和。这是中国基于推动实现联合国可持续发展 17 项目标的内在要求和构建人类命运共同体的责任担当体现。中国将全面落实联合国 2030 年可持续发展议程，加强生态文明建设，加快调整优化产业结构、能源结构，倡导绿色低碳的生产生活方式。

碳达峰指某个地区或行业的年度碳排放量达到历史最高值，经历平台期进入持续下降的过程，是碳排放量由增转降的历史拐点，标志着经济发展由高碳排放向清洁低碳模式的转变。碳中和，指某个地区在一定时间内（一般指一年），人为活动直接和间接排放的二氧化碳，与通过减排、植树造林、工业固碳等吸收的碳总量相互抵消，实现二氧化碳"净零排放"。中国将用短短 30 年的时间实现从碳达峰过渡到碳中和，意味着要完成全球最高碳排放强度降幅，挑战十分艰巨。

实现碳达峰、碳中和，是一场广泛而深刻的经济社会系统性变革。变革要求中国在经济结构、产业结构、能源结构、企业生产方式、技术应用等方面进行优化升级，需要有针对性地进行科技创新、人才培养、制度变革等，这对中国高等教育来说既是责任也是机遇。

2021 年被誉为中国的"碳中和"元年，国家部委与省市连续出台的政策文件释放出强烈的变革信号，社会各界应对气候变化、推进双碳工作的热情迅速升温。2022 年政府工作报告中更是明确提出了"双碳"目标和低碳发展路径，意味着可持续和低碳发展已从理念进入"实战"期。教育部先后在 2021 年发布《高等学校碳中和科技创新行动计划》和 2022 年 4 月发布《加强碳达峰碳中和高等教育人才培养体系建设工作方案》，实施碳中和人才培养提质行动、碳中和基础研究突破行动、碳中和关键技术攻关行动、碳中和创新能力提升行动、碳中和科技成果转化行动、碳中和国际合作交流行动等，为实现碳达峰碳中和目标提供坚强的人才保障和智力支持。

在中国将碳达峰、碳中和作为重大战略部署的背景下，中国高等教育界将参与碳中和行动纳入自身的行动框架，围绕碳中和开展卓有成效的基础研究、科技攻关、教学活动、人才培养以及前瞻性的政策研究，并积极与政府、科研机构、社会组织合作采取有效的策略与行动推动碳中和转型进程，积极参与全球气候治理，为应对全球气候变化提供中国方案。

　　第一，中国大学应积极发挥在应对全球气候变化、实现碳中和基础理论与关键技术突破等方面的创新引领作用。2021 年 7 月，教育部制定《高等学校碳中和科技创新行动计划》，要求各地高校为做好碳达峰、碳中和工作提供科技支撑和人才保障。科技创新是实现碳中和的重要推动力：节能技术实现少碳、新能源技术实现零碳、CCUS（即碳捕获、利用与封存）技术实现负碳。科技创新依托两个关键因素：基础研究和技术创新。2020 年至 2022 年，北京大学、沈阳工业大学、东南大学、郑州大学、华东理工大学、上海交通大学、山东师范大学、厦门大学、西北大学、清华大学、中国科学技术大学、大连理工大学等 20 余所大学建立了碳中和研究院。这些研究院重点开展碳中和基础研究、技术研发、转化和推广应用、政策法规与智库研究等工作，并开展相关的学科建设与人才培养。具体信息详见表 1-7。

表 1-7　　　　　　　　　　中国大学设立碳中和研究院简况

高校名称	碳中和研究机构	成立时间	发展情况
北京大学	碳中和研究院	2022 年 9 月 6 日	打造高水平创新交叉中心，助力国家"双碳"目标实现，研究方向聚焦气候变化与碳循环、碳中和与气候环境协同效应、零排负排关键技术、能源系统工程、经济政策与管理、气候立法与全球气候治理，筹建碳达峰碳中和交叉学科博士学位授权点
沈阳工业大学	辽宁碳中和创新研究院	2021 年 7 月 16 日	研究碳中和管理中的相关技术和模式，探索区块链、人工智能和金融科技的新理论和新方法
东南大学	长三角碳中和战略发展研究院	2020 年 12 月 11 日	聚焦碳中和领域的政策、技术、产品等，开展碳中和战略规划及政策研究、技术创新和成果转化推广、气候变化高端人才培养、国际合作交流等活动

高校名称	碳中和研究机构	成立时间	发展情况
郑州大学	中德碳中和与绿色发展研究院	2021年4月26日	研究聚焦河南省能源革命和产业革命，积极履行三大任务，开展战略研究与咨询，开展关键技术攻关助力产业变革、以工程技术突破示范引领低碳绿色发展，探索创新国际国内政产学研合作的体制机制
华东理工大学	碳中和未来技术学院	2021年9月13日	以引领科技发展和打造人才高地为核心目标，将瞄准碳中和领域未来10—15年的前沿性、革命性、颠覆性技术，激发校内相关团队活力，形成碳中和合力，加快关键技术创新，同时，培育碳中和领域国家级优秀人才，强化碳中和领域学科建设与人才培养
上海交通大学	碳中和发展研究院	2021年5月22日	定位为碳中和高端智库，促进碳中和技术发展，对内积极推动能源、环境、信息、管理和金融等优势学科的交叉融合，对外广泛开展与政府、企业和国际各方协同合作
西北大学	榆林碳中和学院	2021年5月9日	聚焦二氧化碳捕集利用与封存、化石能源清洁利用、可再生能源、氢能、储能、能源互联网、碳经济和政策研究七大方向开展碳中和技术研发、转化和推广应用
清华大学	碳中和研究院	2021年9月22日	在低碳发电与动力、新型电力系统、零碳交通、零碳建筑、工业深度减排、减污降碳同增效、CCUS与碳汇、气候变化与碳中和战略等方向重点发力
厦门大学	碳中和创新研究中心	2020年12月31日	围绕碳中和的机理研究、技术研发、平台建设展开，着力在碳化合物的化学表征及惰性机理、海洋碳汇的生物学和生态学过程与机制等10个方向开展研究，建设在国际上具有引领性的创新研究中心和海洋碳汇科学领域的人才高地

续表

高校名称	碳中和研究机构	成立时间	发展情况
中国科学技术大学	碳中和研究院	2022 年 1 月 22 日	围绕"双碳"等重大战略加强学科建设和人才培养，从生产方式、生活方式、科技创新、产业结构、能源结构等方面推进多领域、多学科交叉研究，推进重大项目攻关，推动节能低碳技术的集成创新和应用创新，推进经济社会发展以及实现全面绿色转型
大连理工大学	碳中和研究院	2022 年 7 月 29 日	面向国家"双碳"重大战略需求中的清洁能源、碳减排、先进节能、碳捕集与封存等关键技术，瞄准世界智能碳减排科技前沿，开展学科建设、拔尖创新人才培养、学术领军人物和创新团队建设、自主创新与服务社会、国际合作与交流五位一体建设

第二，中国应加快制定碳中和领域的人才培养方案，建设一批国家级碳中和相关一流本科专业，高校将与科研院所、骨干企业联合设立一批碳中和专业技术人才培养项目，协同培养各领域各行业高层次碳中和创新人才。2021 年 6 月，同济大学结合环境与可持续发展学院跨学科团队与联合国平台资源，整合气候变化与碳中和所涉及的各学科知识，开设"气候变化与碳中和"本科生微专业。该专业旨在提供从环境、经济、社会各个角度理解可持续发展的平台，课程体系在介绍可持续发展内涵的同时，穿插基础学科知识并重点结合各学科与可持续发展息息相关的社会实际问题，提高学生思考气候变化的逻辑思维和团队协作等能力。鼓励学生开展课外实践，将可持续发展理念与本专业或其他跨学科专业有机融合，培养可持续发展创新能力。

第三，中国大学探索通过碳中和规划主动承担减排责任。同济大学、清华大学、中国地质大学（武汉）、南方科技大学等高校已承诺实现校园碳中和。2021 年 4 月，《中国地质大学（武汉）碳中和规划（2021—2035）》正式通过学校立项，中国地质大学（武汉）计划从低碳校园建设、科学研究和教育宣传等方面着手打造碳中和大学，助力地区乃至国家层面的碳中和行动。中国地质大学未来城新校区向湖北省生态环境厅申报了"近零碳"校园建设试点，力争 2045 年实现碳中和，以高校的实际行动引领社会低碳全面发展。2021 年 12 月 31 日，深圳市生态环境局、深圳市发展和改革委员会联合发文，将南方科技大学列入深圳市近零碳排放区第一批试点项目名单。根据深圳市"近零碳"项目实施要求，至 2025 年，按校园整体接近零排放要求完成节能降碳建设。根据项目建设进度要求，2025 年整体能耗将下降 22.6% 以上，叠加绿电和绿地的碳平衡后，折合减少碳排放不低于 12352.6 吨，较 2022 年度约减少 18.94% 的碳排放量。在 2026 年至 2030 年度周期中，南方科技大学校园将接近零碳排放。

第四，中国大学应通过校地合作的方式，推动区域碳中和转型进程。2021 年 5 月，西北大学与榆林市人民政府共建西北大学榆林碳中和科创中心并成立西北大学榆林碳中和学院。西北大学榆林碳中和科创中心是集人才培养、科学研究、成果转化、产业带动和科学普及于一体的全域校地联动碳中和创新平台。中心将围绕碳捕捉和封存、化石能源清洁利用、碳经济和政策研究等重点方向开展技术研发、成果转化和人才培养，探索资源型城市低碳绿色转型发展的举措，促进地方能源结构和产业结构的转型。

第五，中国大学积极参与碳中和国际合作交流行动，积极参与全球气候治理，在构建人类命运共同体和实现可持续发展的历史进程中承担重要使命。近年来，清华大学高度重视气候变化和可持续发展议题，充分发挥学科、科研、人才和国际合作优势，大力加强智库建设，创办了一系列高层次、国际性、品牌化的论坛，牵头成立了世界大学气候变化联盟，成立清华大学碳中和战略研究院，并积极在联合国环境规划署高级别会议、全球气候行动峰会等会议中建言献策。2021 年 10 月 27 日，东南大学和英国伯明翰大学共同倡议发起碳中和世界大学联盟，该联盟汇聚了东南大学、北京航空航天大学、天津大学、大连理工大学、英国伯明翰大学、美国肯塔基大学、俄罗斯国立南乌尔大学等国内外近 30 所高校，是全球首个聚焦碳中和技术领域人才培养和科研合作的世界大学联盟。碳中和世界大学联盟聚焦碳中和技术领域的人才培养、科研合作与成果转化，推进世界一流大学和学术机构间的合作交流，主动推动应对气候变化国际合作，为全球低碳发展，国家和地方实现"双碳"目标培养拥有国际视野和创新能力的拔尖人才，提供全球领先的技术创新支持。碳中和世界大学联盟被寄希望发展成为全球碳中和领域科研合作的重要平台、全球碳中和领域人才协作培养的重要平台、全球碳中和领域决策咨询的重要平台。

综上所述，中国从高等教育大国到高等教育强国的历史性成就、格局性变化，将成为中国大学可持续发展探索之历史机遇。在新的发展阶段，在积极落实联合国2030年可持续发展目标和中国经济社会发展的要求下，中国大学应在促进中国可持续发展进程中承担起引领者的角色，需要将"可持续"吸收到组织的战略行动中，高层次、多维度地积极履行社会责任。讲好中国大学贡献可持续发展目标和可持续发展行动的故事，是提升中国大学国际传播能力的重要组成部分，有助于更好地服务国家发展大局，为构建人类命运共同体做出更大贡献。

第二章

大学促进可持续发展的
社会责任

社会责任对各国大学来说早已不是一个新鲜的词汇，它已经成为高等教育的价值导向，成为大学理想和战略愿景的基石之一。大学努力塑造着社会，也被社会所塑造。大学社会责任的议程不是静止的，而是动态的。现代大学成为帮助世界应对气候变化、粮食安全、不平等、可持续增长、促进和平与正义等挑战的希望。本章从共识性的责任领域，具体分析大学在全球可持续发展中应承担的社会责任。"大学在促进全球可持续发展中承担着重要的社会责任"，各国对此已经达成普遍共识，但对"负有哪些社会责任，又该如何践行这些责任"，各国的大学可基于真实的社会需求与可持续发展标准，结合大学类型、组织特色与优势，履行多层次的共同而有区别的社会责任。

第一节 实现包容公平的高等教育

国际人权法明确指出，各国应确保所有有能力的人享有高等教育受教育权。2022 年 9 月召开的联合国教育变革峰会重申教育是一项基本人权，是一项可行使的权利，是个人尊严和赋权的源泉，是推动社会、经济、政治和文化发展的动力①。受教育权不应取决于个人财力或社会经济背景。这意味着，高等教育不是也不应该成为一种特权，而是受教育基

---

① 刘宝存、徐辉、饶从满等：《教育公平、创新与变革——联合国教育变革峰会主题笔谈》，《比较教育学报》2022 年第 6 期。

本权利的一个组成部分。实现全民优质教育不仅是联合国教科文组织大力倡导并推动各国努力实现的全球教育发展目标，也是教育现代化的核心诉求。在一代人的时间里，要改变教育体系，使其真正具有包容性、适切性，从而提高人类应对全球挑战的能力。如何保证平等的高等教育受教育权？如何通过优质教育保证包容性高等教育的实现？

包容，在联合国教科文组织中被广泛定义为"通过增加对学习、文化和社区的参与以及减少和消除教育内外的排斥，解决和应对所有儿童、青年和成年人的多样化需求的过程"。包容性教育政策对于提高人的能力，实现更好的就业、提高生产力、社会包容和实现包容性增长尤为重要。公平，被定义为"每一个人都有权获得接受和参与教育机会的公平原则"①。联合国教科文组织总干事阿祖莱认为，高等教育面临三个重要问题：一是包容和公平方面的挑战，二是日益增长的流动性，三是技能和学习革命。本书也从这三个方面进行具体分析。

第一，大学有责任为每一位有可能从高等教育获得收益的人提供入学机会，不论他们的背景、出身、性别、国别，来实现高等教育的包容性。

在扩大接受教育机会的同时，确保安全、包容、公平、优质的终身学习机会，是实现可持续发展目标 4 的关键。纵观历史长河，妇女、少数民族、残疾人、穷人等弱势群体在很长时间里通常无法获得接受高等教育的机会。根据第三届联合国教科文组织世界高等教育大会的《高等教育全球数据报告》披露的数据，2000 年，全球高等教育入学人数超过1 亿，2020 年，全球高等教育入学人数超过 2.35 亿，未来 10 年可能还会再翻一番。2000 年至 2020 年，全球高等教育毛入学率从 19% 上升到40%。在过去 10 年中，随着高等教育规模的扩张，受教育的绝对机会在增长，虽然高等教育入学人数显著增加，但学习机会仍然分配不均。2021 年全球失学人口约有 2.44 亿，全球约有 6.17 亿年轻人未达到阅读

---

① UNESCO, *Ministerial Meeting on Inclusion and Mobility in Higher Education 40th UNESCO General Conference* (https：//en. unesco. org/sites/default/files/ministerial-meeting-inclusion-mobility-higher-education-report-en. pdf).

和计算的最低熟练程度①。未能接受高等教育的适龄青年，更容易经历失业、贫困、早婚早育。弱势阶层虽然入学机会增多，却更多获得的是低质量、低水平的教育机会。

近年来，全球范围内面临着巨大变化和挑战，如不平等现象、人员流动、数字化发展以及新冠疫情等。人们接受高等教育才能够更好地应对新环境与新挑战。重塑高等教育，实现可持续未来，高等教育需要真正为人的发展提供更多灵活的受教育机会，将公平和非歧视作为高等教育的优先事项，纳入法律法规、政策和制度文化中。

高等教育的包容性涉及的层面十分广泛。具有包容性的高等教育意味着消除入学和过渡障碍，以及各种日常存在于高等教育领域中的障碍。实现包容性，须确保教育能够惠及所有学生，并确保学生的参与度和代表性。这就意味着为学生提供必要的支持，帮助学生顺利度过必要的适应阶段。然而，现在依然有很多因素阻碍这一理想的实现。教育改革遍布全球，但是真正实现教育公平的改革还是极其有限的。即使在进入高等教育普及化阶段的国家，很多高等教育机构仍然面临着入学、毕业、性别不平等，教师的学术自由受限、大学自治受限、学术科研人员失业等多种挑战。

为了有效加强高等教育的包容性，各国高等教育有责任践行高等教育入学的平等和不歧视原则，关注弱势群体和边缘化群体；加强对高等教育学历学分资格的承认，消除学术流动的障碍，有效实现国际互认；确保高等教育入学政策充分考虑终身学习和向劳动力市场过渡等新的社会因素；提高高等教育质量和水平，推动学术自由和院校自主；包容知识的多样性。

第二，大学既然为多元化的学生群体提供高等教育和专业服务，就意味着对他们负有社会责任。

在高等教育普及化阶段，非适龄人口也是高等教育的重要生源。高等教育机构面临着向日益多元化的学生群体（包括非传统学习者和弱势群体）提供优质教育的挑战。多元化的基本目标是建立促进个人发挥最

---

① 彭婵娟、刘宝存：《乌卡时代教育体系的重塑——基于国际组织教育变革文件的分析》，《高等教育研究》2023 年第 7 期。

大效能的组织环境，使组织成员不因其某些特性（如性别）或仅仅因为不代表社会主流而被排斥在社会组织之外。很多国家的大学里从事学术研究和管理职务的女性比重远远低于男性，特别是女性进入教授和科学家行列更加困难。这需要大学以多元、公平的理念，支持性别平等，帮助教职工和学生平衡家庭、工作或学术生涯。

2019 年 11 月 13 日，联合国教科文组织第 40 届大会期间在法国巴黎总部举行的高等教育部长级会议，以"高等教育的包容和流动性"为主题，旨在通过加强政策和制度建设，确保实现包容、公平的高等教育，为非传统学习者以及包括移民、难民等在内的处境不利的群体提供接受高等教育的机会。联合国教科文组织发布的《2020 年全球教育监测报告》中的数据显得尤为尖锐，它警示我们，教育机会分配依然不平等，接受有质量的教育的门槛依然很高。《2020 年全球教育监测报告》重申和强调"使教育成为一个惠及所有人的普世权利"，并给出了推进包容性教育发展的十项建议：拓宽对包容性教育的理解，将所有受教育者纳入其中，无论其身份、背景与能力；当数百万人缺少受教育机会时绝谈不上包容，须为掉队者提供财政支持；分享专业知识与资源，这是实现向包容性过渡的重要方式；包容性教育从不是高高在上的，需要与社区和父母开展有意义的沟通与咨询；推进包容性教育需要社会合力，应在政府的不同部门、社会的不同行业与阶层之间实现合作；为非政府组织提供空间，使他们朝着同一包容性目标迈进；应用普适性的教学计划，确保包容性机制充分释放每位学习者的潜能；培训、赋权、激励教育工作者，所有教师必须为培育每一位学生而努力；有意识、毫无偏见地收集有关包容性教育的数据，避免因贴标签导致的污名化；向身边的人学习，牢记实现包容绝非易事。

第三，大学有责任积极利用现代信息技术提升高等教育的效率和普及程度，使更多人享有终身学习的机会。

大学要培养年轻人成为终身学习者。大学毕业对一个人来说并不是学习的终点，而是终身学习的里程碑之一。在技术飞速革新的时代，人工智能崛起，未来的工作稳定性成谜，人们需要对职业变化持开放的态度，并在一生中持续学习。终身学习是解决危机与挑战的一种有效和潜在的变革手段。大学有责任利用现代信息技术提供更灵活、更具吸引力的高等教育满足终身学习者的需要，延伸高等教育的时间和空间，拓展人们在不同阶段、不同文化和社会环境享有终身优质教育的机会。

社会阶层分化、数字鸿沟会导致处境不利的群体面临失学、辍学的风险。尤其是近几年新冠疫情在全球范围内的肆虐，国家和区域间的数字鸿沟愈加明显。大学应利用数字技术促进教育公平，消除数字鸿沟。大学既要提供平等的技术资源、教育机会与信息权利，使数字技术、工具、平台的应用起到促进而非折损教育公平的作用，又要适应不同地区教育技术的普及程度、使用习惯、社会文化等差异，使教育技术成为弥合教育差距、推动教育多样化与差异化发展的有力工具。加强对学生数字素养、信息素养的培育，培养学生在数字信息空间内的理性精神、同理心、创造力与批判性思维，以抵御数字化社会的风险。

综上，我们需要努力确保高等教育继续被视为一项公益事业，共筑平等、公平、包容的教育环境，充分发挥每一个学生的潜能，使他们拥有平等的受教育机会，获得充分、自由、全面发展。对社会负责的高等教育应利用最广泛的战略、专业知识、技术和资源，确保公平优质教育，并促进所有人享有终身学习的机会。

第二节　培养可持续社会的贡献者

人类社会发展面临的风险和机遇要求转变发展模式，而这种发展模式转变，无法仅仅通过政治协定、经济刺激或技术解决方案实现。可持续发展，需要人们改变思维方式和行为方式，这需要通过教育和学习才能灌输到我们的社会当中。为建设更加公正、和平、可持续的世界，需要在各个层面采取行动，全面调动可持续发展教育的潜力，促进全民可持续发展学习机会，培养可持续社会的贡献者。

第一，大学有责任实施公平优质的可持续发展教育，使每个学习者都有机会获得必要的知识、技能、价值观和态度，使其能够为可持续发展做出贡献，为当代和后代的环境完整性、经济活力和公正社会采取知情决定和负责行动。

　　可持续发展教育是公平优质教育的有机组成部分，也是可持续发展的重要动力。近年来，可持续发展教育的概念内涵与外延不断丰富，其作用得到重视和重申。根据联合国教科文组织 2022 年 6 月 9 日更新的对可持续发展教育的解释，"可持续发展教育为各个年龄段的学习者提供了知识、技能、价值观，以应对相互关联的全球挑战，包括气候变化、生物多样性丧失、资源的不可持续使用和不平等。它使所有年龄段的学习者都能做出明智的决定，并采取个人和集体行动来改变社会，关爱地球。可持续发展教育是一个终身学习的过程，是素质教育的一个组成部分。它增强了学习的认知、社会情感和行为维度，包括学习内容和结果、教学法和学习环境本身"。① 无论是理论工作者提出的创新观点，还是教育实践者自觉的创新探索，可持续发展教育指向的是帮助学习者摆脱工业文明观念形态、思维模式与知识体系之窠臼，吸收蕴含生态文明勃勃生机的思想、知识、价值观与生活方式的丰富营养。

　　联合国教科文组织提出，可持续发展能力代表了全世界所有年龄段的所有学习者成为"可持续发展公民"所必需的跨领域能力。联合国大学可持续性高等研究所研究员菲利普·沃特（Philip Vaughter）认为，可持续发展教育要帮助学生建立五大核心能力，即系统思维能力、预见能力、规范能力、人际关系能力和战略能力。欧盟联合研究中心在 2020 年 10 月至 2021 年 2 月对成员国和全球范围内有关可持续发展能力框架和行动的文献进行了深入分析，并广泛征询专家意见，最终发布了《欧洲可持续发展能力框架》，确定了 4 个领域的 12 项关键能力，并对每项关键能力进行定义和阐释。这一框架的目标是在欧洲层面建立对可持续发展能力的共同理解，支持可持续发展教育的系统实施和有机协调。具体详见表 2 - 1。

---

　　① UNESCO, *What Is Education for Sustainable Development?* (https：//www. unesco. org/en/education/sustainable-development/need-know).

表 2 - 1   **欧洲可持续发展能力框架**

能力领域	能力	描述
1. 体现可持续发展价值	1.1 重视可持续	反思个人价值观；识别并解释价值观在不同人之间随时间推移如何变化；同时批判性地评估个人价值观如何与可持续发展价值观保持一致
	1.2 支持公平	支持当前和未来的公平和正义，并向前代人学习可持续发展的经验
	1.3 尊重自然	承认人类是自然的一部分；尊重其他物种和自然本身的需求和权利，以恢复并再生健康和有弹性的生态系统
2. 拥抱可持续性的复杂性	2.1 系统思维	从各个方面处理可持续发展问题；考虑时间、空间和环境，以理解多种元素如何在系统内部和系统之间相互作用
	2.2 批判性思维	评估信息和论点，确定假设，挑战现状，并反思个人、社会和文化背景如何影响思维和结论
	2.3 问题构架	从难度、涉及的人员、时间和地理范围等方面，阐述可持续发展问题的当前或潜在挑战，以确定适当方法来预测和预防问题，并解决已经存在的问题
3. 展望可持续的未来	3.1 未来素养	通过想象和开发可替代方案，确定实现可持续未来所需的步骤，设想可选择的可持续未来
	3.2 适应能力	在复杂的可持续发展情境下实现转型和完成挑战，并在面对不确定性、模糊性和风险时做出与未来相关的决策
	3.3 探索性思维	通过跨学科研究，以及观点与方式新颖的实验和创新，学习使用关系思维
4. 为可持续发展行动	4.1 政治能动性	引领政策发展导向，明确不可持续行为的政治责任和问责制，制定有效的可持续性政策
	4.2 集体行动	与他人合作，为变革行动
	4.3 个人主动性	确定自身的可持续发展潜力，并积极为改善社区和地球的前景做出贡献

资料来源：吴云雁、张永军、秦琳：《为绿色转型而学习——欧盟可持续发展教育政策分析》，《比较教育研究》2023 年第 4 期。

第二，大学有责任提供学习、教学法和环境，综合解决可持续问题，促进学习者关注并解决可持续议题，成为践行可持续发展理念以及力促全球发展转型的新生力量。

为更好地履行促进可持续发展的社会责任，大学需要将可持续发展目标融入教学，开设相关课程和项目，加深学生对于可持续发展的理解。大学需要推动青年人参与全球、国家和地区的可持续发展教育，推动青年人在可持续发展政策制定和实施工作中的作用，动员大学生为可持续发展采取行动，寻求创新的解决方案，让学生能够在个人生活和未来的职业工作中为可持续发展做出贡献。

为发展可持续发展教育，联合国教科文组织推出"2030年可持续发展教育"计划，但该计划在开展过程中，存在着缺乏系统化管理、各国参与度过低等问题。因此，联合国教科文组织制定了"可持续发展教育一体化框架"，强调推广可持续发展教育必须考虑"可持续发展情境"（即政策、社区、机构三个因素）和"可持续发展教育实践"（即内容、方法和课程三个因素），提出可持续发展教育本土化需要课程主流化，即在课程中纳入相关的课程内容、使用合适的教学法，也需要制度主流化，即需要机构、社区和政策的支持。[①]这一框架对于大学等各类高等教育机构而言，具有指导意义，大学需要深入思考：如何将《2030年可持续发展议程》中的具体的可持续发展议题本土化？如何将可持续发展议题纳入课程内容，融入恰当的教学方法？这些议题如何影响学校以及学校可以做出何种改变来实现可持续发展目标？如何对教师进行培训，使他们在履行自己的职责时解决可持续问题？如何将可持续发展教育目标融入整个学校系统？如何让利益相关者、社区、政策制定者参与其中？

培养可持续社会的贡献者，不仅是大学的责任，而且是全社会的共同责任。为了广泛开展可持续发展教育，大学需要与利益相关者开展更有效的合作，开展公益性宣传教育活动，普及绿色低碳知识，增强全社会共同意识；开展与绿色转型相关的业务培训、技术指导、咨询服务等活动。只有各方广泛参与进行全系统调整时，才能以最佳方式实现社会可持续发展的突破和进步。

---

① 阚阅、徐冰娜：《可持续发展教育全球行动计划动因、机制与反思——联合国教科文组织全球治理的视角》，《比较教育研究》2020年第12期。

第三节　创新驱动可持续发展的责任

当前，全球正在加快可持续复苏和转型发展。创新日益成为新的增长动力和持续增长的希望。新技术、颠覆性创新、可持续转型的解决方案对实现可持续发展至关重要。经济与社会发展进步的关键就是创新，在经济危机时期更是如此。如果没有大量的知识创新与技术创新，全球可持续发展的完整愿景将难以实现。在第四次科技革命推动下，各国都需要培育全球发展新动能，推进科技和制度创新，加快技术转移和知识分享，推动现代产业发展，弥合数字鸿沟，加快低碳转型，推动实现更加强劲、绿色、健康的全球可持续发展。

第一，面向可持续的未来，大学应促进可持续科学向纵深发展，最大限度激发创新主体的潜力和创造力，通过创新为社会创造价值。

创新是践行可持续发展的关键动力。致力于创新的大学领导者，善于在大学的所有领域提出创新的问题。创新的内容不限于以科技创新为核心的成果产出，也包括理论创新、制度创新、文化创新、组织创新等；创新的范围不限于科学，亦拓展至社会、文化、教育、经济、人类生活的方方面面。为促进可持续发展自驱力的形成，各类大学都应鼓励师生开展各种可持续相关的创新。

大学为促进全球可持续转型而开展的创新活动依赖高质量的科研工作。大量的研究型大学、科研机构和杰出人才通过开展重大原创性基础研究，持续拓展人类科学认知的疆域。一方面，研究型大学应该站在可持续发展相关学科的前沿，坚定地向着高创新价值的科学研究范式转型。另一方面，研究型大学应该在追求突破性科学进展所必需的研究和开展应用研究之间找到平衡，推动教师和学生开展的应用研究能够影响可持续发展目标的实现。基于研究成果研发新技术、加深学生和教职人员对可持续性的理解，是大学推进可持续转型的最重要方式。

第二，现代大学是知识演进和科技创新的源头，大学通过突破性的研究、高质量的教育和前沿的创新，制定必要的解决方案，以确保可持续的未来。

全球创新版图的重塑，表面上是创新要素的全球再流动与区域再集中，实则是以大学为代表的各类创新主体对科技变革的深层次推进。大学已经为可持续转型的创新做出很多贡献。在大学的诸多贡献中，最具魅力的莫过于原创性的学术研究工作。大学作为知识创新的主体，是推动可持续科学向前发展的前沿阵地，并能够加速知识转化，从而推动可持续发展能力建设。全球高等教育机构建立了关于每项可持续发展目标的知识库，在理论和技术上为推进每一个目标提供了研究基础。世界性难题的解决需要发挥全球高等教育的作用，凝聚全球的智慧与力量攻破难关，推动人类社会的可持续发展。人类面临的社会挑战具有复杂性、横向性的特点，而大学具有将多学科汇聚在一起来共同应对这些挑战的理想组织，能够实现可持续转型的创新。

虽然大学贡献可持续发展的行动成功与否，并不是以"论文"产出决定，但一流的论文成果是大学创新水平的一种重要体现。2020年11月18日，全球信息分析和科技医学学术出版机构爱思唯尔召开新闻发布会，发布了《以科研的力量推动联合国可持续发展目标的实现》报告，以提高对全球可持续发展目标相关努力的关注。报告显示，2015年至2019年，与可持续发展目标相关的科研文章数量惊人，达到410万篇。美国、中国和英国在其中7个可持续发展目标领域中，相关论文数量均位列全球前三。2015年至2019年，中国发表的与可持续发展目标相关的文章超过69万篇。在16个可统计的可持续发展目标领域中，中国在15个领域的相关科研论文数量位居全球前十。中国在5个可持续发展目标领域的相关科研产出居全球第一，包括清洁饮水和卫生设施，经济适用的清洁能源，产业、创新和基础设施，可持续城市和社区，以及负责任消费和生产。

第三，可持续发展的知识创新与技术创新需求极为广泛，大学需要创新科学研究的方式与模式，不断探索通过新型的研究过程、研究方式重构知识观、人文观、技术观、生态观。

解决可持续发展的挑战，绝非高等教育机构单打独斗就能实现。大学的创新模式需要变得更加开放，在全球范围内开展合作研究与创新实践。大学应鼓励构建跨学科、跨部门、跨文化的研究伙伴关系，创造新的知识共享模式。大学需要构建更多元而深入的创新合作链，通过深化校企合作、地方合作、大学合作等，共同开展应对可持续发展挑战的科学研究，继续拓展可持续发展的创新边界。大学是创新可持续发展理论的思想源泉，宜广泛推动学术界与企业的交流，将最新的可持续发展实践提炼、升华至理论层面，将最新的理论转化为管理的依据，助力各类组织更好实现可持续发展。

以日本为例，日本政府认识到有效推进可持续发展目标的关键是科技创新。2018 年 4 月，日本文部科学省制定了"通过科技创新推动可持续发展目标实现"的基本方针。考虑到可持续发展目标需要结合社会、经济、制度、生活、价值观等方方面面的因素才可能实现，因此需要让人文科学和自然科学协同共进。该方针将促进从人文社会科学到自然科学各领域的研究，推动研究开发机构、大学、研究资金提供机构等积极参与通过科技创新推动可持续发展目标实现的政府体系。在这个过程中，并不是政府部门、大学、民间团体、地方自治组织各自应对，而是把跨界、跨区域的相关人才聚集到一起，聚合成一个跨界、跨区域的开放性平台，让所有组织都能参与科技创新策划，进行开放性讨论。近年来，日本已经开始着手实行多项科技创新推动可持续发展的措施。文部科学省鼓励大学开展长期气候变化机制相关的教育和研究并将研究成果广泛传播，为可持续发展目标做贡献。日本科学技术振兴机构实施了"支持女中学生选择科学职业道路的计划"，并在日本全国各地的大学中推行。科学技术振兴机构提供了活跃在科技领域的女性研究人员、技术人员与女中学生的交流机会，并提供实验室、基础设施支持，其目标是让下一代的女性活跃在未来的科技创新领域中。

第四节　促进可持续发展的社会服务

只有重视社会责任的大学，才是最具生命力的大学。大学的社会服务在更广阔的社会责任与公共利益的价值视角之下被强化和扩展，能够激发大学促进社会变革和发展的新活力。大学需要通过社会服务的拓展和创新，提升贡献可持续发展目标的行动能力，解决人类社会可持续发展问题，更好地履行促进自身和社会可持续发展的社会责任。

第一，大学应打通人才培养、科学研究与社会服务职能之间的边界，使社会服务成为可持续组织转型的引擎。

长期以来，大学人才培养、科学研究、社会服务三项职能的履行虽然关系密切，但大学评价体系对科研产出的高度重视，促使科学研究工作已经占据明显优势，其次是人才培养，社会服务往往是"锦上添花"的附加任务。面对多元且快速变化的真实情境与社会环境，传统封闭实验室的研发模式导致由大学专家们构想和开发出的技术难以应用落地。在这样的背景下，大学必须重视面向可持续发展的社会服务，使社会服务成为可持续组织转型的引擎。一是通过组织支持、组织构建和制度激励链接人才培养、科学研究、社会服务、国际交流与合作等大学职能，努力弥合现实世界中教育、研究和实践之间的差距；二是改善和提高研发转移的洞察力，将新的科技成果转化为现实世界的应用和解决方案的动力，加强可持续发展需求驱动的新技术应用，引入不同利益相关者进行协同创新，利用新技术共同解决复杂社会问题。

第二，大学有责任提供环境、知识、条件，让人们在此探索与研究如何实现科技、社会、环境的环环相扣来支持更加可持续的生活。

大学可以采用系统化的方法设计可持续校园的基础建设与通用设施，使可持续发展的科学研究和教育活动超出实验室和教室的传统范畴，将整个大学校园及其所在社区变成开放的可持续发展生活实验室，探索与实践社会与环境的可持续发展，锐意开展有益的社会变革。大学师生可以基于实验，对生活方式、社会技术变革的未来状态进行建模，对已经掌握的可持续发展知识进行检验，并获得综合的、跨学科的、实践性的知识与技能，提升其可持续素养以及与社会合作和解决实际问题的能力。除了在低碳环保、社会公益等传统领域的持续深入外，大学需要加大在韧性供应链、科技创新、教师福祉等方面的投入，将责任触角延伸至更广泛的发展领域。大学应该避免只是采取象征性的社会责任项目，从而忽视了涉及大学内部师生、区域内外部利益相关者迫切关注的可持续发展议题。

在中国的高等教育体系中，我们已经能够找到良好的示范。2021年3月，浙江大学推出《浙江大学可持续发展行动计划》，从科学研究、人才培养、开放发展等多个维度，为可持续发展绘制"浙大路线图"，将学校自身发展融入全球议程，为国家落实2030议程贡献"浙大智慧"，助力打造全球可持续发展的"中国样板"。在人才培养方面，浙江大学通过建设和完善一系列可持续发展课程与项目培养学生的可持续发展胜任力。在科研方面，浙江大学注重运用多学科视野，打造跨学科的创新研究机制，为可持续发展难题提供更多的创新技术和解决方案。在绿色校园方面，从智慧校园到绿色建筑技术整合，为师生营造可持续发展的生态校园，辐射社区以促进可持续发展理念的广泛传播。例如浙江大学发起的BRIDGE 行动（Better Responsibility Initiative-Design for Good Earth）聚焦"公平优质教育""体面工作经济增长""产业、创新和基础设施""可持续城市和永续社区""责任消费和生产"5 个可持续发展目标，凝聚海内外高校学子，发起校企合作，通过与全球伙伴的对话与协作，为可持续未来的塑造提供更多智慧与力量。

第三，大学应真正打开组织边界，以更加发展和开放的姿态，从"发展需求驱动"的单向度"输出"社会服务，转型为多向互动的合作与社会嵌入的社会服务，促进所在区域的可持续发展。

社会服务是推动可持续发展的重要途径，大学可以积极建立多方利益相关者合作网络，包括企业、大学、研究机构、协会和其他非政府组织等，合作实现科技成果落地转化，解决可持续发展中的关键问题，促进生态系统的可持续发展。实现可持续发展目标，大学从来都不是一座孤岛，需要寻求广泛、多元的合作，与区域内、跨地域的社区，真正成为无界限的"大学—社区"共同体从而实现可持续发展的目标，在参与策略、共同愿景和机制下，大学与省/市/县、国家、地区以及国际社区实现互惠且持久的可持续伙伴关系。地方合作与全球网络对于可持续发展而言同等重要，彼此不可或缺。在影响世界各国、各领域的可持续发展浪潮中，各类大学可在全球范围内积极寻求各种类型的伙伴关系，形成多层级、多结构的社会服务模式，推动不同行业、不同地域、不同经济结构之间的交流与合作，共享与借鉴彼此的经验。

各类型的大学事实上都有其资源和平台的优势，通过与政府、非政府部门、企业及群众建立广泛的合作伙伴关系，注重聚焦可持续发展瓶颈问题，共同全面创新探索系统解决方案，带动全社会建构实现可持续发展目标的共同体。例如大学通过与企业的产教融合，促进企业充分发挥产业特色，通过科研大赛、奖学金、企业实习等形式，企业与高校携手培养青年学子的可持续行为习惯和商业思维。大学以高水平科研成果服务可持续发展目标，并通过联合研发基金等途径搭建校企合作桥梁，促进学术力量与产业需求对接。大学可结合自身定位、办学特色、社会环境、政策要求等系统谋划能够做出贡献的可持续发展领域，可以针对具体的数个或全部可持续发展目标的重点领域和中长期战略，通过社会职能的充分发挥提升贡献可持续发展目标的行动能力，积极推动国家和全球的可持续发展进程。

第五节　重振可持续发展的全球伙伴关系

近些年，气候变化、生态失衡、环境污染、新冠疫情、恐怖主义等全球性危机日益严峻，给可持续发展目标的实现带来了更大的挑战。国际形势经历着深刻而复杂的变化，国际多边机制受到了严重冲击、经济全球化受到重挫。新冠疫情对人类社会形成了突发性全面冲击，人员往来、商品贸易、物流交通等跨区域的流动都一度被迫全面或部分中断。事实上，在疫情前世界已处在前所未有的大变局中，疫情起到的只是加速器作用。这客观上是对全球治理体系与各国治理能力的重大考验。然而，一方面，原有国际组织的作用难以充分发挥，导致现有国际治理与协调机制面临困境[①]；另一方面，个别大国谋求地缘私利，刻意渲染意识形态差异，编织排他性小圈子，加剧了地区形势的紧张对立。全世界正在陷入单边主义、民粹主义和逆全球化的危机之中。民族国家体系与全球化之间的内在张力，在艰难维持的脆弱平衡中已经发生了位移，使高等教育国际化面临更加严峻的考验。

在此背景下，重振强大的全球伙伴关系，对于共同努力解决后疫情时代紧迫的全球性问题至关重要。实现全球可持续发展，现在比以往任何时候都更需要强有力的全球团结和国际合作来推动新的教育社会契约，现在比以往任何时候都更依赖于世界各地的大学合作、协调和分享知识的能力。因此，重振可持续发展全球伙伴关系，是大学在全球可持续发展中应承担的重要社会责任。

---

① 薛澜、关婷：《多元国家治理模式下的全球治理——理想与现实》，《政治学研究》2021年第3期。

首先，开放合作是应对全球挑战的必然要求。重振可持续发展的全球伙伴关系，取决于人类是否愿意团结起来，凝聚不同国家、不同经济行为主体和社会组织广泛的联合行动。全球化时代的人类社会，教育危机、经济发展、社会进步、环境保护等全球性挑战，需要各国自身的努力，又离不开国际社会的团结合作。科学技术可以解决全球问题，但也需要通过国际合作实现。实现可持续发展是超越不同国界、宗教、意识形态和发展阶段的共同愿望。可持续发展符合国际社会的共同和长远利益，因此能经得起世纪疫情和百年变局交织带来的深远影响和严峻挑战。

2012 年至 2022 年的十年中，中国实施开放包容、互惠共享的国际科技合作战略，与 161 个国家和地区的科技合作关系持续发展，在应对气候变化、粮食安全、人类生命健康等领域，与世界各国的联合研究取得了丰硕成果。国际科研合作不断增加，并促进学者能力和素养的持续提升。近年来，中国在参与国际事务和全球治理方面取得了重要的进展，已经成长为全球最受瞩目的新兴经济体和全球治理中最积极的力量之一。中国将继续本着对中华民族的福祉和人类长远发展高度负责的态度，承担与我们自身的发展阶段应负的责任和实际能力相符的国际义务。2020 年至 2022 年，虽然新冠疫情蔓延在一定程度上阻碍了全球气候行动，但中欧双方在气候与能源领域的战略沟通与合作不断推进，中欧合作也为推动全球应对气候变化与碳中和目标早日实现发挥了更大的作用。对国际出版物数量的分析表明，中英两国在科研合作方面处于世界领先地位。2020 年，中英研究人员合作发表了 19000 篇论文，比整个 20 世纪 90 年代高出 6 倍，说明中英大学联系日益密切、共同利益日渐广泛、国际视野愈发融合。尽管地缘政治紧张局势加剧，但从 2010 年到 2021 年，美国和中国在人工智能出版物方面的跨国合作数量最多，自 2010 年以来增加了 5 倍。在这一过程中，大学是国际前沿创新的重要参与者，大学应积极与更多国家的科技同行交流合作，成为共同解决全球性问题的重要贡献者。

其次，实现全球可持续发展议程，需要在全球、区域、国家和地方各级建立牢固、包容、全面的伙伴关系。联合国可持续发展议程尊重每个国家制定和执行可持续发展政策的政策空间和领导作用。为了推动 2030 年议程的落实，联合国在现有框架下推出了以"国家自主参与 + 年度集体盘点"为核心的新治理机制，鼓励各国积极探索并形成适合各自国情的方案与实践，并通过国际交流与互学、互鉴进一步推动各国的可持续发展。通过加强全球可持续发展伙伴关系，各国调动和分享知识、专长、技术和资源，并将分享经验应对共同问题，通过开展南北合作、南南合作和三方合作以支持所有国家，尤其是发展中国家实现可持续发展目标。

最后，全球可持续发展目标的复杂性和相互关联性，需要以新的国际合作方式开展工作。影响人类社会可持续发展的问题，其成因是复杂的，其解决途径和方法须诉诸全人类的协同行动，只有各国政府、私营部门、民间团体、学术机构、科学家等行动方通力合作，充分利用彼此的专业知识和比较优势，才能保障可持续发展目标的实现[①]。"可持续发展目标 17"正是呼吁将全球伙伴关系作为实现其余全球目标的先决条件。全球伙伴关系并非只是为可持续发展目标锦上添花，而是可持续发展目标得以实现的基础。多方伙伴关系对于利用可持续发展目标内部的相互关系至关重要，可以提高其效率和影响力，并且加快实现这些目标的进展。

因此，各国大学应为重振可持续发展的全球伙伴关系发挥大学担当，围绕全球可持续发展的具体问题，开展建设性的国际交流与合作，为推动可持续发展提供创新方案，为塑造真正和平、公正和可持续的未来贡献大学的智慧与力量。

第一，各类高等教育机构都应积极搭建交流与合作互动机制，以汇聚共同利益和人类福祉为基础，拓展协同合作空间。

大学间的国际交流与合作经历了漫长的时间和国际形势复杂变化的历史考验，超越了现实社会的种种隔阂，已经形成符合大学组织特点，并为各方所接受的一系列合作原则，即平等合作、互利共赢、互补性、非排他性等合作规则。用对话合作取代零和博弈，用开放包容取代封闭排他，用交流互鉴取代唯我独尊，是世界一流大学的襟怀和气度。在百年未有之大变局下，如果仅从零和博弈的视角看新时代的高等教育国际

---

① 《目标 17：加强执行手段，重振可持续发展全球伙伴关系》（https://www.un.org/sustainabledevelopment/zh/globalpartnerships/）。

合作，容易陷入狭隘的思想窠臼。阻碍全球可持续发展转型的根源，正是以自我为中心的二元思维模式、行为模式等。中国高等教育机构应正视全球各种系统性风险的挑战，以构建人类命运共同体为理念推进高水平开放，以自身专业化力量促进国际交流合作，推动世界向更加公正、公平和可持续的未来转变。

第二，真正实现全球可持续发展，需要树立整体世界的格局观，树立人类命运共同体的思想。

加强高等教育国际化是大学履行其促进人类命运共同体构建之使命责任的最有效的实践途径[1]。在构建人类命运共同体的过程中，大学独特的优势是国际交流与合作。大学要在人类命运共同体思想的指导下，摒弃狭隘民族主义的思想局限，通过交流、共享高等教育思想及其成果的国际交流合作，共同战胜人类面对的全球问题，为实现可持续发展目标做出积极贡献。后疫情时代，大学应重视与友好高校建立起可持续的合作伙伴关系，积极优化国际交流合作结构布局，开拓合作渠道，扩大回旋空间，对冲环境带来的不利影响。大学应持续通过国际学生流动、国际学术合作、院校战略对话与协作、人文交流等方式，持续促进知识共享、学术交流、人员流动等。运用互联网、人工智能、大数据等创新技术突破时空限制，实现高等教育国际化形态重塑。大学应将"尊重生命和人格尊严、权利平等和社会正义、文化和社会多样性，以及为建设共同的未来而实现团结和共担责任的意识"作为教育的宗旨，积极开展全球公民教育，培养知识渊博、有批判意识、重视社会联系、有道德和敬业的全球公民。大学应弘扬和平、发展、公平、正义、民主、自由的全人类共同价值，共同促进全世界文明的交流互鉴，在塑造可持续未来的过程中发挥更大的作用。

第三，各类高等教育机构应结合自身禀赋找到新使命，为全球可持续发展贡献智慧与力量。

大学开拓可持续发展的全球伙伴关系，不仅主动承担了社会责任，而且对于促进自身转型变革也尤为重要。通过可持续发展全球伙伴关系

---

[1] 眭依凡：《促进人类命运共同体构建：高等教育的使命与行动》，《中国高教研究》2023年第7期。

的构建，大学不仅能提升贡献可持续发展目标的表现以及交流最佳实践，在可持续发展的管理技术和政策上取长补短，还可以更好地服务大学组织自身的国际化战略。大学应秉持合作共赢与利他性的价值理念，鼓励并推广以满足可持续发展需求和解决问题为导向的全球治理创新机制。大学应携手全球伙伴，围绕可持续发展目标的具体问题开展建设性的跨国合作，积极组建各类重要国际合作平台与国际联盟，通过平台搭建、人才交流、项目合作、技术转移、建立国际协同创新网络等形式，持续分享研究资源和行动经验，重振可持续发展全球伙伴关系。在可持续发展目标的各个领域，各国大学可以从本土实际出发，制定规划，确定项目，互学互鉴，结合自身禀赋在合作中找到定位、发挥优势，让合作双方都获得收获。

第 三 章

大学可持续发展组织转型
面临的新场景

从全球的角度来看，新一轮产业革命所带来的一系列重大科技创新在不断改变社会、经济的结构和运行方式的同时，也在重塑高等教育的形态，知识传授与获取的方式以及教与学的关系正在发生深刻的变革。当今世界，百年变局加速演进，世界经济复苏艰难，全球发展议程面临挑战。危机或许也能够成为机遇，能够帮助我们深刻系统地反思高等教育，并转向更加可持续的发展方向。高等教育作为通往可持续共同未来的重要路径，我们应充分实现其变革潜力。人们已经深刻感受到社会环境的剧变对高等教育转型的巨大推动力。全球高等教育在发展蓝图、机构愿景、区域发展、数字转型、学习生态等诸多领域取得新进展，呈现新趋势。预测与分析大学的组织转型，需关注宏观发展趋势以及全球社会正在发生的变化。这些趋势和变化作为全球高等教育发展所面临的新场景，正在以多种深刻的方式影响大学的组织转型，重构高等教育系统和教育生态。

第一节 创造和传播知识的边界已打开

随着知识和技术在社会经济发展中的作用持续增强，知识经济的格局已日趋明显。知识的应用价值与经济效应日益成为社会的重要期待。人类步入高级知识经济时代，以创新能力为核心的知识生产模式已成为驱动知识经济发展和赢得国际竞争优势的关键因素。大学处于这一变化和张力的中心。在这样的时代背景下，人类希望大学能够继续引领社会，而不是落后于社会。未来的大学的科研会仅剩下基础科学与原始创新吗？大学的知识创造与传播对社会的价值与影响力会被削弱吗？

一　知识生产模式的转型

知识生产模式的转型反映了不同时代对知识生产的不同要求，也反映了大学的知识创新对不同时代的适应与引领。伴随学科交叉融合及知识生产模式转型的发展趋势，大学知识生产模式从传统"强调学科本位"和"追求高深学问"的模式 1 转向"强调科研的跨学科本质"和"注重问题解决"的模式 2，继而转向突出协同创新的知识生产模式 3。

在高级知识经济时代，知识生产、知识传递和知识扩散的结构大幅增加。创造知识的场所不再只有大学和学院，还有非大学的研究中心、政府的专业部门、企业的实验室、智库、咨询机构、专业团体等，并且持续创造它们自己的知识市场①。科学的、技术的、工业的知识生产的联系变得更加紧密，这反映了模式 2 的知识生产弥散于社会的特点。大学一部分的科学研究功能正在被大型研究院、技术创新实力雄厚的科技公司、智库、咨询公司等机构所代替，这些机构没有人才培养的核心职能，能够专心致志迅速产出大量知识成果或商业化的知识产品，并通过强大的社会网络、新兴媒体等实现更快速的流通、应用与传播，迅速对社会公众及公共政策形成一定的影响。而此时，大学的学者们秉承着严格规范性的知识成果仍难以落地。

政府、大学和企业之间的合作伙伴关系成为国家创新生态系统的支柱。政府对于基础研究的资助，使大学能够进行数十年才能商业化的具有创新风险的研究。但是高昂的研究成本使尖端研究处于只有少数精英大学和关键行业参与者才能接触到的位置。伴随着知识生产模式转型，越来越多的企业纷纷创建研发机构，知识创新与技术创新的周期越来越短。创新在向广度、深度发展的同时，创新的速度前所未有。科技发展会催生新产业和新企业，也会颠覆没有与时俱进的传统企业。面对急剧

---

① ［英］迈克尔·吉本斯、［英］卡米耶·利摩日、［英］黑尔佳·诺沃提尼等：《知识生产的新模式——当代社会科学与研究的动力学》，陈洪捷、沈文钦等译，北京大学出版社 2011 年版，第 149 页。

变化的经济环境和高度不确定性的商业环境,企业的重视极有可能带来外部经济、社会和技术范式变化的创新和发现。很多企业善于运用商业的、市场的、实用的逻辑将知识、技术迅速转化为有形产品及市场份额,并进一步刺激组织在知识研发上加大投入,让组织具有快速进化能力。

在第四次工业革命的背景下,人工智能、量子计算、可控核聚变等颠覆性技术创新并不是在大学校园中产生的,一些世界级科技领军企业的技术创新深度、广度、速度已经超过大学和科研机构。例如,人工智能研究公司 OpenAI 研发的 ChatGPT、GPT – 4 Turbo 等人工智能大模型及其应用,成为引领通用人工智能浪潮的领军企业。OpenAI 的领导者们深信,AI 是颠覆一切的创新领域,一个能比人类更好地解决人类问题的超级智能,他们将制造出足够智能、足够安全的 AI 系统将人类带入一个难以想象的时代。华为公司重视基础研究,坚持开放创新,实现了科学研究与公司产品的深层次结合与快速迭代。2022 年,华为的研发经费投入为人民币 1615 亿元,占全年收入的 25.1%;近十年累计投入的研发费用超过人民币 9773 亿元;截至 2022 年年底,研发员工约 11.4 万名,占员工数量的 55.4%,华为在全球持有的有效授权专利超过 12 万件[①]。小米公司关注对人类文明有长期价值的技术领域,积极布局人工智能,全面推进大模型研发和落地,小米公司已经布局 12 个技术领域、99 个细分赛道,未来 5 年,小米研发投入将超过 1000 亿元。未来一段时期,科技领军企业在前沿探索上还会继续加大投入。

知识生产的形式、内容和导向都对"知识金字塔"塔尖的研究型大学的知识生产的能力、层级、水准提出了更多更高的要求。一些研究人员缺少机会或能力从事尖端科学,他们选择离开大学进入工业界;一些大学及其学者默认外部环境是固定不变的,或是错误地以为能够清楚知悉外部环境的变化,试图以不变应万变。这些大学虽然能够维持组织的运行,但却难以真正应对现实中快速变化的知识环境,从而导致无法继续引领社会发展的潮流。如果大学仍想继续成为全球知识经济的中心,就要回归大学的责任与使命,真正面对大学治理范式转型及学术组织改革的关键问题。

---

① 数据源自华为公司简介(https://www.huawei.com/cn/corporate-information)。

二　知识传播模式的创新

高级知识经济时代是一个知识开放的时代，人类社会的知识创造、传播、交流、应用等活动越来越开放化，大学创造和传播知识的组织边界与学科边界将逐渐打开。大学留给人们的传统印象是"知识的发源地"，大学的教室、教师在很长的历史时期是人们最主要的高深知识的获取来源，这使大学校园成为人类学习的中心，人们会在18岁至22岁来此地学习，以线性方式度过学习时光并获得某种具有社会价值的文凭。这种传统在迅速改变。

一方面，大学校园已不再是人们学习和获取高深知识的唯一渠道。互联网作为高等教育数字化的重要引擎，带来了大学内外部环境的急剧变化；数字技术、网络技术赋能知识传播模式创新；知识传播的形式和路径被重新定义，衍生出新的知识传播模式。在高级知识经济时代，大学传播知识即教学活动的目的，不仅仅是传授人类已有的知识，而是要进一步激活和释放人类的创造潜力与发展能力。大学的教育教学改革都在试图突破单一专业的教育教学体系，消除学科之间人才培养的隔阂状态，培养知识基础扎实、拥有多学科视野的创新人才，让毕业生具备能够适应急剧变革的社会的关键能力。

另一方面，终身学习的重要性并没有被削弱。在技术飞速革新的时代，人工智能崛起，未来的工作稳定性成谜，或许每个人都将经历"终身学习"的生存考验。越来越高的呼声要求高等教育机构创新知识传播模式，将"终身学习"作为整体的学习模式，实现高深知识的开放流动、有效传播。在高级知识经济时代，终身学习成为个人、经济和社会的变革力量。很多国家和地区将终身学习作为重要战略，确保劳动力保持活力，推动技术、经济和人口结构转型，构建方式更加灵活、资源更加丰富、学习更加便捷的包容性终身学习体系。

在高级知识经济时代，大学所提供的高深知识和优质高等教育既要培养精英人才，又应惠及更大规模、更多样化的学习者群体（包括非传统学习者和弱势群体），确保高等教育为个体、国家和人类带来最佳利益。大学必将进一步积极主动地构建适合人人、面向人人的高等教育新生态。传统的精英研究型大学模式，由于门槛极高和学费高昂，优质高等教育只能惠及少数人。大规模的在线开放式课程是将优质教育传播到全世界的一种更具包容性的方式，使发达国家的弱势学生群体和发展中国家广泛的学生群体受益。

世界范围内各类大学已经联合起来，很多大学提供多语种的在线优质高等教育课程内容，为惠及世界各地更加广泛的高等教育受众开辟了新的途径。这无疑有利于实现人类学习的未来——"人人皆学、处处能学、时时可学"。在线教育使学习者的学习环境不局限于单一的教室，学习内容不局限于单一的课程，而是可以根据自身的个人需求和喜好等，选择适合自己的学习资源及学习形式，实现个性化的教育。物联网和大数据、虚拟现实、增强现实、混合现实、量子计算等科技的快速发展，使教育机构能够收集到海量学习数据，能够帮助教育机构制定适合学习者的更有效的学习内容和学习方式，实现真正意义上的"因材施教"。学习主体可理解（因材），学习服务可定制（施教），学习者可以根据自己的学习目标在各类教育场景中（教育情境可感知）完成个性化的学习。随着人工智能、区块链、云计算等技术对教学设施的赋能，新的教学理念与模式将塑造新一代学习者。创新能力、沟通能力、人机协作能力和解决复杂问题的能力等成为学生的必备能力。

综上所述，大学应通过组织转型，将"终身学习"作为整体的学习模式，使教学过程更具灵活性从而满足终身学习者差异化个性需求，提高学习的便捷性、开放性、互动性和探究性；加强对学习者的生活、工作与可持续发展的学习和技能的关注，赋予学习者完备的知识、技能，使其拥有面对不确定未来的适应能力。

第二节　可持续发展转型与数字化转型同步

在可持续发展浪潮扑面而来、数字化转型蓬勃发展的当下，大学组织转型面临着可持续发展转型与数字化转型同步的新场景。全球树立了利用教育数字化转型来建立可持续未来的发展愿景。数字化转型赋能高等教育，可以助力高等教育的可持续发展。

一　后疫情背景下的可持续发展转型

2020 年至 2023 年，全球主要的国际组织、各国政府以及具有影响力的多边组织机构通过召开重要会议、发布权威报告、出台战略举措等方式，讨论新冠疫情给高等教育带来的危机以及如何应对危机以实现复苏，推动高等教育以更具韧性的姿态，迎接新冠疫情复苏背景下可持续发展的挑战。

2020 年 12 月 10 日，欧盟代表、15 位国家部长、教育专家与欧洲各地民间代表出席第三届欧洲教育峰会，探讨后疫情复苏背景下欧洲教育系统的转型问题。为建立使所有人受益的、可持续发展的、数字化及包容的欧洲教育区，欧盟委员会提出了对欧洲教育区的"可持续转型和数字化转型"的愿景：通过建立"气候保护教育"联盟，调动专业知识和资源，改变人们的行为，实现生态可持续性；为教育和职业培训投资绿色基础设施；将生态可持续性纳入自然科学和人文科学，促进知识、方法、过程和文化的交流；确保每个人都具备未来绿色经济所需的技能，例如数字技能和创业精神。

2021 年 11 月 10 日，欧洲大学协会在比利时布鲁塞尔举行会议，发布《以欧洲可持续发展为目标的创新生态系统：如何扩大高校的贡献》的报告。该报告建议欧洲大学在创新生态系统中进一步发挥作用，为可持续和数字化转型做出贡献。该报告指出，大学作为可持续发展转型引擎，可以从以下方面推动社会可持续转型：大学内所有院系和部门提高对创新的重视，设立共同愿景，进行有效协调；大学在职业发展和评估中为学术人员的创新活动提供激励、报偿和支持机制，并将经济、社会、文化、伦理和环境影响纳入考量；与欧洲创新生态系统和全球网络内的其他利益相关方合作，大力加强与企业、民间组织的联系，建立长期伙伴关系，共同应对社会性挑战；在教学计划内加入创业精神培训，培养学生的创新思维；重视跨学科研究在可持续转型过程中的推动作用，跨学科、跨行业、跨国家的人们之间的联系是建立可持续性更强的世界的关键；精简校园内部管理流程，加强管理一致性。

2022 年 5 月 18 日，联合国教科文组织举办的 WHEC2022 提出了高等教育未来发展的六大变革方向：一，公平和可持续地享有高等教育；二，为学生提供更全面的学习体验，强调以学生为中心，特别是以学生的学习发展为中心，而不是以教师为中心；三，推动跨学科、超学科的开放和交流；四，提供满足青年和成年人终身学习需求的途径；五，构建内容多样、方法灵活的综合学习体系；六，技术赋能高效的教、学和研究。

受新冠疫情蔓延影响，世界政治和经济格局不确定性加剧，致使全球经济发展面临衰退和增长乏力的风险。虽然目前世界各国正努力应对新冠疫情带来的多重挑战，但许多国家已经开始思考、谋划或实施后疫情时代的应对措施，充分发挥制度变革的力量，积极采取有利于增强人类健康、推进可持续发展目标、实现经济复苏的措施。这既是为了生存和度过危机，也是为了实现更长远的可持续发展。

二　数字化转型赋能高等教育变革

2015 年，联合国设置《2030 年可持续发展议程》时，决策者尚未全面考虑到数字化所带来的机会和风险。虽然利用教育数字化转型来建立可持续未来的发展愿景是美好的，但数字化转型是不均衡的转型。大学是选择努力实现对社会负责的数字化转型，还是放任不受约束的数字化进一步加深全球危机？

对于数字化转型的定义，不同国家、不同机构在不同的时间对这一概念的理解不尽相同。本书认为，数字化转型是通过信息技术、计算技术、通信技术和连接技术的组合来触发实体属性的变革，进而改进实体的过程。数字化转型具有资源支持效应，能够提供诸如技术、知识、技能及经验等资源，具有可持续的特征。数字化转型能够对大学内部和外部资源配置进行优化，从而提高其可持续发展能力。数字化转型也具有创新驱动效应，能够推动大学的组织转型与创新。在数字化转型过程中，大学生对学习方式、课程选择、能力获取、专业资格认证等方面的自主性将会得到很大提高。高等教育机构借助数字化转型，促进教师教学能力发展和基于数字化环境的教学方法创新，使高等教育颠覆了传统的教学模式。数字技术赋能大学的基础研究、科技创新活动，大大提升了科研效率，促进创新成果和新技术的扩散和推广。数字化嵌入大学管理、组织流程中，数字技术颠覆了传统层级、等级制的信息传递模式，推动组织参与者、组织结构、组织实践以及组织文化等的综合变革，产生新型治理能力，从而提升大学治理效能。

不同国家和地区的高等教育所处的数字化转型阶段不同。2023 年 12 月 15 日，教育部副部长吴岩在意大利米兰举行的世界慕课与在线教育大会上做主旨报告时指出，高等教育数字化依然要循序渐进，在转化阶段，数字化基础设施建设逐步完善，软件、硬件逐步磨合，数字技术要整合应用到高等教育领域。在转型阶段，大学则要实现自我转型与提升，通过数字技术实现治理现代化。在智慧阶段，高等教育与社会之间的界限会进一步打破，实现教育治理整体性变革，形成教育全新生态。

本书认为，高等教育数字化转型是一个历史进程，可以分成三个阶段：信息化阶段、网络化阶段和智能化阶段。三个阶段并不是机械线性发展的，信息化、网络化和智能化是交叉重叠、更新迭代的。

高等教育数字化转型初始于信息化。以计算机、多媒体为代表的数字信息技术应用于教育，改进并推动教学创新。信息化是以信息技术为中心的教育数字化，开展教育信息化基础设施建设，利用数字信息技术促进教师教学能力发展，探索基于数字化环境的教学方法创新是其鲜明的特征。

高等教育数字化转型发力于网络化。以互联网、移动互联网为代表的网络信息技术，促进高等教育资源通过网络进行汇聚，实现优质高等教育资源的普及和共享。高等教育为学习者提供了基于"网络平台 + 移动终端"的持续动态的数字化学习内容，在线教育成为高等教育的重要形式。

高等教育数字化转型加速于智能化，以人工智能、大数据为代表的智能信息技术，促进教育过程中的数据挖掘、分析和利用，推动各类智能化教育服务的实现[1]。智能化阶段，可以预见高等教育领域将发生组织变革，数字化教育与人工智能的融合，进一步为大学的智能化组织转型带来新的可能。

如今，高等教育整体上处于从网络化向智能化跃进、数字化转型和智能化升级互相融合推进的阶段。数字化让高等教育的组织转型有了全

---

[1]　袁振国：《教育数字化转型：转什么，怎么转》，《华东师范大学学报》（教育科学版）2023 年第 3 期。

新的可能，将对高等教育决策、高等教育教学改革、高等教育治理等领域产生重要而深远的影响。各国大学应以合作而非竞争的方式让数字化转型成为推动教育进步的力量。期待未来的大学在可持续范式下运作，借力数字化转型进行可持续发展相关的创新，走可持续发展和"绿色"数字化转型充分结合的道路。

综上所述，数字化转型不仅是对高等教育发展的赋能，更会成为高等教育变革和重塑的动力。面对未来不断出现的颠覆性技术，高等教育要主动通过数字化转型变革教育模式，充分融合新兴技术助力教育生态重构。各国大学通过教育数字化转型，可以更好地为全球共同利益服务，通过更灵活的学习路径与方式，帮助人人享有公平、包容的优质教育和终身学习机会。各国大学应确保数字化转型的可持续性，推动对数字技术的理解、合作、系统设计和反思，确保来自低收入家庭的群体、老龄人口、受教育程度低的公民等充分获得数字化转型提供的高等教育资源，真正实现教育公平和可持续发展。

第三节　人工智能与高等教育深度融合

回顾历次工业革命，可以发现颠覆性技术对大学的教育方式产生了深远影响，也给大学传统的组织形态带来了挑战。新一轮科技革命正在将人类社会带入数字—智能时代（以下简称数智时代）。人工智能、物联网、区块链、云计算等新兴数字—智能技术，深刻影响着人类社会的发展，让人类的生活更加便捷、高效和可持续。人工智能是模拟、延伸和拓展人的智能的技术。作为引领未来的战略性技术，人工智能是驱动新一轮科技和产业变革的重要驱动力。随着人工智能与各行各业深度融合，其赋能重构的行业和领域将会持续增加。

高等教育与人工智能的深度融合将催生划时代的教育变革和学习革命。全球科技强国争相布局，试图利用最新的人工智能技术改善教学，并支持高等教育的系统创新，引发了关于人工智能如何重塑高等教育，以及高等教育如何适应人工智能发展的问题。未来十年将是人工智能与高等教育深度融合的黄金时代。面向智能时代的高等教育的未来，大学将会发生什么颠覆性的变化，需要我们从不同的维度去深刻思考和行动。

一　人工智能变革高等教育生态

人工智能即将或者正在变革高等教育生态。高等教育所面临的，不仅仅是在积极应用人工智能等新技术的创新，也不仅仅是高等教育的数字化转型，而是将走向人工智能与高等教育的深度融合。由技术驱动的高等教育变革时代已来临。

第一，人工智能将催生划时代的高等教育变革。联合国教科文组织在 2019 年发布的《教育中的人工智能：可持续发展的挑战与机遇》报告中指出，人工智能将对学习方式、学习机会、学习质量、学生能力、教师发展等产生直接影响，同时也给推动教育公平、教育政策、提高教育质量等带来新的机遇。从提供发展机遇的角度而言，人工智能预期会影响教育结果。虽然目前全球很多大学仍然处于弱人工智能应用阶段，但人工智能已经在改进教学生态。生成式人工智能已经在信息检索、学习规划、协同创作等方面发挥优势，协助提升教育教学质量。从促进教育公平的角度而言，生成式人工智能可以被用于建设开放的教育平台，为不同地区学生提供平等资源，帮助弥合教育鸿沟。

人工智能通过提供个性化的学习体验，赋予学习者更大的自主权，也将促使教师角色转换。教师应成为组织管理、辅助学生自主学习的合作者和引导者，许多我们过去认为只能由老师来完成的教学任务实际上可以由人工智能更好地完成。AI 虚拟数字人可以代替人类教师授课和对话。基于人工智能技术的双教师模式将为教师提供更多的专业支持，虚拟教学助理可以接管教师日常工作中包括布置作业、解答重复性问题、批改作业等任务，从而让教师能有更多时间专注于对学生的指导和交流。作为生成式人工智能技术领域的最新成果，以 ChatGPT、GPT-4 等为代表的多模态人工智能大模型，能够为教师提供广泛的工具和资源，具备协助完善课程计划、创建个性化内容、推进差异化和个性化教学、实现教学评估和专业发展等方面的能力，可以帮助学生发展科学和语言技能，完成程序编写、视频剪辑、图像处理等工作，并为学生提供个性化的练习材料、总结和解释。大学在应用人工智能时，应确保包容性和公平性，帮助教师为人工智能辅助教育做好准备。

第二，人工智能技术大大改变了人们对科学问题的认识深度和处理能力，将深刻影响并改变科学的研究范式。人工智能和科学是人类认识自然世界规律的两种不同范式，前者从数据中寻找规律并解决实际问题，而后者致力于发现基本原理并用于解决现实问题。人工智能和科学的结合，将这两种认识世界的方式合二为一。"面向科学的人工智能"（AI for science）已经成为人工智能的一个独立分支。由人工智能探索或在人工智能的辅助下探索知识的现实，会超越人类目前的想象。人工智能可以帮助实现科学研究的智能化和自动化，并成为基础学科及多学科交叉领域发展的新范式。从具体的科研工作来看，生成式人工智能学术助手可以辅助进行材料收集、观点总结、文献综述等学术研究的基础性工作，将科研人员从非核心的研究工作中解放出来。例如智谱 AI 基于自研的 GLM - 130B 大模型能力，开发了科研助手 ChatPaper，作为集检索、阅读、知识问答于一体的对话式私有知识库，可以帮助科研人员提高检索、阅读论文的效率，获取最新领域研究动态。人工智能机器人可以解决目前人类无法掌握的大规模和复杂性实验问题。例如，智能化学机器人可以通过自动搜索广阔的、未开发的化学空间来寻找清洁能源材料或新药配方；帮助突破分析化学中人工特征选择的瓶颈；提升多个尺度计算化学方法的精度和效率；使化合物的自动化设计与合成成为可能。利物浦大学研究人员开发的智能机器人化学家可独立执行化学实验中的所有任务，例如称量固体、分配液体、从容器中除去空气、运行催化反应以及定量反应产物等。机器人每天工作 21.5 小时，在 8 天时间里独立完成 668 次实验，完成了 6500 次仪器操作，并研发出了一种全新的化学催化剂。卡内基·梅隆大学的研究团队开发了名为 Coscientist 的 AI 系统，实现通过大语言模型，如 OpenAI 的 GPT - 4 和 Anthropic 的 Claude 模型，设计、规划和进行化学实验。Coscientist 可通过互联网、文档数据等多渠道综合信息，并选择使用机器人应用程序编程接口的实验课程，再将实验计划发送到自动化仪器，由自动化仪器完成具体操作。科学家可要求 Coscientist 快速找到具有给定特性的化合物。Coscientist 可在几分钟内从零复现 2010 年获得诺贝尔化学奖的成果——有机合成中的钯催化偶联反应①。由此可见，人工智能参与研发过程，可以帮助人类更快、更高效地设计和运行实验，还能识别出人类尚未察觉甚至超越人类描述的实验结果。预期未来得到全新算法和日益丰富的算力加持的人工智能的协助将大幅度提升科学研究的效率。

第三，人工智能在大学管理场景中的应用，除了让重复或乏味的工作自动化外，还可以运用人工智能重新设计工作流程，创造新的工作方式，帮助大学管理者更智慧地工作。具备"人工智能思维"和"数字领导力"的管理者，能够积极适应智能化转型给大学带来的变化。例如，生成式人工智能能够理解人类语言、检索大量文件资料并创作内容，各个职能部门的员工都可以使用这些人工智能工具。人工智能技术能够为大学的人力资源管理、学科增长、组织运营、校园环境监测等教育管理工作赋能。

第四，各国大学需要正确认识人工智能蕴含的巨大潜力和可能风险。无论我们将人工智能视为工具、平等的伙伴还是竞争的对手，人工智能都会改变我们作为理性生物的经验，并永久性地改变我们与现实的关系。大学应该探索最大限度地运用人工智能提升人类的创造潜力和发展能力，并确保它为人类带来最佳利益。在拥抱新技术的同时，警惕人工智能的滥用给教育带来的潜在风险。离开持续有效监督的人工智能，不仅会给人类发展带来风险，而且会给高等教育造成裂痕。生成式人工智能拥有强大的任务处理能力，易导致人的思维依赖，一旦过度依靠生成式人工智能提供的答案，使感知和逻辑能力缺乏训练，怠于思考与创新，就会影响高阶思维能力培养。生成式人工智能在带来显性风险的同时，由于技术本身的局限性，也会加深信息茧房、数字鸿沟等风险，有可能限制和破坏不同意见与多元思想表达，边缘化弱势群体，造成不均衡发展。各国政策制定者应意识到这种情况并采取行动，解决因使用、训练和控制通用模型的差距扩大而导致的不同人群和地区不平等加剧的问题。人工智能的快速迭代和自主涌现，给高等教育系统带来了适应压力。在人工智能带来的影响尚在人类理解范围之内时，我们需要对这种影响加以

---

① Daniil A. Boiko, "Autonomous Chemical Research with Large Language Models", *Nature*, Vol. 624, 2023.

考量。然而，对人工智能带来的"不可预知的影响"的可靠证据十分缺乏。应针对人工智能对大学师生的综合影响进行持续观测、科学记录和综合分析。大学师生需要批判性地使用生成式人工智能，对其提供的信息进行独立验证，在伦理、责任、隐私、安全和风险评估等方面妥善管控和治理。

二 数智时代催生新形态的大学

数智时代的大学会面临生存危机吗？我的答案是：真正的一流大学必将引领非凡的数智时代。

在早期，谨慎的决策者会限制使用人工智能的场景，选择人工智能在高等教育特定领域或任务的应用和禁用的范围，将人工智能"工具化"并置于辅助教学、科研发展的次要位置。在扩展人工智能及其应用的过程中，那些未能获得主导权的教师和学生会感到正在被自己不了解且无法选择的力量所监视、引导和研究。这种限制和冲击会随着人工智能技术的发展和人工智能治理水平的提升而有所改变。从长远来看，试图阻止人工智能与高等教育融合的企图是不会成功的。

智能将成为大学组织的新特征。近年来一些高等教育机构已经开始了智能化转型，创造性地接受了智能化的组织设计。2020年以来，在新冠疫情多发、一年中的大多数时间里都需要居家办公与学习的城市，已经具备数字化基础设施和快速反应能力的大学加速了数字化转型的步伐。率先实现数字化转型的大学，拥有更灵活的工作与学习路径，使任何人在任何时间、任何地点都能更加自由地学习、科研以及与国内国际合作伙伴保持联系。

可以预见，在未来十年，我们将见证新的大学形态产生以及推动新型大学发展的技术进步。可以预测，数字—智能化的大学会成为未来社会的新型大学。未来的数智型大学是数字化意义上灵敏、社会意义上智能及生态意义上可持续的系统。在未来的大学，我们将看到自然人、数智人①、智能服务型机器人在大学的教学、科研、管理、校园运营领域中

---

① 数智人是新一代多模态人机交互系统，在大模型的加持下，数智人通过整合语音交互、自然语言理解、图像识别等AI能力，导入专属知识，为师生提供个性化的交互服务。

分工协作，达到卓越的智能化水平与运行效率，持续推动人类文明的传承、发展与进步。

2018年3月成立的伍尔夫大学是一所全球性的学院制高等教育机构，其使命是增加人类接受世界一流高等教育的机会，提供世界一流、全球认可的、可迁移的高等教育①。这所大学的创立标志着区块链技术在大学教育管理中的正式应用。伍尔夫大学的组织创新主要体现在以下两个方面。

伍尔夫大学是全球第一所允许有资质的组织作为认证学院加入大学的高等教育机构。它在牛津大学、剑桥大学、麻省理工学院、哈佛大学、芝加哥大学等世界一流大学的师资及其课程基础上组建虚拟学院，搭建起全球性的教学网络。该校成立的第一所学院是安布罗斯学院，该学院30名学者中大部分人都曾经在牛津大学任教，学院的教学模式借鉴牛津大学的小班制教学。伍尔夫大学快速创建了一大批新的认证学位课程，允许学生随时与世界各地的教授保持联系，努力使更多的一流大学及其学者加入全球合作网络，成为伍尔夫大学高质量的成员学院。截至2023年已有安布罗斯学院、奥斯通学院、梅蒂斯学院、图灵学院等26个学院、研究所为学生提供丰富的高水平课程、学位项目及终身教育与培训。

伍尔夫大学是充分利用区块链技术建立的数字型大学，它甚至没有实体的大学校区。大学通过软件平台处理从课程创建到学位颁发的所有事务，使用区块链技术的智能合约，实现教学、资源、管理、质量保障、教师评测等关键环节的完全数字化自动记录和生成。伍尔夫大学根据上级监管机构的教学标准和具体要求来设计智能合约，用以保证教学过程合规有效并得到承认。伍尔夫大学利用区块链智能合约中分布式记账的功能，由学生共同完成对教师的基础信息、教学过程、教学特征、教学细节、学生评测等内容的记录并存储。区块链技术可用于验证重要的教育和学术记录及经历。全球已经形成了运用区块链技术发布、共享和验证教育经验和资格的趋势。区块链是一种"共享型数据库"。相比于传统数据库，区块链有"不可伪造""去中心""多人维护""可以追溯"等特性。基于这些特性，区块链技术为数据奠定了坚实的信任基础，数据

---

① 根据伍尔夫大学网站介绍编辑整理（https：//woolf. university/）。

的公开化、透明化也为区块链技术创造了丰富的应用场景。通过区块链可以准确地记录学术学分，数据透明，所有人都可以看到上述信息，此外还能监管高等学校的合同和教育支出。区块链的不可变性可防止篡改学术记录，保证学术经历的真实可信。

在中国，浙江大学等一批一流大学对数智化转型做出探索性贡献。浙江大学引领了中国高校数字化改革。浙江大学在 2021 年启动了"网上浙大 2.0"的建设，包括浙大云计算、浙大网络、浙大安全、浙大数据、浙大 AI、浙大钉等，以构造一个物理空间和虚拟空间相结合的新型办学空间，重点升级包括现代治理空间、教育教学空间、科研创新空间、学科发展空间和全球开放空间在内的五大空间。浙江大学信息技术中心开发了数字智能驱动的教学支持系统，该项目以知识图谱为核心，数智贯通教学平台、智慧教室和课程云服务，建成弹性混合教学支撑体系，构建包含 2000 多万条个性关联教学资源的知识图谱，建设智慧教室 800 余间，支撑讲授、实验等教学实践建设，智云课堂承载课程 5 万余门次，实现海量资源无障碍共享。探索云创新科研服务环境，构建高性能 AI 计算集群"浙大云—图形计算平台"，提供可扩展、超高集成混合云，为百余个科研团队提供算力支持。建设"浙大语雀""找教授""虚拟仿真教研室""科研项目托管仓储""科研助手"等服务系统助力科研创新。

大学组织的数智化转型，其本质是信息技术和能力驱动的变革。放弃人工智能是不可行的，所有的大学不得不直面人工智能技术的影响，大学对这项技术的发展和应用负有重大责任。数智时代的大学，应培养更具有创造力的学生、创造更具探索性的成果、运行可持续的智能型组织。伍尔夫大学、浙江大学等数智型大学的组织转型是一种冒险，更是一种创新，但这正是未来时代所需要的变革。

第四章

大学可持续发展组织转型的
理论分析

随着时代的迅速变化，高等教育的改革迫在眉睫。近几十年来，高等教育机构成为促进和倡导社会变革以改善社会和自然的前沿机构，并以这种方式被正式确定为推进全球可持续发展目标的先驱。虽然全球已经有一大批高等教育机构采纳了低碳校园战略，将可持续发展教育纳入课程体系，与社会和利益相关方共同关注可持续发展议题，开展可持续管理项目与行动计划，等等，但是可持续发展作为一种价值观与原则、新的治理和管理方式，在高等教育系统中尚未得到全面采纳和普及。现存的一些结构性障碍，导致很多大学未能或无法更积极地为解决社会中妨碍可持续性的挑战做出贡献[①]。一些政府部门、大学管理者和学者希望能将可持续发展目标全部引入大学，但是大学现有制度并不能很好地容纳和激励这些目标的融入与实现。因此，组织转型是可持续发展的根本选择。

第一节　可持续发展转型的概念与内涵

应该针对大学这一独特的社会组织规划并发展出实现可持续发展转型的科学框架。这种理论框架能够在解释大学可持续发展的底层逻辑方面发挥关键性作用，从而帮助政策制定者和实践者解决极具挑战性和威

---

① 王维军：《高等教育转型促进全球可持续发展》，《上海教育》2022 年第 20 期。

胁性的问题。

一　大学的可持续发展

"可持续发展"这个概念适合作为一个框架来考虑高等教育的发展问题。20世纪90年代末，潘懋元先生提出的高等教育可持续发展观深刻阐释了高等教育与可持续发展之间的辩证关系。一是高等教育如何为经济与社会可持续发展战略服务，二是高等教育自身如何根据可持续发展的理念与原则进行改革。据此，本书认为，大学的可持续发展需要从两个方面来理解。

一是大学自身的可持续发展。大学将"可持续发展"作为组织愿景、理念和目标，将可持续发展价值观作为大学制度设计的内在逻辑，采用可持续组织的管理模式与发展原则，使大学具备包容、公平、绿色、协调、开放等组织特征，使大学的发展既符合当前学术共同体成长需要、学术发展的需要、学校整体发展的需要，同时又不能影响乃至损害其后续长远发展的需要。

二是大学需要促进和引领社会可持续发展。大学肩负着培养人才、科学研究、社会服务、文化引领等多重功能。大学应致力于提供"包容和公平的优质教育"，成为引领和推动社会可持续发展的先行者，积极履行促进经济、社会和环境可持续发展的社会责任，成为创造可持续发展社会的变革动力源。

上述两方面是相互联系、密不可分的。因为大学在社会可持续发展中的作用正是其自身可持续发展能力的体现。

本书将可持续发展价值观与方法论引入大学转型的研究中，结合大学为促进自身可持续发展以及引领社会可持续发展的组织创新，探索大学组织转型的治理观念和组织模式的革新。

从目前的研究和实践来看，可持续发展的科学理论与方法论尚未完全进入中国高等教育政策制定者、教育管理者、实践行动者的政策视野与实践场域，为可持续的未来重塑高等教育机构绝非易事。一些发展历史悠久的一流研究型大学，已证明具有可持续发展能力，但促进大学可持续发展的方式仍待梳理与检验；新型大学突破了传统发展框架局限，做出了系统的组织创新，但其可持续发展能力与绩效仍然有待被证明和检验。

二　大学的组织转型

20 世纪 90 年代以来，组织转型研究已成为组织领域得到广泛关注的问题。在管理学领域，转型管理关注的是某一社会系统的结构变革和动态行为，以及这一变革的内在机制和复杂影响，其目的是为实现可持续转型创造动力和契机，从而消除社会体系中的痼疾。

学者们重点关注以企业为代表的组织转型，探讨应对外界变化、提高运营效率和实现可持续发展的有效策略。詹姆斯·马丁认为组织转型是为适应环境并提高组织绩效而对组织业务进行调整的过程。从内容来看，组织转型包括组织行为、组织战略、组织制度等方面；从具体范畴来看，组织转型包括组织整体的转型、组织战略层面的转型、组织业务层面的转型。组织转型通常以其战略调整为起点，继而引发包括组织文化、业务、结构等核心要素的改变，从而实现组织绩效的提高和组织的发展。国内对组织转型的研究影响较大的学者陈春花认为，在外部环境不断变化的今天，只有转型才能让一个组织可持续发展。陈春花在研究大量企业转型案例后发现，转型的启动一定要从现场发起，让一线开始动起来。企业转型的有效行动是平衡当期目标与未来成长。组织转型的原动力来源于企业的求生欲。她从转型的认知、转型的启动、转型的管理、转型的有效行动、转型的原动力五个方面分析组织转型的重点。上述成果对于分析大学的组织转型具有重要的借鉴意义。

近年来，大学作为组织制度的转型已经成为国际议题，如何重塑大学既有的组织生态系统以维持竞争力和适应能力成为理论界和实践界共同关注的议题。大学转型的时机、转型的广度和深度在不同国家背景下存在很大差异。巴斯大学管理学院高等教育管理学教授 Jürgen Enders 认为大学正在从"有组织的无政府状态"转变为"被渗透的等级系统"，成为具有更强中央领导和战略行为的管理组织，引入了等级制度和正式规则系统来控制组织活动和专业工作，同时越来越依赖一系列外部行动者获取重要资源（如资金和声望），这些组织渗透到大学并影响了其内部权力分配和等级控制。邬大光教授认为大学转型发展是一个系统工程，包括教育观念转变、制度转型、组织转型、学科转型、专业转型、人才培养模式转型等①。邬大光的定义是广义的"大学转型",这意味着在一定发展时期内,如果大学的教育观念、组织结构、制度安排、发展模式、学术生态等层面发生了明显组织变革,就可以被视为大学的转型发展。虽然仍有一些研究将大学的"组织转型"和"组织变革"混同使用,但越来越多的学者开始对两者进行区分,这说明"大学的组织转型"已经作为一个独立的研究问题,引起了学者们的关注②。

论及大学的组织转型,从国际实践来看,学者们定会联想到 20 世纪 80 年代至 90 年代,在英国、荷兰、瑞典、芬兰、美国、澳大利亚、智利等国家陆续出现的一批研究型大学向创业型大学组织转型的成功案例。当时的社会背景是政府教育经费逐渐收紧,诸多大学面临着政府拨款锐减、经费运营堪忧的境遇,陷入发展瓶颈。若不进行彻底的组织转型,一旦失去政府的财政拨款,一大批大学将因招生不足、负资产风险等问题而面临着破产倒闭的危机。伯顿·克拉克在其著作《建立创业型大学:组织上转型的途径》通过对英国沃里克大学、苏格兰斯特拉斯格莱德大学、荷兰特文特大学、芬兰约恩苏大学和瑞典恰尔默斯理工大学的个案研究,总结出创业型大学转型的五要素模型,即强有力的驾驭核心、拓宽的发展外围、多元的资助基地、激活的学术核心地带、整合的创业文化,并强调要素之间是相互作用的。创业型大学是在国家紧缩财政预算并减少拨款的背景下,大学外部环境发生变化导致组织危机,大学实施自我变革,通过采取企业化的治理方式,加强与社会合作来从市场中获取更多办学资源。创业型大学通过主动变革,使创业转型后的绩效表现与后续可持续发展能力显著增强。大学还帮助周边地区吸引重要的经济资源,包括创新企业、企业家以及那些想要利用大学校园内不断涌现的新观念和新商机的人们,实现大学与区域共生的可持续性发展。

论及大学的组织转型,从国内实践来看,学者们很快会联想到在 2014 年前后中国普通本科高校向应用技术类型高等学校转型的改革。这一轮大规模的大学组织转型是在教育部的指导和推动下,通过变革的路

---

① 邬大光:《大学转型发展的时代呼唤》,《中国高教研究》2021 年第 8 期。

② 赵婷婷、郭曼瑞:《哈佛大学的三次转型:美国世界一流大学生成的历史经验》,《中国高教研究》2021 年第 10 期。

径建设应用型大学。对比前文提到的欧洲创业型大学的组织转型，创业型大学组织转型是一个持续主动谋划与自然演进交织的过程①。从国内实践来看，国家政策对于大规模的大学转型驱动、引导大学转型方向、加速转型进程发挥了重要的驱动作用。2014 年 5 月，国务院《关于加快发展现代职业教育的决定》提出，"引导一批普通本科高等学校向应用技术类型高等学校转型"。为推进应用型本科高校建设，"十三五"和"十四五"期间，国家发展改革委、教育部等部委联合，先后实施了教育现代化推进工程应用型本科高校建设项目和教育强国推进工程，共确定了 200 所应用型本科高校进行重点建设。回顾十年前的社会背景，中国加快转变经济发展方式，产业结构不断优化调整和转型升级，产业结构调整和生产方式的变革使社会职业岗位发生了很大变化，加大了对应用型人才的需求。然而，当时众多地方本科院校的组织发展定位是教学研究型大学和研究教学型大学，呈现出向研究型大学"趋同化"的发展趋势，一旦因"学术漂移"失去院校特征，难以很好地服务经济社会发展需要以及满足社会转型发展的要求，那么大学的前景堪忧。因此，需要优化高等教育结构，以促进经济社会可持续发展，促进高校办出特色，建立高校分类体系，实行分类管理。基于高等教育发展趋势、社会需求以及高校定位，中国一大批地方本科院校在办学体制、专业建设、教学模式、人才培养模式、师资队伍、管理服务模式等方面进行改革，转型成为应用型大学。目前，全国约有 633 所应用型本科高校。

本书认为，大学的组织转型是一种涉及组织战略、组织定位、组织职能、组织结构、组织文化等一系列要素的重大变革。组织转型作为组织变革的一种特殊形态，是一种包括组织价值观、文化、结构、惯例等方面的全面变革。成功的组织转型是组织的再生，推动组织朝着更科学、更适应未来的方向可持续发展。

虽然各国大学的组织转型过程各不相同，但成功实现转型的组织的确具有一系列类似的行动，遵循着一定的发展轨迹，并且这些发展轨迹通常是可以被认识和追踪的。全面、深入和准确地掌握大学组织转型的

---

① 翁默斯、宣勇：《创业型大学的组织转型：分析框架与演进图景》，《教育发展研究》2023 年第 11 期。

动力机制，对增强后疫情时代大学抵御风险的能力以及提高组织绩效都具有十分重要的作用。

三　可持续组织与可持续发展转型

面对如今充满不确定性、瞬息万变的环境，大学需要不断更新观念，需要组织更具有敏捷性和灵活性，继续依靠过去的、周边的组织改革案例，难以描绘出未来最佳的行动范本。面对着新的环境和挑战，我们呼吁更多大学能够开启全新的转型，成为发展更加可持续的组织。大学的可持续发展转型，"可持续"反映大学组织变革的追求和愿景，而"转型"反映的是实现这一愿景的手段和方法。

可持续组织是指遵循并致力于推进可持续发展原则，把对可持续发展有所贡献视为宗旨的组织。可持续组织不仅要减少对可持续发展三个维度（经济、环境、社会）的消极影响，更要主动寻求对经济、社会和环境能产生积极影响的解决方案①。

可持续转型理论起源于欧洲，是20世纪90年代后期以来被提出的促进社会—技术体制转型并最终实现可持续发展的一种前沿管理理论。可持续转型（sustainability transition，或译为可持续性转型、可持续发展转型）是为实现可持续发展而受到人为推动的既定社会—技术系统的长期的、系统性、根本性的变革。所谓社会—技术系统指的是为实现社会功能、满足社会需求而存在的整体体系。弗兰克·吉尔斯（Frank Geels）等人在演化经济学的理论基础上，开创了以多层次视角研究社会—技术系统可持续转型的分析框架。该框架强调创新对可持续转型的核心驱动作用，侧重考察创新如何培育发展为新兴产业并加以制度化巩固，从而破解现有非可持续的技术及制度锁定和路径依赖，最终推动现有系统的整体运作模式向可持续发展模式转变。

"可持续发展转型"在宏观全景层面设定了可持续发展的战略目标，在微观创新层面更加突出绿色、低碳、包容、普惠等可持续性，在中观社会—技术体制层面更加注重新体制与"资源节约、环境友好、经济可

---

① ［荷］埃琳娜·卡瓦尼亚罗、［荷］乔治·柯里尔：《可持续发展导论：社会·组织·领导力》，江波、陈海云、吴赟译，同济大学出版社2018年版，第167页。

持续增长并关注社会福祉和治理优化的可持续发展模式"相适应。由此可见，可持续发展转型是一个涉及多行业协调、多主体参与、多要素协同和多阶段衔接的动态复杂系统工程。

与传统转型相比，可持续发展转型体现出一些不同的特征。

第一，可持续发展转型是多主体参与的复杂而长期的过程。可持续发展转型过程是政策制定者、大学、科研机构、企业、民间社会等利益相关者相互影响、协同演化、共同促进系统转型的过程。虽然可持续发展是公认的共同利益，但可持续性仍是一个较模糊的概念。转型行动者们对可持续转型的方向、可持续发展方案的优势与不足、最适合的政策工具或一揽子方案等，难免会存在分歧和争议。在应对气候变化等可持续发展领域，已经产生数量可观的跨国志愿协定，但由于缺乏具体执行标准且无法监督问责，难以有效促进各类组织全方位参与可持续转型行动。可持续转型的行动者网络需要掌握大量资源和拥有强大影响力的政府作为协调人。因此，包括大学在内的很多组织的可持续转型过程，会受到政府和国家政策的影响。

第二，可持续发展转型是面向可持续发展的系统性创新变革。可持续发展转型是目标导向的，旨在提高发展模式的可持续性，最终实现全景的可持续发展。有目的性的变革体现为技术、制度、组织和社会经济系统的协同演化，而且在一定程度上能够予以控制和引导，实现可持续变革。可持续发展转型是一个动态复杂的多维度要素的交互作用的系统过程，是促进原有的社会—技术系统中的行为模式、准则、规范、技能、程序、架构、组织等发生彻底转变的系统性变革。这意味着一些大型的成功的组织未必可以成为可持续发展转型的先行领导者。转型需要对现有制度进行战略调整。许多不可持续的系统却通过各种锁定机制进入一个相对稳定的发展期，例如机构承诺、共同的价值观、话语体系、权力关系等。人们的工作方式和偏好也适应了现有的系统，不愿意挑战思维方式和过往的成功经验。可持续发展转型需要突破现有的路径依赖与锁定机制，实现可持续变革。

第三，可持续发展转型具有多维性、适应性的转型路径。可持续发展转型涉及技术、政策/权力/政治、经济/商业/市场、文化/舆论/公共意见互动，在多维性的体制机制路径依赖下，形成系统、动态的结构变革。多维性的转型路径，源于行动主体异质性、多要素交互、转型的复杂性与不确定性、新旧体制/制度竞争与共演等。可持续发展转型通常无法依赖任何单一驱动因素实现，而是需要多维因素并行驱动，且各驱动因素之间相互关联、相互作用形成多维性的转型路径。可持续发展转型的复杂性决定其需要创新性、系统性的治理方法和工具。可持续发展需要一种应对变化的能力。适应性是获得这种能力的关键。大学组织转型的可持续性是以适应性发展方式维持大学变革的过程，其中资源的开发与配置、投资与发展的方向、制度的变革与更新都应该是和谐的、平衡的、有韧性的、有适应性的。

可持续转型理论能够为高等教育和大学组织的可持续发展转型提供理论基础和解释依据，但仍需要进行验证和拓展。在一些国家，大学转型创新几乎仅存于学术研究的范围，缺少可持续发展背景下大学组织转型的创新理论研究。鲜有将大学转型与可持续发展相结合的实践举措，一些大学进行组织转型的驱动因素，也并不能促进可持续发展转型。本书重点关注大学如何转型以应对社会问题和挑战从而支撑可持续发展。

本书认为，大学的可持续组织转型是多主体参与、多要素协同、多阶段发展的复杂系统工程，受到系统内外部多重因素的综合影响和交互作用。大学通过转变自身的治理结构、管理架构、运营行为等要素以适应可持续发展的变革需求。如何科学系统地从社会责任视角解读大学的可持续发展转型，全面识别组织转型的障碍因素及其动态性，明确不同类型的驱动因素对大学的动态影响和作用路径，这些对提升大学对于全球可持续发展的贡献度具有关键作用，值得今后的研究重点关注。当组织变革的要素，在新的组织特征中相互关联并得到加强时，它们便成为持续性要素。当变革的要素转变为持续性要素时，它们的累积增加会成为大学向未来迈进的可持续发展的动力。

第二节　可持续发展组织转型的理论框架

一　转型为"可持续大学"

作为社会发展的主体，各类社会组织如何把"可持续发展"作为组织目标、战略、发展方式，停止不可持续的行为和做法，是值得关注的研究课题。在企业管理领域，学者们通常将可持续发展绩效划分成三个维度，一是经济绩效，二是环境绩效，三是社会绩效，基于此对组织的可持续发展进行综合评价和客观衡量。美国密西根大学教授、金字塔底层理论的提出者尼杜默鲁（Nidumolu）、普拉哈拉德（Prahalad）等人通过对 30 家大型公司的长期研究，认为可持续发展是组织创新与技术创新的关键，可以给组织和社会都带来可观的回报，把"可持续发展"作为组织目标，先行者们将发展出竞争对手难以匹敌的能力，这种竞争优势将使它们长期处于有利地位[①]。各行各业的领先企业，不再仅仅追求纯粹的规模，而是看重有价值、可持续的增长。

在大学与人类文明互动发展的历史长河中，一代新文明必然有其理想的大学及其理想性的组织模式。从大学的变革历程来看，先后出现了传统的教学型大学、现代的研究型大学和应用型大学、当代的创业型大学以及新型大学。在大学发展史上，欧洲大学确实曾经多次通过对传统大学的"修补式"改革、建立新型大学等方式，来解决"适应社会需求"的问题，但依然难以实现"引领社会"的高等教育变革。原大学俱乐部的成员依然迷恋研究型大学的概念，并不把应用型大学、创业型大学视为"同类"。在过去的十余年里，按照可持续组织的新机制新模式建立起来可持续大学、基于区块链技术的虚拟大学等在世界各地出现。未来还会有其他的"颠覆式创新"的新型大学出现，需要大学重新想象和创新设计自身的宗旨、制度、组织形态等。

很显然，如果连大学都是不可持续的，人类将不会有可持续的世界。现代社会中没有哪个机构比大学更适合、更有义务促进向可持续未来的转型。一些传统研究型大学已经通过组织转型，成为新型的"可持续大学"。所谓可持续大学，是将"可持续发展"作为愿景、理念和目标的大学。这类大学通过管理、教学、科研、服务等方面的可持续组织转型，提升了大学的社会功能。

虽然"可持续大学"仍然是一个探索性概念，关于其术语的使用和定义，学界尚未达成一致，但是本书从组织转型角度推动各类大学实现

---

① Nidumolu R., Prahalad C. K., et al., "Why Sustainability Is Now the Key Driver of Innovation", *Harvard Business Review*, September 2009, pp. 57 – 64.

可持续发展转型，具有重要的理论意义和实践价值。

一方面，不同类型的大学需要基于可持续性原则，通过可持续发展转型来应对危机与挑战。面对日益复杂和充满挑战的全球局势，在人类面临全球性威胁以及高等教育格局不断演变的背景下，新冠疫情等社会危机对高等教育的严峻冲击，揭露了传统高等教育机构的脆弱性。由于系统性的问题，高等教育机构需要通过可持续发展转型，实现有韧性的复苏。高等教育要想从疫情危机中真正恢复、更具韧性，很多大学都需要基于可持续性原则转型，以确保能适应复杂严峻的形势和不确定性、不稳定性所带来的挑战。

另一方面，唯有系统的可持续组织转型，才能使大学实现可持续发展并保持领先。大学的转型发展根源于社会和大学自身对实然状态的不满，根源于大学自身从实然状态向应然状态的追求卓越，驱动大学从现存的形态向着更合理、更科学、更成熟的新的形态发展。很多大学经过多年的发展已经形成较为稳定的理念模式、管理模式和教育模式等，在现有的模式下，现存的结构性障碍和制度，使很多大学未能或无法更积极地应对可持续性的挑战，未能或无法更积极地容纳、激励可持续发展目标的融入与实现，未能或很难将可持续发展原则有效结合到教育教学、科学研究、校园运营及各项管理工作中。大学若想真正满足人类社会建立和平、公正和可持续未来的需要，须依靠现代化的治理、组织形态的创新设计来应对新的挑战和使命。通过可持续组织转型，可持续大学具有面对持续变化的坚定信念和确保可持续性的调整适应能力，能够实现可持续发展并保持领先。

二 可持续大学的四重底线框架

近年来，不同主体基于不同的价值、利益和专业视角，试图清晰刻画可持续大学的轮廓。

阿姆斯特丹大学的 Hans Van Weenen 在《迈向可持续大学的愿景》中，为聚焦可持续发展议题、实施可持续发展计划、拥有可持续发展使命的大学创造了一个新名词——可持续大学。可持续大学是在区域或全球层面关注、参与、推动可持续发展，使组织在使用资源的过程中对环境、经济、社会和健康的负面影响最小化，运用教学、研究、管理、社会服务以及合作等帮助社会向更可持续的方向过渡的整体的高等教育机构①。Wals 和 Jickling 认为，可持续大学是以可持续发展为目标导向的组织。可持续大学的发展包括教学可持续、科研可持续、社会服务的可持续。可持续大学是为了更好地履行大学社会责任，推动未来可持续发展，构建社会发展新模式②。

Hans Van Weenen 认为可持续大学有不同的发展维度、状态和水平，提出可持续大学分类模型试图为不同的大学提供指导。从参与层次来看，大学可以从大学运营、教学科研、大学治理、大学使命这四个层次逐步推进可持续大学转型走向深入。从组织维度来看，可以先从建立大学的环境管理系统开始，再转型为真正的可持续大学，进而逐渐包含所有的利益相关者成为可持续大学网络，最终成为丰富人类社会的可持续遗产，创造可持续社会。

著名的可持续发展研究学者、同济大学诸大建教授比较了可持续大学与传统大学的差异，分析了可持续大学的特点。在教学方面，传统大学是强调学科分类、知识导向，可持续大学则强调学科整合，重视知识应当如何运用，担负起社会责任。在研究方面，传统大学是强调理论导向，可持续大学则从波尔型的纯理论研究，转向从实践中的理论问题出发的巴斯德型研究。对此，创业型大学与研究型大学之间存在分歧，而可持续大学是将二者结合起来，既关注理论研究又关注实践研究。在社会服务方面，传统大学并不重视社会服务，可持续大学将社会服务视为大学的重要责任和存在价值，强调为社会提供系统集成性的解决方案，承担可持续发展的社会责任。在校园建设方面，传统大学虽然也有一些校园环境建设项目，但是很少从系统层面整体考虑校园运行的生态效益，可持续大学则强调建设系统意义上的资源节约型和环境友好型的可持续校园，可持续大学还要做促进可持续发展的高科技实验室，并通过技术转移和扩散，引导社会和企业发展可持续性的产业，促进社会的可持续

①　Weenen V. , "Toward a Vision of a Sustainable University", *International Journal of Sustainability in Higher Education*, Vol. 1, No. 1, April 2000, pp. 20 – 34.

②　Wals A. , Jickling B. , " 'Sustainability' in Higher Education: From Doublethink and Newspeak to Critical Thinking and Meaningful Learning", *Higher Education Policy*, Vol. 15, No. 2, June 2002, pp. 121 – 131.

发展。

　　在针对可持续大学的研究中，最有国际影响力的理论框架当属全球环境权威机构联合国环境规划署（以下简称 UNEP）提出的"可持续大学框架"。为促进大学的可持续发展转型，UNEP 于 2021 年 7 月 8 日正式发布"可持续大学框架"，旨在定义可持续大学，并设计出得到全球承认和实践的大学可持续发展转型路径，邀请所有高等教育合作伙伴成为可持续大学。UNEP 提出的可持续大学框架将可持续大学划分为教学与科研、环境与气候、人与社会、管理与治理四个核心领域，大学应确保在四个核心领域的具体活动实现可持续性①，具体详见图 4 - 1。

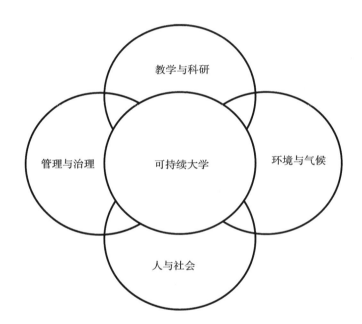

图 4 - 1　可持续大学的四重底线框架

　　该框架在经济、社会、环境、治理组成的可持续发展四重底线框架的基础上，增加"教学与科研"维度，这体现出大学区别于企业等其他组织的基本属性和职能，增强了该框架对各类大学的适用性。该框架对

---

　　① United Nations Environment Programme, *The UNEP Sustainable University Framework*（https：//wedocs. unep. org/bitstream/handle/20. 500. 11822/36341/USUF. pdf）.

内在维度进行扩展，增加"管理与治理"维度，反映出实现可持续发展需要组织治理机制的保障，具体内容包括领导力、伦理、人力资源、商业联系、治理、财政。"环境与气候"维度包括水、废弃物、生物多样性、气候缓解和适应、交通出行、建筑、能源七个方面。"人与社会"维度体现出人的可持续发展与社会可持续发展之间的协同优化，具体包括多元化、平等、参与、可接近性、社区、健康和福祉。

UNEP 提出的可持续大学框架，对大学的可持发展组织转型具有如下启示。

第一，在教学与科研维度，主要考虑教学、研究、学生参与的可持续性。大学应采用系统视角和跨学科合作的方式解决教育的可持续性问题。将可持续发展教育纳入课程可从两个角度进行：从横向维度，有针对性地开设特定课程或模块；从纵向维度，将与可持续发展相关的问题贯穿学生学习的全过程。高等教育机构可以通过项目、实践等方式将可持续性与课程相结合，大学可以和社区共建教育项目，满足当地和社会的需要。此外，培训教师掌握可持续性教学方法和机制是真正将可持续性纳入课程的关键因素。建立跨学科或多学科的研究机构是促进研究可持续性的重要举措。需要促进跨学科研究中专业人员和研究人员的合作。财政资源是促进可持续性研究的基础，如政府机构和研究机构资助、高等教育机构额外补助，也可以设立跨学科领域的奖学金或为学生作品、相关提案设立竞赛和奖励，提高研究人员参与可持续性研究的兴趣。此外，可以通过与其他机构建立伙伴关系促进研究可持续性，实现知识共享、发展联合研究活动和建立跨学科合作网络。

第二，在环境与气候维度，主要是减少能源消耗和废物产生量，打造可持续校园。将技术纳入高等教育机构既有助于减少其碳足迹，减少能源消耗和废物产生量，节省财政资源，还能使机构通过提供更加包容和公平的教育缩小社会差距。在能源方面，大学通过控制和监测消耗等举措降低能源消耗和成本，使用和生产清洁能源，如太阳能、沼气能源等提高能源效率。在水资源方面，使用节水装置、循环利用装置等减少水资源消耗。大学应通过减少、再利用和回收利用的项目处理废弃物，倡导低碳交通和购买对环境、人类影响较小的产品。

第三，在人与社会维度，具体包括多元化、平等、参与、可接近性、社区、健康和福祉。一个多元化的大学能够吸引来自世界各地的优秀学生和教师，这种多样性本身就是一种资产，可以提高学校可持续发展能力。多元化的师生团队能够带来不同的观点、想法和解决问题的方法，这有助于推动学术研究和创新。多元化的校园环境能够培养学生的全球视野和跨文化交流能力，增强对社会多元性的理解和尊重。教职工是大学的主要利益相关者，大学应为其提供良好的工作和生活环境，促进教师的健康与福祉，促进其发展和成长，从而更有效地为其他利益相关者提供服务。大学可以为学生提供参与可持续发展实践等各类社会实践的机会，也可以与当地政府、企业合作，实施可持续项目，加强大学与社区的联系。大学要通过与政府、企业、相关利益者建立伙伴关系加强与社会的交流，促进其自身和社会的可持续性。

第四，在管理与治理维度，治理结构、领导力、办学经费是保障可持续性的重要内容。为了提高师生的可持续意识，鼓励其积极承担社会责任，大学领导者应将"可持续"纳入大学使命和发展战略，并鼓励相关利益者的参与。适当的管理结构对促进高等教育机构的可持续性具有重要意义，如由校领导直接负责、多部门负责人与外部利益相关方共同组成的"可持续发展委员会"，可为可持续实践提供治理结构的保障。披露可持续发展评估和报告，既能促进大众对于可持续性活动的认识与参与，还能展现高等教育机构对社会可持续发展的贡献，提升其形象，进而促进组织变革。良好的宣传策略可以通过提升机构形象和声誉影响其可持续性。此外，大学可以与商业界、其他高等教育机构等利益相关方建立合作网络提升可持续性。为促进自身以及社会的可持续发展，大学需要有支撑其可持续发展的资源体系，尤其是多元化的经费来源。

UNEP 提出的可持续大学四重底线框架，对大学可持续发展实践具有指导价值，可参考使用该框架来确定大学在各方面的可持续性表现水平。本书主要参考这一理论框架进行分析，但值得注意的是，四重底线框架不是解释大学可持续性的唯一模型，仍然需要开展更广、更深领域的内容延展性探索，对不同国家和地区的大学提出更具有针对性的、可操作的推进建议。因此，本书将进一步针对中国大学面临的问题与挑战，提出组织转型的对策。

第三节 可持续发展组织转型的实现路径

路易斯·娄拉斯开兹（Luis Velázquez）等以全球 80 所可持续大学的实践为样本，将研究型大学向可持续大学的转型过程分为四个阶段[①]：第一阶段是为大学制定一个可持续发展的愿景，这是可持续大学理想形态的想象阶段。大学基于校情确定可持续大学的定义以及制定个性化的可持续大学蓝图。第二阶段是确立大学使命。将可持续发展纳入大学的使命宣言，使可持续发展成为大学的核心价值观之一，这是提升全校人员可持续发展意识、构建可持续发展校园文化的重要举措。第三阶段是成立可持续发展委员会。该委员会的职能包括决策和协调两方面：一方面要制定可持续发展战略、可持续发展的具体政策、行动和目标；另一方面要为大学开展可持续发展方面的工作提供资金、协调各部门开展工作，确保可持续发展政策的有效执行。第四阶段是制定和实施可持续发展战略。可持续发展战略从宏观层面将可持续发展相关内容纳入学校各方面工作中，从而确保可持续发展理念能渗透到大学的各个方面。

为使大学转型为绿色和可持续的校园，UNEP 曾经于 2011 年首次发布绿色大学工具包，并在 2014 年 1 月更新发布绿色大学工具包 2.0 版。工具包为大学教职员工和学生提供从文献、全球案例研究和实践中收集的一系列指导、工具和资源，旨在激励和支持大学制定和实施绿色、资源高效和低碳校园的转型战略。事实上，在工具包 2.0 版中，在绿色大学的基础上，UNEP 试图使用适合大学的语言来表达如何向可持续转型，来描述大学可持续性的特征，试图勾勒出可持续大学的轮廓。大学可持续发展的方式被总结为"大学的活动在生态上是健全的，在社会和文化上是公正的，在经济上是能独立发展的"[②]。

---

① Velázquez L., Munguia N., Platt A., et al., "Sustainable University: What Can Be the Matter?" *Journal of Cleaner Production*, Vol. 14, No. 9 – 11, 2006, pp. 810 – 819.

② United Nations Environment Programme. Greening Universities Toolkit V2.0: Transforming Universities into Green and Sustainable Campuses : A Toolkit for Implementers. (https://www.unep.org)

UNEP 认为，总体来说，一所有意识地选择可持续发展道路的大学将体现以下原则。

第一，在机构的愿景、使命和治理中明确阐述和整合社会、伦理和环境责任。

第二，在课程中整合社会、经济和环境的可持续性，将批判性思维、系统思维、跨学科能力、可持续发展素养作为对毕业生的要求。

第三，专门开展可持续发展相关课题的研究，并在所有其他研究中考量"四重底线"的可持续性问题。

第四，对更广泛社区的扩展和服务，包括与学校、政府、非政府组织和产业界建立伙伴关系。

第五，校园规划、设计和发展的结构和管理旨在实现和"超越零"的净碳/水/废弃物排放①，成为当地生物圈中的可再生性的组织。

第六，专注于支持和实现"超越零"环境目标的运维工作，包括有效的监测、报告和持续改进。

第七，促进学生、员工和大学周边更广泛社区的公平、多样性以及提高生活质量的政策和实践。

第八，校园作为"生活实验室"——通过学生参与来改造学习的环境。

第九，弘扬文化多样性和实践文化包容性。

第十，促进国内外大学合作的体系。

针对可持续发展组织转型应采取的行动，Francisco S. 和 Matheus Leite C. 等从校园运营、学术、社区、组织四个方面提出 9 种典型行动②，具体详见表 4 - 1。

---

① "超越零"（Beyond Zero）是指在碳排放、用水或废弃物管理方面不仅实现平衡（即净零排放、净零用水、净零废弃物），而且采取额外措施以产生积极的环境效益。

② Francisco S. , Matheus Leite C. , Luiz E. G. , et al. , "Proposal for Sustainability Action Archetypes for Higher Education Institutions", *International Journal of Sustainability in Higher Education*, Vol. 23, No. 4, April 2022, pp. 915 – 939.

表4－1   大学可持续发展转型的典型行动

可持续发展转型	典型行动
校园运营	·减少材料使用和能源消耗 ·处理、回收和再利用/正确处理废弃物 ·用天然的、可再生的替代工艺和产品
学术	·将可持续性纳入教育活动 ·将可持续性纳入研究活动
社区	·促进外部社区的发展和福祉 ·促进内部社区的发展和福祉
组织	·重新定位高等教育机构的可持续性 ·高等教育机构可持续的结构

　　学者们已经意识到促进大学可持续发展转型的模式不尽相同，而且大学的可持续性不仅仅局限在校园之内，大学可以通过与其他教育机构、政府、企业等利益相关者建立伙伴关系，形成可持续网络，产出可持续发展成果并转化，促进其自身和社会的可持续性（具体详见表4－2）。由于大学的可持续发展活动紧密相连，教育和研究也体现在社区中，这使可持续发展教育与其他类型的教育密不可分。基础教育机构的教师可持续发展知识相对缺乏，高等教育机构应与当地学校建立深层合作关系以促进可持续发展教育，改善公共教育，促进资源的有效流动。在一些发展较为滞后的国家或地区，大学可以通过坚持其社会服务使命以减少不公平现象，如为贫穷学生提供奖学金，提供不分残疾、不分种族的多元就业岗位等。大学可以为学生提供多种社会参与方式，使学生了解其行动对自身、社区、社会与自然的意义，与各地政府、企业社会组织等合作，寻求增进可持续福祉的方法为建设可持续未来做出重要贡献。

表4-2   大学产出可持续发展成果的具体行动

	教学成果	研究成果
大学产出	专家讲授可持续发展实践经验 可持续发展实践问题的案例研究 实践者的实地调查 为可持续发展实践制订解决方案	科普出版物 可持续发展实践指南 科研论文 开发专利和许可协议 为政府和社会提供决策咨询、知识产品
校企合作	与实践伙伴进行团队教学 安排学生实习实践 实践培训和在职培训 对学位课程的实践指导 与实践者共同制定解决方案	与政府、企业、协会等组织签订研究合同 技术转移 与实践者召开研讨会
社会产出	社会承诺 促进可持续发展的战略伙伴关系	跨领域研究项目 与实践有关的科学出版物

UNEP 在 2021 年发布的《可持续大学的框架》报告分析指出，大学的可持续性水平是发展性的，可持续大学的发展呈现出逐步提高的四个阶段，即兴起、发展、确立、领先四个阶段，每一阶段又包含着一系列行动（具体详见表4-3）。

表4-3   可持续大学发展的四阶段

阶段	特征	各阶段的系列行动
兴起阶段	开始着手解决可持续发展问题	访问其他大学并寻求可持续发展网络帮助；吸引、激发并倾听教职员工意见；提高认识、不断交流；招募可持续发展表现优异的师生员工成立专门队伍；组建可持续性委员会；做出承诺；编制非正式的行动计划草案
发展阶段	机构正积极推进可持续性进程的系统化与规范化	了解所在区域内外的最佳实践案例；制定正式的计划和政策；制定科学的目标和指标；划分角色和职责；提供培训和支持

续表

阶段	特征	各阶段的系列行动
确立阶段	机构已形成一套完善的可持续发展策略并建立了相应的支持体系	整合和协调可持续发展和合作的计划和政策；衡量和评估进度；定期交流现有水平
领先阶段	机构已成为可持续发展的模范	定期报告成果；梳理最佳实践典范，分享成果；为可持续发展研究提供资源；建立持续提高的流程；修改并提高可持续发展目标和愿景

　　本书认为，UNEP 提出的可持续大学四阶段的渐进式实现过程具有一定的普适性，可以鼓励大学参考此框架规划转型路线，也可以在此基础上探索有办学特色、多元化的可持续性发展道路。每一所大学都有责任确定其在实现可持续发展过程中，自身亟须解决的问题，但由于地理位置、办学特色等的特殊性，每所大学面临的问题和挑战有所不同。

　　这一框架的不足之处是并没有考虑到不同大学组织所处的环境及面临的机会和威胁。从应用案例来看，每所大学迈向可持续性的过程会有所不同，不一定严格按照这一顺序机械线性发展。处于领先阶段的大学，也会面临着持续的阶段循环，因为利益相关者们会为创建更加可持续的大学而制定雄心勃勃的新愿景、新目标和新的评估指标。

第 五 章

大学可持续发展组织转型的
案例研究

当我们要探索像现代大学这种复杂组织系统时，特别是分析它们如何接受可持续发展的组织变革时，院校案例研究提供了一条道路。案例研究作为规范性的质性分析，是对某类现象进行考察分析，得出具有普遍性意义的一种经验性研究方法。不同类型的案例可以保证研究观点更具普遍性。当我们能够获得不同国家的大学的详尽经验知识时，我们能够从一定程度上远离偏见。这些偏见会导致管理者对大学组织是什么样的和怎么样改变它的特征、职能和形态，提出骄傲自大、故步自封的意见而导致大学无法获得新的发展。

2019 年 4 月 3 日，泰晤士高等教育大学影响力排名发布，该排名打破了以科研、学术为主要标准的大学评价体系，创新性地将联合国 2030 年可持续发展目标作为评价标准，评估大学作为推进实现可持续发展的中坚力量对于社会的贡献度。本书选取的案例大学均为可持续发展方面发挥示范引领作用的大学。其中，奥克兰大学 2019 年和 2020 年连续两年蝉联世界大学影响力排名第 1 名，悉尼大学位列第 2 名，博洛尼亚大学位列第 6 名。清华大学、北海道大学在亚洲的参评大学中表现最佳，是亚洲可持续大学的卓越代表。奥克兰大学、悉尼大学、博洛尼亚大学、北海道大学、清华大学五个组织的转型案例为描述大学的可持续发展模式及其组织转型过程提供了很好的参考。

本书主要以第二手资料为基础提炼案例相关论据来验证命题，资料来源包括：案例大学的战略、政策、可持续发展报告、高层管理者演讲、项目规划及其他可持续发展办公室网站的信息和新闻报道、世界大学影响力排名数据、权威报刊的相关文献资源等。研究者尽可能通过案例大学的教师、学生与从事相关工作的行政人员了解该校从事可持续发展领域重要工作的实际情况，对主要资料进行互证，确保关键信息能从不同来源渠道进行验证，增强研究结论的准确性。在对材料进行组织和整理时，本书一方面按照可持续发展的若干议题进行分析，用不同的案例来理解某个议题；另一方面，按照具体的大学案例来进行分析，通过不同的主题加深读者对案例的理解。

第一节　奥克兰大学

一　案例背景

奥克兰大学成立于 1883 年，经过一百多年的发展已经成为新西兰规模最大的高校，同时也是新西兰毕业生就业率最高的大学，还是新西兰最大的研究机构和最具创新性的研究型大学。自诞生之初，奥克兰大学便致力于在性别、种族、文化、宗教习俗以及残疾人援助方面实现平等，并将为社区、国家和国际社会服务作为自己的使命。奥克兰大学在解决新西兰乃至全球面对的环境、资源危机中发挥着重要作用。奥克兰大学于 2019 年和 2020 年连续两年蝉联世界大学影响力排名榜首，是国际公认的可持续大学的模范（具体详见表 5 –1）。

表 5 –1　　　2019—2021 年世界大学影响力排名—奥克兰大学

可持续发展目标	2019 年排名	2020 年排名	2021 年排名
SDG 1 无贫穷	/	11	43
SDG 2 零饥饿	/	8	20
SDG 3 良好健康与福祉	1	4	8
SDG 4 公平优质教育	15	=39	=71
SDG 5 性别平等	=6	9	=13
SDG 6 清洁饮水和卫生设施	/	8	=25
SDG 7 经济适用的清洁能源	/	=5	29

可持续发展目标	2019 年排名	2020 年排名	2021 年排名
SDG 8 体面工作和经济增长	15	7	9
SDG 9 产业、创新和基础设施	—	—	=60
SDG 10 减少不平等	19	21	35
SDG 11 可持续城市和社区	11	11	=32
SDG 12 负责任消费和生产	—	30	=13
SDG 13 气候行动	—	—	101—200
SDG 14 水下生物	/	2	32
SDG 15 陆地生物	/	=3	51
SDG 16 和平、正义与强大机构	7	7	6
SDG 17 促进目标实现的伙伴关系	=1	3	=20
总排名	1	1	=9

注:"—"表示未提交该项数据。

资料来源:作者根据泰晤士高等教育官网发布的世界大学影响力排名的有关资料编译整理。

二　案例分析

在新西兰政府的大力支持下,奥克兰大学积极开展可持续发展治理实践,不断探索和践行可持续发展理念,把可持续发展理念贯彻到校园工作的全过程中,在教育教学、科学研究、人才培养和社会服务等方面彰显了可持续发展的内涵与价值。本案例从聚焦可持续发展目标和实施可持续发展教育、开展前沿研究、推行可持续校园管理、建立可持续合作网络这四个方面分析了奥克兰大学如何成为可持续发展目标的关键驱动者。

(一)聚焦可持续发展目标和实施可持续发展教育

奥克兰大学致力于培养知识渊博、积极参与并引领国家可持续发展事业的拔尖人才。2010 年以来,奥克兰大学把可持续性和社会责任视为课程设置的核心理念,将可持续发展理念与各学科相结合并进行研究性教学,通过专业课程和通识教育将可持续发展价值观与新兴技术结合起来培养学生的合作能力、领导力以及能够给社会带来变革的能力。

经过多年的探索与实践,奥克兰大学已经逐渐形成面向全校学生的可持续通识教育、可持续专业教育与可持续教育项目为一体的可持续教育体系。

　　第一，奥克兰大学可持续发展模块课程分为三级，1 级课程（Sustain 100）主题是"可持续发展与我们"，讨论"可持续发展"的含义、基本价值以及个人和组织在创建解决方案中的作用。在课程学习中，学生们需要分组研究校园的可持续发展问题，并设计解决方案，通过电影、海报、演示文稿、模型等进行成果展示。2 级课程（Sustain 200）以"可持续社区"为主题，探讨可持续社区的内涵。在这类课程中，学生们也需要分组开展实践，例如共同设计一款游戏，展示游戏中的社会或生态系统，引发人们关于社会和生态系统性质的思考。3 级课程（Sustain 300）关注"可持续发展的世界"，学生们需要分组分析可持续发展实践的现实案例，思考建立可持续发展世界的各种可能性。该课程已产出数百个以学生为主导的、专注于可持续发展目标的研究项目。

　　第二，奥克兰大学编制与 17 项可持续发展目标相关的完整课程清单，各个学科、学院可以提供与自身学科特色相结合的大量课程，使可持续发展课程能够覆盖全校学生。例如，在与可持续发展目标 16 相关的课程中，表现最突出的学院是法学院，法学院开设的商业、环境和普通法等课程与此目标高度相关。法学院的特色学科是犯罪学，犯罪学不仅关注犯罪现象，而且关注更广泛的社会控制和偏差、社会公平和正义问题。表 5 - 2 展示了该校的可持续发展教育课程数量与涉及学科数量。这些课程使学生能够理解并支持可持续发展，树立可持续发展价值观，并发展学生在组织和社区中设计和运用可持续发展解决方案的能力。

表 5 - 2　　　　　　　　奥克兰大学可持续发展教育课程清单

可持续发展目标	课程数量		涉及学科数量	
	本科生课程	研究生课程	本科生课程	研究生课程
SDG 1 无贫穷	14	7	15	8
SDG 2 零饥饿	17	9	18	9
SDG 3 良好健康与福祉	24	15	19	13
SDG 4 公平优质教育	21	14	17	12
SDG 5 性别平等	23	17	13	10
SDG 6 清洁饮水和卫生设施	7	4	10	7

可持续发展目标	课程数量		涉及学科数量	
	本科生课程	研究生课程	本科生课程	研究生课程
SDG 7 经济适用的清洁能源	12	8	25	14
SDG 8 体面工作和经济增长	24	15	34	15
SDG 9 产业、创新和基础设施	22	15	34	18
SDG 10 减少不平等	28	14	23	14
SDG 11 可持续城市和社区	36	18	22	14
SDG 12 负责任消费和生产	17	11	21	12
SDG 13 气候行动	16	13	18	13
SDG 14 水下生物	11	6	16	6
SDG 15 陆地生物	13	7	11	6
SDG 16 和平、正义与强大机构	19	15	24	17
SDG 17 促进目标实现的伙伴关系	28	29	19	15
总计	332	217	—	—

资料来源：The University of Auckland，SDG Report 2020.

第三，在可持续发展教育中，奥克兰大学注重学生学习体验，提供帮助学生了解可持续社会实践的机会，并鼓励学生积极参与。可持续发展社会实践可以提出新的问题解决方案，而让学生参与并积极实现这些方案至关重要。奥克兰大学与当地企业、政府建立合作伙伴关系，为学生提供增加可持续发展学习经验的校内外实习、志愿服务和参与项目等机会。例如，奥克兰大学与政府合作开展了 LEN 科学项目，通过该项目学生可以参与到有利于可持续发展的研究中，并在此过程中获得质疑、研究和行动的能力。

（二）开展可持续发展前沿学术问题的科学研究

奥克兰大学关注人类社会共同面临的巨大挑战，如气候变化、可再生能源、全球健康等，以可持续发展理念指导科学研究发展，针对每一项可持续发展目标开展科研项目并取得了丰硕的创新成果、产生了明显的社会效益。表 5－3 列出了奥克兰大学 2009 年至 2018 年针对可持续发展目标的研究出版情况及其在新西兰整体研究产出中所占的比重。

表5-3　奥克兰大学2009—2018年可持续发展目标（SDG）研究出版物

可持续发展目标	奥克兰大学SDG出版物	新西兰SDG出版物	所占比例（%）	国际合作SDG出版物	所占比例（%）
SDG 1 无贫穷	8303	32075	26	4322	52
SDG 2 零饥饿	11487	44780	26	6204	54
SDG 3 良好健康与福祉	10485	34778	30	5277	50
SDG 4 公平优质教育	1755	5714	31	752	43
SDG 5 性别平等	1789	4883	37	1036	58
SDG 6 清洁饮水和卫生设施	2520	11799	21	1372	54
SDG 7 经济适用的清洁能源	2173	7401	29	1189	55
SDG 8 体面工作和经济增长	10386	39116	27	5583	54
SDG 9 产业、创新和基础设施	6267	24022	26	3291	53
SDG 10 减少不平等	5870	21810	27	3054	52
SDG 11 可持续城市和社区	7198	29871	24	3887	54
SDG 12 负责任消费和生产	3385	15065	22	1744	52
SDG 13 气候行动	1978	8858	22	1178	60
SDG 14 水下生物	1584	7961	20	987	62
SDG 15 陆地生物	2819	16481	17	1689	60
SDG 16 和平、正义与强大机构	1090	3805	29	519	48
SDG 17 促进目标实现的伙伴关系	—	—	—	—	—

资料来源：The University of Auckland, SDG Publications 2009 - 2018（https：//www. auck-land. ac. nz/en/about-us/about-the-u-niversity/the-university/sustainability-and-environment/SDGReport. html）.

第一，各个学院和系所发挥自己的研究优势开展聚焦可持续发展目标的研究和国际合作。医学与健康科学学院站在维护和增进人类健康福祉的前线，从健康和老龄化到应对慢性疾病，致力于创新问题解决方案。奥克兰大学 Michel Nieuwoudt 及其研究团队设计的皮肤癌检测设备可以更快、更准确和更容易地获得诊断结果，大幅降低了新西兰的皮肤癌死亡率，彻底改变了世界范围内皮肤癌的预防和治疗现状。为更好地推动实现 SDG 3 良好健康与福祉，奥克兰大学莫里斯·威尔金斯分子生物发现中心的研究人员与日内瓦的"被忽视疾病药物研发倡议"合作开发新药

DNDi－0690，用于治疗致死率较高的热带疾病利什曼病。奥克兰大学电力系统集团通过智能电网、点对点能源交易、分散和弹性太阳能电池能源系统、微电网和运输电气化等创新方式，追求建立智能、低碳的电力系统，致力于实现 SDG 11 可持续城市和社区。商学院的教职工会与当地企业建立良好联系，分享专业知识，帮助企业在新冠疫情期间维持经营。

第二，大学建立跨学科的研究机构和团队来解决可持续发展的复杂问题。理学院管辖的绿色化学科学中心的 26 位科学家和 15 位学生来自工程学院、理学院、医学和健康科学学院等不同的学科。该中心主要致力于合成可持续物，研究可再生能源以及预防水污染等问题。创意艺术与工业学院、法学院在环境和资源管理政策与法律方面进行研究和教学合作，探讨使用法律权利实现生态可持续利用和自然资源管理的路径。

第三，大学建立与可持续发展目标关系密切的实验室。地热研究所是奥克兰大学的能源可再生研究中心。该研究所重点关注围绕地热能开发的科学、工程、商业等方面的研究，通过与企业合作实现资源的可持续管理。奥克兰大学各院系和学科积极合作，创新可持续发展技术。这一系列工作既推动了奥克兰大学自身的可持续发展，又影响了其所在区域、国家乃至国际社会的可持续发展政策的制定与发展，成为可持续发展研究领域中具有影响力的高端智库以及科技和公共政策创新的平台。

（三）立足可持续发展目标推行可持续校园管理

可持续发展校园是大学可持续治理实践的体现。奥克兰大学注重校园的可持续管理，积极开展可持续校园建设工作，致力于把奥克兰大学建成具备包容、公平、绿色、协调、开放等良性特征的大学，使大学的发展既符合当前学术共同体的成长需要、学术发展的需要、学校整体发展的需要，同时又不影响乃至损害学校后续发展的需要。

第一，完善的院校政策指导可持续治理，形成顶层设计和自下而上良好互动的治理局面。《奥克兰大学 2013 年—2020 年战略计划》明确将可持续发展作为发展战略之一，并成立了"可持续发展办公室"来统筹全校的可持续发展管理和运作工作。以《奥克兰大学 2013 年—2020 年战略计划》和签署的《大学 21 世纪可持续性声明》为基础，该校制定并实施了《奥克兰大学可持续发展政策》，提供系统的原则指导校园开展可持续发展治理实践。遵循《奥克兰大学可持续发展政策》，该校制定了《可持续活动指南》，通过承诺、计划、实施、评估四个程序，进一步规范教职工和学生开展可持续活动的行为。在科研领域、社会服务、可持续校园建设等方面，很多创新实践并不是高层管理者和可持续发展委员会事先规划出来的，而是源自师生在学校战略政策引导下做出的贡献。

第二，奥克兰大学采取多项措施建设可持续校园，促进师生对校园消费和可持续性负责。奥克兰大学计划到 2050 年实现零碳排放，该校对碳排放量的主要关注点是节省能源，并尽量减少使用不可再生资源。根据《奥克兰大学 2020 年 SDG 报告》，该大学提供和使用的电力中 84% 是可再生能源，包括水力发电（60.4%）、地热发电（17.4%）、风能发电（4.7%）、沼气和木材（1.3%）以及太阳能（0.2%）。建筑材料中有 58% 来自可再生资源。40 年来，奥克兰大学一直致力于建设环境友好型和资源节约型校园，通过鼓励教职工和学生通过骑自行车、使用公共交通工具和拼车上学等方式减少交通带来的碳排放量。此外，该大学还鼓励教职工和学生参与恢复和保护原始森林的活动，以保护生物多样性和抵消碳排放。该校运用最新技术开发可持续的现代化教学管理系统，提供支持教学、学习、评估、课程管理的在线服务，课程材料、讲义、课程考核评价等都可以从纸张打印切换为在线电子形式，改变印刷方式以减少纸张浪费。

奥克兰大学以可持续发展政策为指导，以多种形式规范教职工和学生开展可持续活动的行为，既保证了大学自身的可持续发展，也有力地推动了高等教育、社会和生态环境的可持续发展。

（四）围绕可持续发展目标建立可持续合作网络

奥克兰大学组织转型过程中重视多元利益相关者的参与，围绕可持续发展目标建立其所在区域、国家乃至国际社会的可持续合作网络。

第一，在校园内部形成可持续发展合作网络。成立于 2015 年的由教职员工组成的理学院可持续发展网络，主旨是将人们聚集起来发展可持续发展文化，跨越学科局限，将不同专业的学术人员聚集在一起，为教职员工提供领导可持续发展创新实践的机会，推行以可持续发展为导向的公共服务，为企业和政府提供咨询服务。

第二，建立强有力的伙伴关系，创建有凝聚力的、为可持续发展目标做出贡献的全球体系。该校与 39 个国家和地区的 182 所大学建立了广泛的合作网络，与 60 多个研究机构建立了合作关系，包括两个国际知名的大型研究机构——里金斯研究所和奥克兰生物工程研究所。奥克兰大学还主办或与其他机构共同主办了 5 个新西兰卓越研究中心，这些世界一流的研究中心为新西兰的发展做出了巨大贡献。奥克兰大学还是研究型大学网络环太平洋大学协会、Universitas 21 等全球大学合作网络的主要成员，它们共同为大学的学术和专业人员以及学生之间的国际合作提供了各种机会，也为大学提供合作机会以促进可持续发展目标的实现。Universitas 21 曾经于 2012 年联合发表的《可持续发展声明》为各高校的可持续发展提供了实践框架，并为各高校提供协作平台分享研究成果，促进知识转移与资源共享。不仅如此，奥克兰大学继续与其他大学之间开展跨学科研究活动，以促进研究学科之间的综合问题解决。这些活动还扩展到学术界之外，吸引了行业龙头和社区作为积极的合作伙伴和参与者共同解决大学的问题，为可持续发展贡献力量。

第二节　悉尼大学

一　案例背景

悉尼大学始建于 1850 年，是一所顶尖研究型大学。悉尼大学以其卓越的研究和教学能力成为澳大利亚顶级大学之一，并在世界上顶尖的大学中名列前茅。2021 年悉尼大学再次蝉联泰晤士高等教育世界大学影响力排名澳大利亚第 1 位、世界第 2 位。悉尼大学有超过 7 万名学生和员工。2020 年 8 月，悉尼大学发布《可持续发展战略 2020》，以"关爱国家"为核心基础，以建立有弹性的场所和负责任的碳足迹管理体系、增强良好治理与协调能力、通过研究和教育丰富生活这三大支柱作为支撑，对应设置 16 条策略与 46 个目标（具体详见图 5－1）。通过将可持续发展置于大学日常教育、研究、运行的核心，致力于解决人类共同面临的重大问题与挑战，在本地及全球范围内营造可持续发展的文化，为更加可持续发展的未来做出重要贡献。

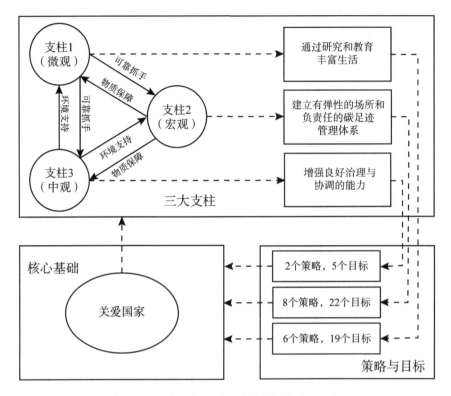

图5-1　悉尼大学《可持续发展战略2020》

二　案例分析

(一) 建立可持续校园和可持续生活方式

建立有弹性的场所和负责任的碳足迹管理体系强调大学会对其所在的国家/地区产生重大影响，通过建立可持续校园和可持续生活方式，在其生活的地方留下负责任的碳足迹。

悉尼大学制定了到2030年实现碳中和的目标，通过可持续发展和管理其校园的建筑和自然环境，减少能源使用与相关排放，提高生物多样性。例如，悉尼大学目前在20栋建筑上安装了屋顶太阳能系统，每年生产超过1兆瓦时（1000千瓦时）的太阳能，用于日常运营。悉尼大学要求供应链的所有阶段践行合乎道德和可持续采购的原则，将其专业知识与校园合作伙伴相结合，创新采购方式，提供学生可以负担、健康和可持续的产品，并在垃圾处理阶段采取再利用、回收等方式减少校园里的废弃物。例如，悉尼大学鼓励学生自己带餐具，并为其提供折扣。悉尼大学提出了减少不可持续旅行的倡议，并支持发展创新的合作和知识收集方式，创建"绿色基金"为师生提出的创新方式提供资金支持，以减少旅行的需求。其目标是到2025年，有不超过10%的员工和5%的学生乘坐私人汽车运输工具出行，大学的飞行里程减少20%。

悉尼大学鼓励学生将校园作为生活实验室，来构建、测试、评估并实施促进可持续发展的新想法，为学生提供通过实际行动实践可持续发展的机会，如废弃物转化研究中心专门研究循环经济以及如何回收并重复利用材料，目前正在测试一种新型配方的生态混凝土路面，有助于实现校园零垃圾填埋目标。

（二）增强治理和协调能力

加强善治和协调能力，表明高校对可持续发展制度的支持至关重要，管理在实现可持续变革进程中发挥着不可替代的作用。悉尼大学的可持续发展办公室，是大学可持续性研究、教育、参与和影响的中心协调机构，负责在可持续发展校园战略下协调可持续发展行动，包括整合大学其他层级结构，将可持续发展理念渗透到各个管理组织。悉尼大学通过透明可持续发展相关网站和可持续发展目标报告，详细地公布其在可持续发展方面取得的进展，彰显其对实现可持续发展目标所做的贡献。

（三）通过研究和教育丰富可持续生活

作为一所卓越的研究型大学，悉尼大学始终坚持将促进可持续发展作为其开展科学研究的核心原则。通过在校园日常生活中实施世界领先的研究和可持续发展教育，将可持续发展理念融入校园生活。大学对卓越研究的承诺，以及对跨学科研究的支持，促进了可持续发展的创新研究的开展。

为应对世界范围内的共同挑战并解决复杂的社会问题，悉尼大学明确自身的优势学科领域，基于17项可持续发展目标合作开展跨学科研究，校内许多跨学科研究所都致力于实现可持续发展目标（具体详见表5-4）。例如，查尔斯珀金斯中心（Charles Perkins Centre）汇集了来自环境、人文和社会科学等不同领域的专家学者为解决环境和食品问题提供方案。此外，悉尼大学成立生活实验室，将一些卓越的研究成果应用到生活实践中，通过学生的学习和参与加强教育—研究的协同作用。

悉尼大学优先发展可持续性研究，可持续性是学院研究和跨学科研究的核心，也是获得资助的要点。

表5-4　　　悉尼大学对17项可持续发展目标的研究贡献

可持续发展目标	学习单元数	研究人员数	出版研究成果数
SDG 1 无贫穷	21	175 +	3
SDG 2 零饥饿	115	222 +	74
SDG 3 良好健康与福祉	292	774 +	5429
SDG 4 公平优质教育	101	76 +	29
SDG 5 性别平等	109	23 +	41
SDG 6 清洁饮水和卫生设施	52	174 +	13
SDG 7 经济适用的清洁能源	36	40 +	214
SDG 8 体面工作和经济增长	99	193 +	47
SDG 9 产业、创新和基础设施	66	180 +	17
SDG 10 减少不平等	71	56 +	42
SDG 11 可持续城市和社区	109	28 +	124
SDG 12 负责任消费和生产	32	923 +	48
SDG 13 气候行动	50	232 +	159
SDG 14 水下生物	39	30 +	70
SDG 15 陆地生物	55	384 +	95
SDG 16 和平、正义与强大机构	61	75 +	125
SDG 17 促进目标实现的伙伴关系	55	20 +	88

资料来源：The University of Sydney, Sustainable Development Goals Update（https：//www. sydney. edu. au/content/dam/corporate/documents/about-us/values-and-visions/sdg-2020. pdf）.

悉尼大学并不局限于校内各院系之间的跨学科合作研究，还积极致力于与其他大学建立密切合作的伙伴关系，与欧洲、北美洲、亚洲的世界一流大学共同开展多个研究项目，如与哈佛大学、多伦多大学合作开发世界上第一台全身正电子发射型计算机断层显像扫描仪以及共同应对气候变化引发的森林火灾；与浙江大学、香港大学、印度理工学院、延世大学等共同应对新冠疫情的巨大挑战并分析其社会影响，探讨健康技术，追求全球粮食安全和农业可持续发展等目标①。

悉尼大学与世界各国的相关产业构建广泛的战略伙伴关系，运用各自优势促进可持续发展。与微软在悉尼纳米科学中心建立持续投资合作关系以研究量子经济；与澳大利亚航空合作开发飞行规划系统合作，帮助澳航优化航线、减少燃油消耗、提高运营效率，支持更为环保的商业航空；与必和必招（BHP）基金会合作，开展为期五年的护理计划，将当地知识和生活经验与前沿研究相结合，创建可持续、协调和数字化的青年心理健康保健项目。

2016—2020 年，悉尼大学顺利完成了教育的可持续发展转型，并在此基础上继续为可持续发展教育开发新的跨学科机会。首先，悉尼大学开设一系列可持续发展相关的学位项目，如建筑与环境学士学位项目、可持续发展硕士学位项目、可持续发展与环境工程硕士学位项目、城市规划硕士学位项目、可持续发展设计硕士学位项目等。其次，悉尼大学针对每项可持续发展目标开设不同的课程，多学院、学科合作组成学习单元，提高学生对可持续发展目标的认识。针对 SDG 16，该校设计了 61 个学习单元，学生可以选择"SLSS2604：社会与法律的公平""PACS6901：联合国、和平与安全""LAWS346：公平理论"等学习单元的丰富课程。

此外，悉尼大学将正式的课程教育与广泛的校园生活有机耦合，全面塑造学生促进可持续发展的理念与行动。该校与悉尼环境研究所合作，通过可持续发展的多学科主修和辅修方式开展丰富的可持续发展教育。悉尼大学注重学生的可持续发展体验，开发支持学生领导的可持续项目，学生可以通过形式多样的校园活动学习和反思可持续性，如可持续实习，发展学生可持续领导力，积极宣传学生从事的可持续性研究。

第三节　博洛尼亚大学

大学是人类社会发展到一定阶段的产物，人类社会的发展进步需求是高等教育存在和发展的理由。在经过近千年的发展历程中，大学是否

---

① 李莹：《大学促进可持续发展的驱动力研究》，《世界教育信息》2023 年第 6 期。

成了各类社会机构中最排斥变革的组织之一呢？本书将目光投向了人类历史上最古老的中世纪大学——博洛尼亚大学。

博洛尼亚大学是中世纪欧洲文明的重要遗产。1088 年，该校由中世纪罗马法学家依内里奥创立，是世界范围内广泛公认的、拥有完整体系的第一所大学。博洛尼亚大学是自由生长和发展起来的，以学生行会为基础，积极追求法人身份。自博洛尼亚大学创建以来，博洛尼亚市政府试图借助宣誓制度控制博洛尼亚大学，遭到博洛尼亚大学学生的强烈反对。为了维护自身权益，学生自发组成学生行会，维护自身权益，保障了其内部原有的自治和自由。学生主动向教皇求助，教皇陆续颁布特许状，恢复博洛尼亚大学被博洛尼亚城取消的特许权，并授予其新的特许权。博洛尼亚大学特许权的实践路径深刻影响着欧洲其他大学。在 900 多年的发展历史中，博洛尼亚大学始终保持着欧洲文化与学术发展的中心位置，经历了多次组织转型并引领了欧洲大学制度改革。追寻博洛尼亚大学的发展时序，不难发现其组织演变是一部极富历史性的百科全书。博洛尼亚大学复杂而漫长的发展历程为后世大学提供了独一无二的历史经验，从中人们可以了解大学如何随着组织日趋复杂化而发生的组织转型。本书对博洛尼亚大学的案例研究，需要放宽对组织观察的时间跨度，进而去解构可持续发展转型的变化过程。

一　案例背景

如今的博洛尼亚大学在意大利有 5 个校区，在海外有布宜诺斯艾利斯校区，有 11 个学院和 32 个系，开设 243 个学位项目。2020—2021 学年，博洛尼亚大学拥有 90291 名在校学生，其中国际学生 7062 人[①]。该校是意大利在校人数最多、开设专业最广、国际化程度最高的综合类研究型大学，位列 2022 年 U. S. News 世界大学排名第 117 位。

自 2015 年联合国通过 17 项可持续发展目标以来，意大利大学在努力实现可持续发展目标方面发挥了核心作用。博洛尼亚大学认识到其悠久的历史文化及其对社会的影响，采取有效行动充分致力于实现可持续发

---

① University of Bologna, *The University Today*, *Numbers and Innovation* (https：//www. uni-bo. it/en/university/who-we-are/university-today).

展目标。博洛尼亚大学在 2020 年泰晤士高等教育世界大学影响力排名中位列全球第 6 名；在 2022 年 UI GreenMetric 世界大学排名①最具可持续发展性大学中位列第 11 名。博洛尼亚大学被公认为是意大利环境可持续发展方面做得最好的一所大学，是既引领创新又保留传统的典范。

在清华大学举办的 2021 大学校长全球论坛中，博洛尼亚大学校长弗朗切斯科·乌贝蒂尼（Francesco Ubertini）将博洛尼亚大学悠久的发展过程生动地比喻为由象牙塔转变成大广场，打开知识的边界，开放的大学能带动社会的参与，共同创造可持续的未来。他希望学校可以为其他大学开展有效行动提供参考，并渴望与其他高校交流在实现可持续发展战略规划和可持续发展目标方面所取得的进展。

二　案例分析

本书重点分析 2015 年至今博洛尼亚大学的可持续组织转型。

（一）战略规划驱动大学全面贡献可持续发展目标

博洛尼亚大学对联合国《2023 年可持续发展议程》很快做出回应，在制定 2016—2018 年战略计划时，将可持续发展理念作为横向维度，与研究、教学、社会服务等使命相关的战略目标和行政管理相关的运营目标交叉融合，指导该校可持续组织转型。由于 17 项可持续发展目标具有系统性，博洛尼亚大学决定采取整体性措施，战略计划的每一个基本战略目标都与 17 项可持续发展目标中的一个或多个目标相关联，这样更利于大学全面推动各项可持续发展目标实现。博洛尼亚大学实现可持续发展转型的另一关键步骤是制订改革战略计划（2019—2021 年），与 17 项可持续发展目标保持一致，协调大学的关键战略目标与相关可持续发展目标关联，阐明在短期内实现这些目标所需的行动和战略。

（二）实施可持续发展绩效评价

博洛尼亚大学实施可持续发展绩效评价，有针对性地持续改进教学、科研、校园运营等核心活动。博洛尼亚大学通过可持续发展信息披露，向社会公开对于高等教育和社会可持续发展的贡献。2017 年，博洛尼亚

---

① UI Green Metric 世界绿色大学排名采用的评价体系包括环境和基础设施、能源和气候变化、废物、水、交通、教育和研究（https：//greenmetric. ui. ac. id/rankings/overall-rankings-2022）。

大学首次利用该校 2016 年及以前的历史数据，发布《2016 年联合国可持续发展目标年度报告》，衡量该大学对每项可持续发展目标贡献。此后，该校每年发布一次报告。

为了让相关信息更透明，博洛尼亚大学开发了"AlmaGoals"平台，展示了博洛尼亚大学为联合国可持续发展所做的政策决策、学术界内外实施的治理过程、所做出的承诺以及所取得的成果。博洛尼亚大学创建了一支由特定的科学技术委员会组成的团队，采取特定指标分析该校在教学、研究方面为可持续发展所做的努力，根据关键指标评估博洛尼亚大学的可持续发展成效，然后将其量化为年度报告并在官网公开发布。例如，通过课程数量、选修课程的学生数量以及合作、教学和流动项目的数量评估教学活动。同样，研究使用六个维度来衡量，包括 Scopus 中的出版物数量、被 Scopus 引用的出版物数量和资助的研究项目的数量。表 5 − 5 是 2021 年博洛尼亚大学发布的《2020 年联合国可持续发展目标年度报告》对该校教学和研究相关数据的统计。

表 5 − 5　　　　　　　　　博洛尼亚大学的 SDG 数据

可持续发展目标	课程数量	选修学生数	Scopus 中的出版物数量（2015—2020）		Scopus 中的被引用次数（2015—2020）	
			博洛尼亚大学	爱思唯尔	博洛尼亚大学	爱思唯尔
SDG 1 无贫穷	251	19954	532	11	26233	107
SDG 2 零饥饿	192	11239	550	213	9906	2943
SDG 3 良好健康与福祉	1373	96231	8645	8613	209685	210759
SDG 4 公平优质教育	2067	11144	94	17	597	128
SDG 5 性别平等	821	67751	244	52	26088	3428
SDG 6 清洁饮水和卫生设施	198	12025	722	105	18041	1863
SDG 7 经济适用的清洁能源	346	21086	754	536	15229	9580

可持续发展目标	课程数量	选修学生数	Scopus 中的出版物数量（2015—2020）		Scopus 中的被引用次数（2015—2020）	
			博洛尼亚大学	爱思唯尔	博洛尼亚大学	爱思唯尔
SDG 8 体面工作和经济增长	552	42765	508	158	8283	3381
SDG 9 产业、创新和基础设施	775	53481	1755	86	41944	1436
SDG 10 减少不平等	849	73092	1348	95	51913	613
SDG 11 可持续城市和社区	674	41565	836	277	13859	6004
SDG 12 负责任消费和生产	637	41042	2511	254	6117	5437
SDG 13 气候行动	531	25590	311	378	4011	5195
SDG 14 水下生物	145	7080	28	309	559	4335
SDG 15 陆地生物	423	25846	96	182	1503	3017
SDG 16 和平、正义与强大机构	389	36812	364	205	22247	1261
SDG 17 促进目标实现的伙伴关系	333	24255	1450	——	24236	——

资料来源：The University of Bologna for the U. N. Sustainable Development Goals（https：//site. unibo. it/almagoals/en）.

（三）可持续发展目标融入教育、科研与伙伴关系

第一，将可持续发展目标融入各学科的教育教学，形成有一定体量的、跨学科的课程体系。大学的首要职能是培养人才，通过改变政策和行为，倡导一个更可持续的未来，并对政府部门、市场环境和社会价值观念产生积极影响。博洛尼亚大学针对每项可持续发展目标提供相应课

程。2021 年，该校拥有 89521 名注册学生（包括 6215 名国际学生）和 5 个校区提供与可持续发展目标相关的 4597 门课程。这些课程帮助学生提高对可持续发展目标的认识、理解，鼓励其参与有利于实现 17 项可持续发展目标中的一个或多个项目。此外，博洛尼亚大学为教师和行政人员提供与意大利可持续发展联盟合作制作的在线课程，提高他们对可持续发展目标的认识。为了确保课程相关性，授课教师需要按照联合国教科文组织的准则，在学校官网公布课程与可持续发展目标之间的联系。鉴于年轻一代对地球的未来至关重要，博洛尼亚大学特别注重能够将学生与可持续发展目标联系起来的教学活动和项目。

第二，将可持续发展战略融入科学研究，重点加强与可持续发展相关的研究。研究是将社会转变为更可持续和更有活力的核心。博洛尼亚大学投入各种资源和巨大的财政支持，支持对实现可持续发展目标有益的研究项目发展，并积极向社会推广与可持续发展目标相关的重要科研成果，促进成果转化。例如 NANOMEMC2 项目利用纳米纤维素和石墨烯开发新的二氧化碳捕获膜，有利于以更低的二氧化碳排放量创造更可持续的生产[①]。博洛尼亚大学教授 Barbara Zanuttigh 的智能海岸项目成为欧盟首届地平线影响奖的获奖项目，该项目为保护沿海地区免受侵蚀、洪水和气候变化影响提出创新的解决方案[②]。

第三，将可持续发展战略融入伙伴关系，形成可持续社会合作网络。博洛尼亚大学与当地社区、国际社会建立了广泛的社会合作网络，就与可持续发展有关的问题不断保持联系。为了最大限度地发挥积极影响，博洛尼亚大学制定了 Alma Engage 倡议，该倡议旨在监测、支持和促进该大学与其他机构以及非政府组织合作开展的项目。

---

① Università di Bologna, *NANOMEMC2-NanoMaterials Enhanced Membranes for Carbon Capture* (https：//site. unibo. it/almagoals/en/projects/nanomemc2-nanomaterials-enhanced-membranes-for-carbon-capture).

② Università di Bologna, *Horizon Impact Award 2019：UNIBO-led SMART-COASTS among the Awarded Projects* (https：//www. unibo. it/en/notice-board/horizon-impact-award-2019-unibo-led-smart-coasts-among-the-awarded-projects).

第四节　北海道大学

一　案例背景

2014 年，联合国教科文组织在日本名古屋举办世界可持续发展教育大会，主题是"今天的学习是为了可持续的未来"。此次会议发布的《爱知县名古屋可持续发展教育宣言》，呼吁各国积极开展可持续发展教育。随后，可持续发展教育得到很多日本大学的认同，并深度影响着日本大学国际化人才培养的政策走向①。

联合国在 2015 年通过《2030 年可持续发展议程》后，2016 年 5 月，日本设立了以内阁总理大臣为部长、全体内阁为成员的"可持续发展目标促进总部"，设立了利益相关方进行意见交换的可持续发展目标圆桌会议，广泛邀请非政府组织、学术界、国际组织等社会各界代表讨论可持续发展目标行动方案，形成新的行动共识，包括可持续发展目标实施指南、可持续发展目标行动计划等。在文部科学省、内阁府、日本科学技术振兴机构等机构的支持下，日本大学也积极与地方政府和企业合作，大力推动各地区实现可持续发展目标。

2016 年以来，在东京大学、京都大学、北海道大学、广岛大学、筑波大学、名古屋大学等日本知名大学的战略规划中，出现了"引领社会可持续发展"的价值主张，推行可持续发展的相关战略与策略②，实现面向可持续发展的组织转型。一批日本大学将可持续发展目标融入大学长期规划和日常管理，创造可持续校园文化，丰富可持续发展教育和研究工作，提升师生的可持续发展理念和服务社会可持续发展的行动，在推进可持续发展目标方面处于领先水平。根据 2023 年泰晤士高等教育世界大学影响力排名，日本共有 78 所大学进入该排名，其中北海道大学以 93.9 分位列全球第 22 名。本书以北海道大学为例进行详细分析。

---

① 史根东、张婧、王鹏：《塑造面向可持续发展的教育——联合国教科文组织世界可持续发展教育大会综述》，《世界教育信息》2015 年第 6 期。

② 赵湘、钟周、刘靖：《主动塑造未来：七所日本国立大学可持续发展战略研究》，《世界教育信息》2022 年第 11 期。

二 案例分析

北海道大学历史悠久，其历史沿革可以划分为三个阶段，在这三个阶段，该校结合各个时代的不同需求，秉承生生不息的开拓精神①，经历了三次组织转型。

第一阶段是 1876 年至 1947 年。明治维新后，日本迅速进行了现代化改革，农业成为政府积极发展的领域，北海道自然条件和土地资源丰富，被视为开发农业的理想地区。为推动农业教育与研究，北海道大学的前身札幌农学校始建于 1876 年，由美国马萨诸塞州农科大学原校长威廉·史密斯·克拉克（William Smith Clark）博士创办。这所以培养农业技术与科学人才为目标的高等教育机构，成为日本第一所能够授予学士学位的大学。在 20 世纪初，札幌农学校先是归为东北帝国大学农学院，又在 1918 年独立成为日本近代建立的第五所帝国大学——北海道帝国大学。1919 年至 1947 年，北海道帝国大学陆续成立了医学部、工学部、理学部，开设低温科学研究所、触媒研究所和超短波研究所等研究所②承担科学研究职能，逐渐从农学校向综合大学转型。

第二阶段是 1947 年至 2004 年。1947 年，北海道帝国大学更名为北海道大学，1949 年随着日本颁布和施行《国立学校设置法》，成为新制北海道大学。通过学部的新设和拆分，陆续建立起 12 个学部（文学部、教育学部、法学部、经济学部、理学部、医学部、齿学部、药学部、工学部、农学部、兽医学部、水产学部），成立新制研究生院（1953 年），转型成为综合性研究型大学。

第三阶段是 2004 年至今，北海道大学向国立大学法人转型，履行作为国立大学法人的社会责任，提出将作为"创造、传承和验证知识的基地"实现可持续发展。2014 年，北海道大学制定"面向建校 150 周年的近未来战略"，提出将通过教育和研究活动实施与可持续发展相契合的目

---

① 开拓精神是指学生和教师应该接受各个时代的挑战，大胆开辟新路径的理想主义精神。源自克拉克博士在札幌农学校的开校仪式上提出的"lofty ambition"（雄心壮志），是百年来坚定地支撑着北海道大学发展的基本理念。

② *Hokkaido University：Discover Our History*（https：//www. global. hokudai. ac. jp/about/discover-our-history/）.

标，对多项可持续发展目标做出有世界影响力的贡献。根据 2021 年泰晤士高等教育世界大学影响力排名，北海道大学有 4 项可持续发展目标进入单项排名世界前 100 名，其中 SDG 2（零饥饿）排名全球第 15，表明北海道大学在全国范围内解决饥饿问题的努力、实现粮食安全和促进可持续农业发展等方面做出的重要贡献。

在过去的 20 年里，努力实现可持续发展目标的北海道大学在使命驱动下，完成了面向可持续发展的组织转型。第三次组织转型具有如下特征。

（一）以可持续发展为核心战略

可持续发展组织转型首先要求组织重新审视发展理念，重新定位自身角色。对于一个组织而言，其可持续性转型始于可持续发展理念，根植于它的价值观和使命，通过战略规划与管理制度的运营将其辐射到校园方方面面的活动中。可持续发展战略与政策在北海道大学实现可持续发展组织转型的过程中处于核心地位，该校通过中长期可持续发展战略规划指导并规范可持续发展实践。

2003 年，北海道大学向国立大学法人转型时，提出将作为"创造、传承和验证知识的基地"实现可持续发展。2005 年，联合国"可持续发展教育十年（2005—2014 年）"计划开始实施，同年，北海道大学成立国际可持续发展战略总部，以可持续发展为核心，战略性地进行国际化教育研究领域的协作以及各种国际合作项目。

2008 年召开的"G8 大学峰会"由北海道大学承办，并通过了《札幌宣言》。全球共 27 所大学签署了此宣言，宣布大学将成为创建可持续发展社会的动力，北海道大学也将此宣言视为高校发展的指导文件。

2014 年，北海道大学制定了"面向建校 150 周年的近未来战略"，实施与可持续发展相契合的组织目标。实施《北海道通用校园倡议》，通过一系列改革在提高国际化水平的同时，增强组织的包容性与可持续性，具体目标包括在 2023 年之前实现外籍教师占比由 24.9% 提升至 41.7%，女教师的比例由 12.3% 提升至 21.0%，派遣本校学生 1420 人至海外友好院校，接受来自 1600 名友好院校的留学生等。

北海道大学希望通过多层面、全方位的努力，利用具有国际竞争力的可持续发展教育与研究成果，努力为解决世界可持续发展问题贡献一份自己的力量。努力对在校学生开展可持续发展教育，鼓励学生参加可持续发展研究与相关研讨会，树立研究理念，以人为本，创建可持续发展的未来。

（二）施行全校范围可持续发展管理

北海道大学设置了专门的可持续发展管理机构，制定并推动执行可持续发展理念融入大学教学、科研和管理的具体策略，服务于全校师生员工学习并形成可持续发展价值观，与内外部利益相关方沟通、合作、创新，评审和改进大学可持续发展的行动和实践，建立全球可持续发展合作伙伴关系。

北海道大学于 2010 年成立了可持续校园推广总部（2018 年 4 月 1 日更名为"可持续校园管理总部"）。由于大学的可持续发展目标会随着国际政策而不断发展，因此可持续校园推广总部从一开始就积极参与国际讨论，自成立以来就一直在倡议建设可持续校园。该倡议包含两个关键要素，即自 2013 年以来开发"可持续校园评估系统"以及学生、教职员工之间的协作管理计划。

2019 年 8 月，北海道大学成立了"SDG 工作组"，汇总学校的可持续实践情况，并将其系统化、可视化，致力于实现可持续发展目标，努力为人类社会做出自己的贡献，彰显学术担当。

2007 年以来，北海道大学便开始通过积极披露学校的可持续发展信息，向社会公开自身对于高等教育和社会可持续发展的贡献，使公众可以了解北海道大学与可持续发展相关的教育和研究。为促进信息公开，北海道大学建有专门的网站介绍学校落实可持续发展目标的行动，收录了学校各科研机构以及教师、学生们致力于可持续发展研究的科研成果，并形成了可持续发展报告。

（三）创新可持续教育、研究与合作网络

大学应在区域或全球层面关注、参与、推动可持续发展，最小化组织对环境、经济、社会的不良影响，并运用教学、科研、服务与合作等方式帮助社会实现可持续发展转型。合作网络是提升大学可持续发展实践活动影响力的重要途径，并为科学研究的创新助力。北海道大学不仅围绕落实可持续发展目标在校园内部形成可持续发展合作网络，还与国外高校、机构等建立面向可持续发展的全球伙伴关系，构建有凝聚力的、能够为可持续发展目标做出贡献的全球体系。

北海道大学通过开设可持续发展相关学科专业、开设可持续发展课程、举办可持续发展项目、开展可持续发展教育国际交流合作，成为日本乃至亚洲可持续发展专业人才培养的重要基地。该校运用自身在可持续发展教育方面的优势，积极与国外大学合作开发可持续发展教育前沿项目，从而形成富有特色的面向可持续发展的全球伙伴关系。

北海道大学可持续发展教育亚洲校园项目旨在鼓励亚太地区的国家及其大学的参与者共同考虑为实现可持续与和平社会采取行动。通过开设可持续发展教育课程向学生提供最新知识、学术对话与交流。合作院校高丽大学、朱拉隆功大学、首尔大学、北京师范大学等参与了该项目。北海道大学教育学院与北京师范大学教育学部合作开展的"亚洲校园：高等教育的可持续发展教育项目"是面向双方学生的课程学分互认/互换短期国际交流项目，面向本科生和硕博研究生开放。完成全部课程及任务的学生可获得北海道大学提供的 1 个学分，并可认证为北京师范大学教育学部的学分。例如，2022 年的议题聚焦在"通过地方和区域合作实现全球目标"，学生们将通过讲座和小组任务的方式完成"可持续社区设计"。

北海道大学 RJE3 计划（East Russia-Japan Expert Education Consortium）是与俄罗斯远东地区的 5 所重点大学（远东联邦大学、东北联邦大学、萨哈林国立大学、俄罗斯国立太平洋经济大学、伊尔库茨克国立大学）、地方政府、企业、社会组织等联合开展的人才培养国际合作项目。该计划重点在环境评估、文化多样性、土壤与生产力、区域资源开发、自然灾害防治与管理 5 个研究领域合作培养引领可持续发展未来的人才，促进环境、文化、远东和北极圈的可持续发展。每年双方互派留学生进行研究生层次的长期或短期学术交流，学习北海道大学和俄方大学联合提供的预科课程、基础科目、特色科目、高阶科目。2014 年至 2021 年，北海道大学共派遣 183 名学生，接收 182 名俄罗斯学生，合计 365 名学生通过 RJE3 计划进行学术交流①。

---

① *Hokkaido University：RJE3 Program Achievement*（https：//rje3. oia. hokudai. ac. jp/about/a-chievement/）.

北海道暑期学院是在每年暑假期间邀请世界各国学者与北海道大学的教授开展联合授课和研究的交流活动，交流语言为英语。北海道大学的教研人员在合作交流时碰撞出的火花，在暑期学院闭幕后也会经常以讲座的形式向本校学生们传达。

北海道大学以可持续发展理念指导科学研究发展，关注人类社会共同面临的巨大挑战，如气候变化、可再生能源、全球健康等领域的可持续发展问题，针对每项可持续发展目标都开设了专门的科研项目，产生了大量优秀研究成果并实现成果转化。该大学拥有日本尖端的农学技术，运用农用机器人、大数据和物联网等新兴技术，帮助当地发展智慧农业。还举办研讨会为企业和农民传授农业知识，发挥自身科研优势为农业可持续发展服务。2023 年 9 月，北海道大学水产学部的仓桥康平等 7 名大四本科生成立公司，致力于研究可持续发展的陆上水产养殖，通过计算机模拟水产养殖过程中温室气体的排放，结合其他相关数据分析，做到收益最大化的同时尽可能地减少温室气体的排放，为陆上水产养殖领域可持续发展提供解决方案，继而推动相关行业的变革。

综上所述，北海道大学在面向可持续发展的组织转型中，多层面、全方位地努力将可持续发展目标融入大学长期规划和日常管理，营造可持续校园文化，提升服务社会可持续发展的行动。面向可持续发展议题积极开展跨院系、跨学科的可持续发展教育与研究合作，聚焦优势领域开拓与各类校外组织、国际学界、国外政府部门协同创新活动，构建面向可持续发展的全球伙伴关系，以促进大学自身的可持续发展转型和更广泛的社会可持续发展，这是北海道大学面向可持续发展的组织转型正外部性的典型表征。

第五节　清华大学

一　案例背景

清华大学历经 110 余年的发展历程，多次在高等教育转型的变革时期发挥引领作用，做出独特贡献。清华大学将自身可持续发展与国家的前途和命运相结合，不断探索和践行可持续大学发展理念，丰富大学可持续发展的内涵，将可持续发展理念融入人才培养、科学研究、社会服务、文化传承创新和校园建设各方面的工作，与全球大学加强交流合作、携手建设面向可持续发展的高等教育，积极推动国家和全球的可持续发展进程，充分发挥高校促进可持续发展方面的示范带动作用，为构建可持续发展世界贡献中国经验。

1998 年，清华大学提出建设"绿色大学"的理念，并将建设绿色大学作为创建世界一流大学的重要组成部分，在绿色教育、绿色科技和绿色校园三方面建设成效显著，发挥示范作用。作为国内首个提出"绿色大学"发展理念的高校，清华大学将更开放、更融合、更有韧性、更可持续作为建设理念，近年来先后发起成立全球可持续发展研究院、世界大学气候变化联盟、清华大学碳中和研究院、"可持续发展公共政策"双硕士学位项目、秀钟书院等，助推实现 2030 年可持续发展目标。2021 年 4 月，清华大学在 110 周年校庆之际，发布《清华大学SDG 行动报告》，面向社会大众传播可持续发展理念，介绍清华可持续发展大学建设实践，期待这份报告能唤起全国乃至全球高校践行可持续发展的坚实行动，积极推动国家和全球的可持续发展进程，促进可持续发展目标的实现。

二 案例分析

（一）全方位培养高质量可持续发展人才

可持续发展课程是培养高质量可持续发展人才的主要途径。清华大学构建了以可持续发展课程为核心，可持续实践活动为延伸的多层次可持续发展教育体系。清华大学针对每项可持续发展目标从环境、教育、伙伴关系等方面入手，建设了一批有清华特色的通识课程，并以课程为依托开展可持续发展实践活动，如表 5 - 6 所示。课程旨在充实学生知识架构的同时，引导学生了解可持续发展相关知识，培养其可持续发展理念，实现科学精神与人文关怀的渗透交融。仅 2020 年，清华大学开展与可持续发展目标相关的本科生课程 1151 门，研究生课程 1166 门，举办20665 场与可持续发展目标相关的校内学生活动。

表5-6 清华大学SDG人才培养数据概览

可持续发展目标	课程数	项目数	社会培训项目数
SDG 1 无贫穷	620	435	16
SDG 2 零饥饿	455	419	0
SDG 3 良好健康与福祉	198	221	29
SDG 4 公平优质教育	285	226	39
SDG 5 性别平等	249	617	2
SDG 6 清洁饮水和卫生设施	546	800	1
SDG 7 经济适用的清洁能源	733	1525	11
SDG 8 体面工作和经济增长	943	535	111
SDG 9 产业、创新和基础设施	1729	1643	63
SDG 10 减少不平等	1066	1163	13
SDG 11 可持续城市和社区	364	600	26
SDG 12 负责任消费和生产	420	536	15
SDG 13 气候行动	106	143	0
SDG 14 水下生物	84	72	0
SDG 15 陆地生物	202	175	0
SDG 16 和平、正义与强大机构	277	304	64
SDG 17 促进目标实现的伙伴关系	33	145	18

可持续发展项目是培养可持续发展人才的重要渠道。清华大学与其他机构合作，开展了以学生可持续发展课程学习和可持续发展科技创新为主旨的可持续发展项目。例如，清华大学与日内瓦大学通过整合双方优势教育资源，共同设计、建设可持续发展公共政策双硕士学位项目，并于2018年正式启动。项目面向联合国2030可持续发展目标，全面提升学生分析与解决有关可持续发展问题的理念、知识与技能，培养致力于可持续发展实践的高级复合型人才。项目开展至今已招收92名硕士生。清华大学与美国黑石集团合作开设的苏世民学者项目，是专门为未来的世界领导者持续提升全球领导力而开设的硕士学位项目，以期培养学生宽广的国际视野、优秀的综合素质和卓越的领导能力。

可持续发展计划是培养可持续发展人才的保障。清华大学承诺"不让一个勤奋而有才华的学生，因为家庭经济困难而失去发展成长的机会"。除了各类奖学金项目，清华大学于 2011 年推出了面向全国农村地区学生的"自强计划"，并通过国家专项计划录取农村贫困学子，截至 2020 年，已经有 2700 多名农村地区贫困学生通过"自强计划"和国家专项计划圆梦清华，超过 96% 的学生顺利完成本科学习，其中近 70% 的学生继续深造。此外，清华大学推出"鸿雁计划"海外交流项目，支持家庭经济困难学生开展学期交换、社会实践、学术交流等活动。2019 年，"鸿雁计划"支持 174 名学生实现海外交流梦想，累计支持额度达 189.9 万元。

（二）多层次开展可持续发展科技创新

通过开展可持续发展科学研究既可以为实现可持续发展目标提供新的技术和解决方案，还可以为可持续大学建设提供理论和技术支持。作为将可持续发展目标纳入自身发展战略的先行者，清华大学不仅在可持续发展目标方面的研究成果备受瞩目，其研究活动和合作项目也为研究成果落地应用带来重要的实践价值。

截至 2020 年，清华大学共有 410 个与可持续发展目标各个领域相关的校级研究机构，包括重点研究基地、研究中心和实验室，其中承担政策研究的校级智库有 107 家，2020 年全校师生共进行了 9253 项与可持续发展目标相关的课题项目，获得超过 1 万项相关专利并实现 494 项相关的科技成果转化。

其中，清华大学环境学院教授、中国工程院院士贺克斌领衔团队完成的排放清单技术明显改善了中国区域大气污染防治中排放清单技术与数据产品长期滞后的状态。清华大学地球系宫鹏教授团队研发了具有 5km 空间分辨率和 34 年长时序逐年动态的全球土地覆盖数据产品 GLASS-GLC，对于全球碳和水循环、植被动态和气候变化、生物多样性保护等全球环境变化及模拟研究具有重要价值，可以服务生态和资源环境的评估、管理和决策，为实现可持续发展目标提供了支持。

清华大学率先成立清华大学全球可持续发展研究院，推进可持续发展目标相关研究和人才培养工作。2017 年清华大学与苏州市共同成立清华苏州环境创新研究院，旨在为清华大学国际一流环境学科建设和苏州市"创新影响""生态改善"发展战略提供先进技术和政策选择。清华大学中国农村研究院旨在为国家经济社会发展服务，为中国农村改革发展服务，积极为国家"三农"问题献计献策，推动涉农课程建设和人才培养。

为响应国家碳达峰、碳中和重大战略部署，清华大学正围绕这一目标推动开展系列工作。2015 年至今，清华大学核能与新能源技术研究院张希良教授担任全国碳排放交易体系总体设计技术专家组负责人，致力于能源低碳转型和应对气候变化政策研究，努力为全球气候治理贡献中国力量。清华大学 2017 年 12 月成立的气候变化与可持续发展研究院，作为一流高端智库持续提供可持续发展研究支持。

2019 年 1 月 23 日，在 2019 年世界经济论坛年会上，清华大学倡议并邀请伦敦政治经济学院、澳大利亚国立大学、加州大学伯克利分校、剑桥大学、帝国理工学院、麻省理工学院、东京大学等著名高校共商一流大学在应对全球气候变化进程中应承担的历史责任。与会大学决定响应清华倡议，联合发起"世界大学气候变化联盟"。2019 年 12 月，第 25 届联合国气候变化大会期间，世界大学气候变化联盟举行了"关于碳中和技术的多边研究项目"学术会议，清华大学等联盟成员围绕碳中和的关键技术展开交流，明确了依托各自优势学科开展合作研究的计划。借助世界大学气候变化联盟，清华大学扩大了国际学术影响力、科研领导力，促进低碳科技成果转化，为碳中和转型贡献力量。

（三）社会服务职能扩展提升对可持续发展的贡献

清华大学不仅致力于自身可持续大学的发展建设，而且积极服务于社会，推动可持续发展目标的实现。新冠疫情期间，清华大学积极承担社会责任，向全社会免费开放学堂在线的 2200 余门慕课，通过自主研发的智慧教学工具"雨课堂"帮助全国 1800 万师生开展线上教学。此外，清华大学开设的在线课程中有 451 门与可持续发展目标相关，累计学习者超 348 万，通过课程的传播，有效地宣扬了可持续发展目标。

清华大学于 2013 年发布学堂在线慕课平台，截至 2020 年 12 月，学堂在线注册用户 6200 万，开放慕课 3000 余门，覆盖 200 余个国家和地区。清华大学在学堂在线平台开设的 330 余门慕课中有 144 门获评国家精品在线开放课程。清华大学希望通过培训和在线教育让更多人享受到清华的优质教育，实现终身学习的目标。"学堂在线"现已发布 2966 门在线课程，这些课程来自全球一流大学，其中包括清华大学、北京大学、麻省理工学院、斯坦福大学和加州大学伯克利分校，平台已经吸引了5880多万学习者，总注册人数高达1.63亿人。

2020年，清华大学开展可持续发展目标相关社会培训项目408个，培训5万多人，开设与可持续发展目标相关在线慕课的课程129个，通过"学堂在线"学习的总人数达到350多万人次，其中98.9%的人来自校外。清华大学通过社会服务推动全社会终身学习计划，体现了人才培养职能、国际交流与合作职能与社会服务职能的耦合，使该校整体提升了对SDG 1、SDG 4、SDG 10等可持续发展目标的贡献。

清华大学和华能集团计划深化战略合作，以国家重大需求为导向，持续推动碳中和目标战略和实现路径研究，促进能源电力重大技术创新及成果转化，推动人才培养，建设与国际接轨的标准体系，助力绿色低碳技术进步、产业升级和成果共享，为实现碳达峰、碳中和目标提供高质量的新观察、新思路、新方案。中国核工业集团将和清华大学共同聚焦国家战略，优势互补、汇聚合力，在发展战略、行业政策、科技创新、产业发展等方面开展全方位深度合作，为落实碳达峰、碳中和战略目标提供有力支撑。

（四）创新可持续发展管理体系

清华大学创新可持续发展管理体系，组建支持清华可持续发展转型的专业领导团队，设置专门的清华大学全球可持续发展研究院，并将可持续发展理念贯穿于学院工作过程中。清华大学面向国家和社会重大需求细分可持续工作，创建了不同的可持续实践中心，例如清华大学气候变化与可持续发展研究院、清华大学可持续住区研究中心、清华大学可持续设计研究所等。组建专家委员会，对大学贡献可持续发展目标工作提供建议，使大学在做出各项决策时能考虑为实现此目的所需资源和方法是否符合可持续发展原则。

清华大学利用其社会资源，牵头成立或加入高校联盟，如世界大学气候变化联盟、亚洲大学联盟等，搭建高端国际合作平台，促进对话与交流，例如推动巴黎协定、举办气候变化大讲堂等。

清华大学创新管理体系的具体措施可以概括为以下四个方面。第一，通过教务处、研究生院、学生工作部等部门构建可持续教育体系，将可持续发展理念融入课程设置和日常教学活动中，组织讲座、论坛加强教职工对可持续发展的理解。第二，管理环境学院、公共管理学院等相关专业学院的科学研究项目，制定可持续科研计划，鼓励师生创新可持续问题解决方案，并在项目结束后开展可持续评估，利用产学研合作，提高科技成果转化率。第三，清华大学联合环境学院、基建部门等专业机构对学校设施和动植物生态系统进行规划，在提升校园可持续性的基础上，革新生态技术，达到资源循环使用的目的。第四，清华大学依托优势学科搭建高端国际合作平台，与国际社会携手，为推动人类可持续发展做出贡献。

（五）积极发布可持续发展目标行动报告

《清华大学SDG行动报告》以量化数据和典型案例展示清华大学可持续发展建设实践工作。该报告全面总结梳理了2016—2020年清华大学在落实联合国17个可持续发展目标方面所采取的努力和行动。报告数据主要包括清华大学开设的与17个可持续发展目标相关的课程数、课题项目数、社会培训项目数、清华网的宣传推文数。报告主要章节讲述了清华大学作为重要行动主体，面向17个可持续发展目标开展的行动、取得的成绩、提供的技术咨询等数据和生动案例。

该报告由清华大学全球可持续发展研究院牵头成立报告编委会、报告工作组，与学校的绿色大学办公室、科研院、发展规划处、教务处、研究生院、学生部、研工部等职能部门协同搜集案例和数据。报告中的案例以各职能部门提供的素材为主，相关报道和采访为辅。

报告的量化数据指标参考了联合国可持续发展解决方案网络发布的《大学可持续发展目标指南》中的847个英文SDG分类关键词，并结合国别特色和中文语境扩充至867个中文关键词，通过数据的交叉检索和筛选获得分类量化数据。

与国外大学发布的可持续发展目标行动报告相比，清华大学创造性地提出"17×5"可持续发展目标影响力模型，将17个可持续发展目标分为五个社会职能维度——人才培养、科学研究、社会服务、文化传承创新和国际交流合作。文化传承创新的职能维度是首次被纳入大学的SDG行动报告。该校以"与SDG相关的学生活动""与SDG相关的新闻宣传""与SDG相关的文物保护"三个指标衡量大学在文化传承创新维度为促进可持续发展目标实现做出的贡献（具体详见表5-7）。

表 5 - 7　　　　　　　　　清华大学 SDG 行动报告指标内容

职能维度	衡量指标	具体内容
人才培养	与 SDG 相关的课程	本科生课程数量
		研究生课程数量
	与 SDG 相关的学位项目	研究生学位项目数
	面向在校生开展的 SDG 相关校园活动	校园活动数
	教育公平	慰问家庭经济困难学生人数
		为经济困难学生提供助学金数额
		帮扶的经济困难学生人数
	男女平等	本科生女生占比
		研究生女生占比
		博士生女生占比
科学研究	与 SDG 相关的研究产出与科研成果转化	课题项目数
		中外文出版物数量
		专利数
		科技成果转化数
	与 SDG 相关的研究机构	校级研究机构数
		校级智库数
社会服务	与 SDG 相关的面向公众的社会培训与学生社会实践	社会培训项目数
		社会培训项目人数
		在线课程数
		在线课程参加总人数
		校外学习者比例
		学生社会实践数
		学生社会实践参加情况（人次）
	校内资源与能源使用	校园内用水量
		校园内水生产利用量
		大学建筑面积
		能源改造建筑面积占校内建筑面积的比例

续表

职能维度	衡量指标	具体内容
文化传承创新	与 SDG 相关的学生活动	学生社团数
	与 SDG 相关的新闻宣传	清华网宣传推文数（中文）
		清华网宣传推文数（英文）
	与 SDG 相关的文物保护	受保护文物数
国际交流合作	与 SDG 相关的国际交流合作	国际会议数
		国际会议参会情况（人次）
		2016—2020 年签订的国际合作协议（份）
		2016—2020 年境外来访与出访交流情况（人次）

第六节　案例讨论与启示

实践的改变为本章提供了经验的起点。本章通过对奥克兰大学、悉尼大学、博洛尼亚大学、北海道大学、清华大学五所大学的案例研究，发现这些大学已符合"可持续组织"的特征，即遵循并致力于推进可持续发展的理念与原则，将对社会的可持续发展有所贡献视为宗旨；运用可持续发展的方法与规范，有效减少大学的教育和科研活动对环境和社会的消极影响，充分发挥自身职能、资源和优势主动寻求对经济、社会和环境可持续性产生积极影响的解决方案。当这些特征聚合在一起便具有足够的连贯性来揭示一种新的发展模式。

五个成功的组织转型案例展现了大学的可持续发展模式及其组织转型过程，有以下三点启示。

第一，大学真正成为对经济、社会、环境可持续性负责的组织，不仅需要高校内部治理结构提供系统支撑，健全的可持续管理也必不可少。从奥克兰大学、博洛尼亚大学、北海道大学的可持续组织转型可以看出，这些大学均明确将可持续发展作为发展战略之一，并成立了专门的治理机构来统筹全校的可持续发展管理和运作，确保大学在做出各项重要决策时，考虑为实现此目的所需的资源和方法符合可持续发展原则。这些大学系统地统筹和规划大学的可持续发展实践，使大学的管理与运行能够因可持续发展原则得以加强，真正超越不可持续的组织发展模式，以适应高等教育自身可持续发展的需求，适应高等教育促进和引领社会可持续发展的需求。

第二，大学真正将自身优势与可持续发展目标紧密结合，才能做出具有影响力的卓越贡献。可持续发展依赖于具有可持续发展观并将有关知识转化为能力的人才。从奥克兰大学的经验可以看出，大学应积极通过教育将可持续发展理念传递到年轻一代，使其确立可持续发展观，汲取可持续发展知识并内化为可持续发展能力，做出以可持续方式生活的决策。五所大学的教育实践者和研究者都在自觉地创新探索，开发出适合不同专业教育的可持续发展课程，使年轻一代确立可持续发展观。大学成为可持续发展目标关键驱动者，必须承担起这一核心使命。处于研究前沿的大学需要为寻找可持续发展目标的解决方案和知识做出独特的贡献，通过研究可持续发展科学问题，发展新的技术、策略、方式来帮助世界应对可持续发展挑战，这是大学对社会最重要的贡献。

第三，可持续合作网络是大学推动可持续发展的根本动力。这些大学将可持续发展理念和目标融入师生的学习、工作、生活以及利益相关者和社区的合作伙伴关系中，给师生提供成为可持续发展领导者的实践机会，促进可持续发展文化向全社会的传播与辐射。在落实可持续发展目标的过程中，缺少利益相关方的共同参与和深度合作，大学难以产生真正的社会影响，也无法驱动整个社会的可持续发展转型。这些大学在推动可持续发展目标实现的过程中重视多元利益相关者的参与，建立了涵盖其所在区域、国家乃至国际社会的可持续合作网络。多元利益相关者共同参与对大学的可持续发展实践工作具有积极影响。

这些大学探索出一系列可持续发展的创新模式与经验，不仅为回答全球如何实现可持续发展的"时代之问"提供了实践案例，展现了大学助力全球发展的理念与智慧，彰显出先锋大学作为全球可持续发展积极参与者、坚定执行者和有力推动者的责任担当。

第 六 章

大学可持续发展组织转型的
驱动因素

时至今日，大学转型无法完全像旧时代那样自发性地缓慢进行，某些重要外在因素、政府的政策等都发挥着重要的作用。然而，即使有政策的推动，大学的转型进程还是存在一些障碍，对于一些大学而言实现难度大且面临多方面的挑战。但是前期的研究对组织转型的驱动因素还缺少深入的分析。

第一节 共性驱动因素分析

尽管各国大学的可持续组织转型的实践和行动路径有着些许差异，但其背后的驱动机制却是相似的，都是多维驱动因素并行。大学的可持续发展组织转型无法依赖任何单一驱动因素实现，组织转型的过程需要多维因素并行驱动，且各驱动因素之间相互关联、相互作用。

从案例大学组织转型的实践来看，五所案例大学均将可持续发展教育行动、研究行动、社会服务行动作为基础性的实践行动，这成为面向可持续发展的组织转型的第一级行动层次。基础层的教育行动、科研行动、服务行动既是大学贡献可持续发展目标行动的举措，又构成了大学可持续发展组织转型的重要基础。具体包括：一是建立系统化的可持续发展课程和实践体系；二是开展高水平的可持续发展科学研究，师生通过研究可持续发展科学问题，探索并发展新的技术、策略、方式来应对世界可持续发展的挑战，这是大学对可持续发展最重要的贡献；三是大学利用自身资源，为师生提供可持续发展理论与实践相结合的机会，鼓励师生从课堂、校园"走出去"，在真正的社会实践活动中为实现可持续发展目标贡献力量，进而提升大学参与可持续发展目标的行动能力。大学通过教学、研究、创新、社会参与等方式推进可持续发展目标的实现；可持续发展目标也为大学保持管理、教学、科研的质量和可持续性水平赋能，为大学转型成为可持续发展的组织提供指引。

可持续发展组织转型的第二级层次是治理层，驱动因素包括全校性的战略规划、治理结构与组织架构变革、政策激励、社会需求、资源投入、合作网络。大学的管理与运行能够因可持续发展观得以加强，真正超越不可持续的组织发展模式，需要提高治理能力，使大学组织能够不断进化、完善，既能适应自身可持续发展的需求，又能满足促进和引领社会可持续发展的需求。健全的可持续发展治理体系使大学真正成为对经济、社会、环境可持续性负责的组织。实现组织转型是一个复杂的过程，需要全校师生的共同参与，所以一个完整的可持续管理机制是必不可少的。案例大学都具有可持续发展战略规划、统领可持续发展实践，充分发挥各个组织机构的作用，创建可持续合作网络。应对新冠疫情的紧迫性使大学组织转型并没有完全自发性地进行，政府政策和社会需求也作为驱动因素发挥作用。一些优秀的大学能够敏锐洞察社会需求的变化，准确把握发展时机是获得持续成功的重要因素。从案例大学的经验可以看出，多元利益相关者共同参与的合作网络对大学可持续发展组织转型具有积极影响。大学应与利益相关方深度合作，发挥大学的社会影响，驱动整个社会的可持续发展转型。

可持续发展组织转型的最高层次是价值层，可持续发展的价值观，是驱动全机构的可持续发展治理的因素。其具体实践表现为树立可持续发展价值观、营造可持续发展文化环境、传播可持续发展文化辐射社会等。大学之所以持续成长，根本原因在于它是一个自我批判与文化驱动的组织。可持续发展不仅是组织治理，更是一种价值观，它既是大学可持续发展组织转型的"产出"，又作用于大学的转型行动为其提供价值引领。人们常说"发展才是硬道理"，可持续发展价值观追求的是"好的发展才是硬道理"。价值观是组织文化的基石，它明确了组织的价值取向和行为准则。许多人将可持续发展的"价值观"和"原则"这两个术语互

换使用，其实两者不能混淆。价值观传达了组织认为有价值的广泛观念，
例如以可持续发展为导向重塑大学的价值观。基于特定价值观的选择偏
好和轻重缓急，这些价值观作为支撑，最终融入一切人为虚设的秩序。
"原则"在治理过程中的运用，具有指导性。例如可持续发展的价值观强
调以人为本、公平公正等原则。这些原则提供可持续发展组织战略的引
导标志，常常以"可记住的规则"来体现。当大学面临艰难决策时，明
确的原则可以帮助管理者做出更明智的选择。

　　从案例大学的实践来看，可持续发展价值观的引领示范作用明晰，
培育以可持续发展为导向的组织文化，促使师生产生参与行动的意愿，
引导和规范师生行为，开启了价值驱动的可持续发展转型之路。案例大
学普遍具有可持续发展的发展愿景，将可持续发展价值观贯穿于人才培
养、教育教学、科学研究、社会服务的全过程，调动师生参与可持续发
展行动实践，进而逐渐建构组织文化。在浓厚的行动文化氛围和一系列
管理制度的保障下，大学统筹协调资源建立更广泛的可持续社会合作网
络，持续提升贡献可持续发展目标的行动水平。可持续发展文化在社会
的传播与辐射，既是大学组织转型的动因，也是大学对社会可持续发展
产生的积极影响。

　　表6-1展示了大学可持续发展组织转型过程中的共性驱动因素及其
具体实践表现，包括基础层、治理层、价值层三个层次10类驱动因素。

表6-1　　　　　大学可持续发展组织转型的驱动因素分析

层次	驱动因素	实践表现	因素作用
基础层	教育行动	开设可持续教育（ESD）通识课程和专业课程 开设本科、研究生专业 培训项目、讲座、论坛、会议 实践体验与行动导向的ESD教学 开发新的教学制度、学习系统	可持续发展 行动驱动转型
	研究行动	开展可持续发展各领域的知识创新	
	服务行动	针对可持续发展相关领域的国际合作、技术转移、成果转化、社区服务等	

层次	驱动因素	实践表现	因素作用
治理层	战略规划	可持续发展列入核心战略 制订可持续发展行动计划	有效治理驱动 组织转型
	治理体系	完善的治理结构与治理机制、管理体系	
	政策激励	政府或主管部门颁布相关政策 大学依规制定可持续发展政策	
	社会需求	关注响应全球及当地社会可持续发展需求	
	资源投入	大学可持续发展所需的各类办学资源投入	
	合作网络	形成广泛的校内外可持续发展伙伴关系	
价值层	价值观	树立可持续发展价值观 营造可持续发展文化环境 传播可持续发展文化辐射社会	价值驱动 组织转型

第二节　案例间差异性分析

大学的组织转型实践存在差异，共性的驱动因素对中外案例大学组织转型的作用存在差异。本书重点分析教育行动、研究行动、治理体系、合作网络4种驱动因素对案例大学组织转型的作用的差异。

（一）教育行动对组织转型的驱动

以可持续教育为主的教育行动对大学的可持续发展转型推动主要体现在传播可持续发展知识与技能、开展人才培养项目、开设可持续实践活动、培养师生可持续能力等方面。国际的案例大学都是针对每项可持续发展目标结合各个学院的特色开设 ESD 课程及相关学位项目，提供大学本科、研究生学位项目、双学位项目、短期培训项目，形成可持续发展通识教育、专业教育与可持续教育项目等组成比较完善的 ESD 框架，能够实现全校至少15%的课程涉及可持续发展教育。清华大学等国内高校主要依托全球可持续发展研究院、可持续发展学院这类教学科研机构开展课程建设，ESD 课程和实践体系还处于尚未系统化的阶段，还没能实现全机构方式开展 ESD，因此对组织转型的驱动力相对会偏弱。

（二）研究行动对组织转型的驱动

联合国把加强科学、技术和创新作为落实可持续发展议程的重要执行手段。在前所未有的全球挑战与发展转型战略下，各国以创新为引领，通过技术变革和治理现代化带动整体社会发展转型，大学通过高水平的研究与创新为推动落实可持续发展目标做出重要的实践贡献。大学在可持续发展领域的研究，参与主体包括教师和学生，国外大学的可持续研究项目较多，学生可以根据其兴趣和能力选择不同的培养计划，兼具精英选拔和普惠学习的特点。从案例来看，国内大学主要以高水平的科学研究来服务社会，积极与政府合作，并将其成果推广，知识溢出效应明显。中外案例大学因为都是研究型大学，均重视可持续发展领域的创新研究，比较之下，国外大学更重视将研究成果应用于教学和可持续活动，国内大学更重视可持续发展相关的学科建设，但对于更大范围的整体教育教学的影响相对较小，创新驱动不足且模式单一，缺乏系统运行模式等全方位的组织创新。

（三）治理体系对组织转型的驱动

大学的可持续发展受益于规范的治理。实现大学可持续发展组织转型需要全校师生的共同参与，有战略、有制度、有评价和持续改进的完整的治理与管理机制是必不可少的。制定实施可持续战略是大学实现自身可持续型组织转型与推动社会可持续发展的重要机制。可持续发展大学的发展不仅需要教学、科研和社会服务提供的智力支持，还需要高校内部治理结构提供的系统支撑，为学校事务的运行提供制度保障。

从国际案例来看，大学可持续组织转型实践行动，自下而上、自上而下的治理驱动路径都较常见，师生不仅仅是可持续践行者，也要做可持续赋能者，师生的努力和行动是引起可持续组织转型的动因之一。中国大学的可持续组织转型实践行动，大体还是自上而下推动的驱动路径，政府持续不断地以条例、规章、通知、意见、讲话、决议等形式来规范大学的行为，驱动大学面向国家可持续发展需求，启动可持续发展行动。大学校级层面的治理机构、政策规制也在驱动师生、基层组织快速启动实践行动。纵观转型的各类驱动因素，中国大学目前的主要问题在于依赖政策驱动。社会需求驱动和师生行为驱动在中国目前的大学转型实践中都比较弱，还未起到显著的驱动作用。

世界企业 250 强中有 93% 的企业发布可持续性报告。但是大学发布可持续性报告的比例却很低。虽然本书选取的案例大学都采取发布大学可持续发展报告的形式，运用信息披露机制加强外部治理，但中国发布可持续发展报告的大学不超过 10 所。

（四）合作网络对组织转型的驱动

一方面，影响社会可持续发展的议题的成因是复杂的，需要政府、大学、企业等行动方通力协作，充分利用彼此的专业知识和资源优势，才能保障可持续发展目标的实现。国内外大学都通过广泛的校地合作、校企合作、校际合作、国际科研合作形式开展可持续发展领域的科学研究，研究解决人类社会共同面临的巨大挑战，成为可持续发展研究领域中具有影响力的高端智库、科技和公共政策创新的平台，影响所在区域、国家乃至国际社会的可持续发展政策制定与发展，为推动人类可持续发展做出贡献。

另一方面，大学自身的可持续发展，同样需要构建社会合作网络，包括校地合作、校企合作、校际合作、国际合作等。中国大学校际可持续发展合作项目还较少见，中国大学主要以松散的战略联盟形式开启可持续发展全球倡议等。期待中国大学积极搭建与政府、企业、教育界、国际社会的协作网络，在塑造可持续未来的过程中发挥更大的作用。

第 七 章

大学可持续发展组织转型的途径

作为可持续发展的"变革推动者"与"引擎",高等教育既是可持续发展的优质教育目标的组成部分,也是实现所有可持续发展目标的核心支柱。大学作为实现诸多可持续发展目标的关键,进行可持续发展转型是必然趋势。面向未来,高等教育的范式亟待彻底的转变:从倡导以人为本扩展至超越人类的生态正义,从人与世界的主客二分转变为人与世界的共生共存,从为改造世界而学习到为融入世界而学习……这一系列教育观的变革对高等教育的人才培养、科学研究、社会服务、组织和治理等提出了全新的挑战[①]。解决上述挑战的思路、框架、策略、方法也势必要符合可持续发展观的要求,结合国情因地制宜、因时而变。本章对上述挑战进行讨论,结合第六章提出的可持续发展组织转型的驱动因素,提出大学可持续发展组织转型的途径。

第一节　加快人才培养的创新变革

人的可持续发展,是教育的逻辑起点和归宿。人的教育,自然要体现和遵循可持续发展的逻辑,培养和维护学生可持续学习和发展的能力。联合国教科文组织的重要报告《一起重新构想我们的未来:为教育打造新的社会契约》指出,未来社会的教育契约需构建人与人、人与自然、人与技术的新型关系,以扭转人类和地球未来的命运。"教学方法、课程

---

① 清华大学教育研究院:《2023 清华高教论坛主题发布》(https：//www.ioe.tsinghua.edu.cn/info/1175/3301.htm)。

内容、教师、学校"成为构建未来社会契约的路径。联合国教科文组织提出要重塑高等教育的理念和实践，其中包括确保高等教育学习的多元化和灵活性，维系高等教育系统的包容性和参与性。在这一意义上，各国大学教育的目的应该是培养能够肩负起建立更加公正和可持续的世界、为全人类谋求幸福责任的公民。多年来，各国政府制定了大量政策以改善教育系统的公平和质量，促进人的可持续发展。然而，政策并不总是能在学校改革中转化为具体行动或产生预期的结果。高等教育领域仍然存在的一些问题，不仅对教育利益相关者造成危害，也影响人和社会的可持续发展。

大学教育的目的和学习组织方式，需要围绕着这些需求、问题和关切做出调整。大学在内外部环境的刺激下，几乎均表现出革新的姿态。规模扩大、功能增加促使大学的内部结构、管理体系等产生许多改变，许多大学对其组织教学和科研活动的组织进行了创新设计。针对学习者、研究者、教育工作者、教育管理者和规划者、政府的兴趣，本节对教育数字化、跨学科学习、产教融合育人、可持续发展教育以及数字时代的终身学习等话题进行深度探讨。

一　加快教学创新和变革

新一轮科技革命和产业变革突飞猛进，科学、社会和行业主导的范式转变引发了不同代际群体在思维、技能和能力方面的深刻变化，促进人才培养模式发生深刻变革。在一个不确定性和变动性日益增强的时代，为了帮助人们有效应对现实世界的广泛挑战，大学必须对教学、学习的组织方式进行重新构想和创新，开发新的平台和方法，探索独特和个性化的学习途径，满足多样化的终身学习需求。

近年来，联合国机构、国际和区域组织、世界各地的政府、大学和各类教育机构广泛动员力量，利用信息通信技术来塑造高等教育的未来并实现 SDG 4，通过国际团结和多边合作来应对教育的挑战。虽然新冠疫情对教育系统和传统教育模式造成了严重破坏，但是无数大学在危机时刻开展的在线教学触发了一场深刻的学习革命。这场学习革命正在深刻改变高等教育的思想理念、方式方法、教育形态、教育模式，更激发了人类对于更加包容和公平的未来高等教育的新思维。

（一）面临的问题

所谓大学的人才培养模式，是指大学为了实现人才培养目标，在一定的教育理念指导下，设计构建的由培养目标、专业设置、课程体系、教学组织形式、教学管理制度、教学评价等若干要素构成的人才培养过程的理论模型和组织样态。因此，人才培养模式的转型，是由教育理念、教学组织形式、课程体系、教学管理制度、教学评价标准等组成的变革。虽然高等教育领域的教育教学改革时常发生，但是人才培养模式依旧按照历史惯性运转。人才培养模式的变革落后于学科体系和产业发展，客观上导致了人才供需结构性矛盾激增。大学教学组织形式、课程体系、课程内容、教学方法等领域的更新和修订周期，与快速发展的科学技术和新知识不适应、不协调。

高等教育需要进行深刻变革和全面创新。随着数智时代的发展，当人类可以生产及使用各类智能机器来满足知识生产和各种需求，如果智能机器能够发展成为无所不知的"最强大脑"，大学究竟还需要教什么？学生怎样学习？教师和学生的角色如何变化？学习的目标、内容、方法如何变革，才能适应智能时代的需要？从研究者近年对中国大学申报的教学成果奖的获奖名单及成果内容来看，现在人们大多关注的是教育教学过程中的师生关系、教材、教学形式与方法问题。实际上，以学生发展为中心，更应关注的是人的培养理念和培养模式，以及体现以学生发展为中心的校园文化、制度与环境。利用信息技术手段来监测与控制学生的学习状态以维持教育教学管理的有序与效率化的管理理念存在着误区。数智时代的技术治理要尊重学生隐私，给予学生更多自由自主空间，全面提高培养模式的灵活性。

大学的教学创新和变革大大滞后于数字—智能技术的实际进展。究其原因，一是教师迎接教学创新和变革的动力不足。指标导向的教师考核使教师缺乏参与教育改革的动力。二是一些国家和地区的大学教室、楼宇及内部设备还都是为传统的讲授式教学而设计的，数智化转型进展较慢，不足以支持数智时代的教与学。在合作学习、主动学习等现代教育教学理念倡导的新教学组织方式上，大学生对其反应也并不显著。究其原因，是由于大学生承担更多学习主动性的习惯尚未建立。这些因素都会反映在学生对于课程满意度的评价中，在教学范式转变过程中成为障碍和阻力。2020 年至 2022 年，很多大学实施的线上线下融合式教学，对教师教学能力提出了转型要求，不仅需要教师提高信息技术素养、资源设计能力，还要求教师提升专业能力、教学组织能力等。线上线下融合式教学的课堂比传统课堂更强调学生的自主学习能力、学习主动性，但是从这两年的教学实践来看，学生自主学习能力的差异，也导致了学习效果两极分化的现象。

（二）转型的策略

第一，面向可持续发展的人才培养，大学的教学方式需要通过拓展知识的解释能力和增长空间来应对、解决人类社会可持续发展面临的问题。讲授式教学方法在全球高等教育机构中都是主流的课程教学法，大学作为知识传承的机构，这种侧重让学生获得知识的教学法盛行不衰是具有合理性的。即便是在人工智能时代，知识的教与学仍然是培养学生能力的重要手段。需要转型的是教学的方式。长期以来，大学教师习惯于以教师为中心的教学活动，习惯于传授被教材固定下来的经典知识。在智能时代，这种方式已经难以体现大学及其教师的存在价值。如今，高等教育要更适应人才培养的差异性与不确定性，知识的传授要在层次性和可迁移性之间做出取舍。因此，大学的教学应该侧重给予学生整合不同学科的观点与解决复杂问题的能力，并将认知与解决问题的能力、创新能力和创造力联结起来，把社会情感学习与发展对自我的了解相结合。正如联合国教科文组织的重要报告《一起重新构想我们的未来：为教育打造新的社会契约》中指出的，"在新的教育社会契约中，课程应重点突出有益生态的、跨文化的和跨学科的学习，支持学生获取和生产知识，同时培养他们批判和应用知识的能力"[①]。采取项目制学习、体验学习、合作学习、服务学习等教学组织形式，提倡合作而非竞争式的学习，将有利于培养学生可持续发展的能力。

第二，面向可持续发展的人才培养，亟须借力高等教育数智化转型。高等教育数智化转型使个性化教学成为可能。每个学生的学习方式不同，在传统教学中实施个性化教学与学习，确实使教师们的工作负担加重。

---

① 联合国教科文组织编：《一起重新构想我们的未来：为教育打造新的社会契约》，教育科学出版社 2022 年版，第 79 页。

如今，由人工智能技术推动的学习产品，可以帮助教师满足学生的独特学习需求，也允许学习者以自己的方式和学习节奏学习。数智化转型有三个关键的变革杠杆：课堂、学校和系统层面。大学应该从这三个层面发展教师教学能力、建构专业知识以及建设基础设施[1]。应加强学生主动学习能力的培养，使学生对自主学习有更大的积极性。后疫情时代的大学需要更重视师生协作型的教学设施、合作学习的环境与设施，为开展线上线下融合式教学模式提供必要的网络条件、硬件设施、教学软件、教学培训、技术支持等，实现更动态的方式来监控和支持学生的学习进步。

第三，及时改进教学评价，驱动师生积极迎接变革。建议大学的教学管理者及时改进教学评价体系，避免片面地以学生满意度、学生成绩作为衡量课程教学质量的标准，采用更具有多元性的评价框架，综合、全面地考量教学有效性的相关因素。大学的教学评价应将学生的学习成效或对能够促进学生深层学习的教学行为维度的考察纳入教学评价，这样才有可能使评价结果不会因为学生对教学"满意度"评价的局限性而失之偏颇，更有利于将教学创新实践引向更正确的路径上[2]。随着大学逐渐构建起"师—机—生"三元一体的课堂教学新模式，建议及时变革教学模式评价机制，开展基于大数据的学情诊断和精准干预，利用人工智能、大数据等新技术实现多维度、过程性、科学化的教学评价。

第四，大学需要通过教学创新与变革，促进学习者形成数智时代的终身学习力。为满足终身学习者的需求，以及为构建包容性的终身学习体系做出真正的贡献，大学需要做出根本性变革。大学应创建包容性的学习空间、课程、学习途径和学习材料，设计灵活的学习途径，确保所有的学习者能够有平等的学习机会，提升基于工作的终身学习的潜力。尤其是在课程运行模式、课程设计和授课方式方面，要真正以"学习者为中心"，激发学习者终身学习的兴趣、动力，使学习者养成自主学习、

---

[1] *Hechinger Report*（https://hechingerreport.org/opinion-lets-use-the-pandemic-as-a-dress-rehearsal-for-much-needed-digital-transformation）.

[2] 邢磊、马莹、王竹筠等：《满意度说明了什么——学生评教视角下"教"和"学"的关系》，《江苏高教》2022 年第 8 期。

自我评价、自我激励的能力。大学与终身学习者之间要打破传统的界限、搭建桥梁，而不是筑起高墙。大学可以通过教育数智化转型为更多人的终身学习创造机会，开发人工智能在促进灵活的终身学习途径以及学习结果累积、认证和转移方面的潜力，打通灵活的终身学习路径，建设包容性的学习空间、无障碍课程和教材，促进可持续发展目标 4 公平优质教育的实现。

第五，通过人工智能素养增强学生的体验和学习，培养学生成为能够运用和驾驭数字—智能技术等新一代技术的创新人才。人工智能的参与使教学方式更便捷、更高效、教学模式多元化，一方面要让学生热情地迎接和拥抱前沿技术，同时要对某些前沿技术可能引发的问题有清醒的认识；另一方面，既要注重数字—智能等新技术对人类存在意义和形式改变的作用，同时也要注重科技发展背后的价值关怀。各国大学需要促进人工智能以更包容、更普及和更负责任的方式不断发展，构建包容、前瞻、可预期的教育政策环境，建立和完善相关的伦理原则和政策法规。人工智能将持续改变我们生活和工作的本质。无论是否成为人工智能专家，对人工智能的基本理解构成了"受过教育的公民"这一概念的关键部分。各国大学应面向人工智能广泛应用的场景，关注学生的人工智能素养、道德伦理、审辩思维与创造力的发展。各国大学应加强对师生人工智能核心素养的培养，师生应对人工智能的发展史有一定了解，并掌握基础的人工智能技术原理知识；勇于探究人工智能新技术和新用途，敢于质疑人工智能合理性与公平性；培养学生利用人工智能解决问题的智能思维能力（如计算思维能力、数据能力、编程与算法能力、人机协同能力等），促进批判性反思与创新型学习[1]。

第六，大学应为全体师生合理应用人工智能提供必要的指南，及时提供人工智能伦理教育，以确保年轻一代正确使用人工智能，持续增进人类福祉。2023 年 2 月，斯坦福大学发布《生成式人工智能政策指导》旨在解决数据质量和隐私保护、模型可解释性、安全问题

---

[1] 张银荣、杨刚、徐佳艳等：《人工智能素养模型构建及其实施路径》，《现代教育技术》2022 年第 3 期。

等。2023 年 7 月 4 日，牛津大学、剑桥大学、爱丁堡大学等 24 所罗素大学集团联合发布了《在教育中使用生成式人工智能工具的原则》。该原则包括 5 条内容：罗素集团大学将支持学生和教职工具备人工智能素养；教职工应该支持学生有效地和适当地在学习经历中使用生成式人工智能；大学将调整教学和评估，以纳入对生成式人工智能负责任的使用，并支持平等使用；大学将确保学术严谨性和学术诚信得到维护；大学之间合作分享最佳实践①。2023 年 9 月，UNESCO 发布的《生成式人工智能在教育和研究中的应用指南》基于以人为中心的原则，提出了各国规范生成式人工智能在教育应用中的 7 个关键步骤，包括从数据保护、人工智能政策、人工智能伦理、版权法、生成式人工智能监管等方面制定或调整现有政策规定，建立在教育研究中使用生成式人工智能的指导原则②。大学需要在包容、公平、高质量和无障碍原则的指导下，引导人工智能技术在高等教育中的应用。中国大学可以在现有准则的基础上加上本土化的相关要求，为促进人工智能在高等教育领域的有序发展提供具有前瞻性和可操作性的指引，构建人工智能与高等教育融合的可持续未来。

二　支持跨学科学习模式

跨学科教育是一个教育过程，学习者从两个或多个学科中学习，以提高他们对某一学科或问题的理解，并最终超越任何单一学科所能达到的程度。通过跨学科教育，学习者整合和发展来自各个学科的信息、概念、方法和程序，以获得新的知识和技能，从而能够解释或解决问题。这种学习形式必然是主动的、自我导向的学习。

区别于传统学习，跨学科学习强调贯通多学科知识，强调学科间和领域间的联系。跨学科学习更专注技术和能力的培养，以及动态的、开放式的现实应用，而不是静态的知识获取。跨学科学习实现从"以内容

① Russell Group, *Russell Group Principles on the Use of Generative AI Tools in Education*（https：//russellgroup. ac. uk/news/new-principles-on-use-of-ai-in-education/）.

② UNESCO, *Guidance for Generative AI in Education and Research*（https：//www. unesco. org/en/articles/guidance-generative-ai-education-and-research）.

为中心"和"以教师为中心",向"以学生为中心"的转变。这一转变促使学生成为积极的学习者。为了熟练整合各知识领域的不同见解,学生需要熟悉并吸收新的知识,培养并形成新的探究模式。这将有助于扩展他们的知识面,提高他们的适应性。研究证据显示,通过跨学科学习,学生的参与度、满意度更高,学习更有效,培养的能力(如协作能力、理解和解决复杂挑战的大局观)更受雇主青睐。跨学科学习和增加学生的自主性将成为高等教育改革的重要特征。

(一)面临的问题

尽管跨学科学习模式受到推崇,但是传统大学全面采用跨学科学习模式仍然存在一些挑战和障碍。

首先,多学科交叉融合育人制度变革速度慢。当前高等教育人才培养模式主要还是基于传统的学科导向,即学生在获得某一特定专业领域的知识和技能后,毕业后还从事这一专业领域的工作。以学科、院系为基础结构的学院和大学的学科孤立性,导致育人体系专业壁垒高,不利于跨学科学习。从组织管理体系来看,跨学科教育与传统单学科教育没有同等重要的地位,导致一些专业不愿意减少学科主干课程,跨学科课程层次较低,难以取得理想效果。

其次,没有实现全方位、深层次的学科交叉融合育人机制。学科交叉融合育人往往体现在高校内部少数独立建制的"培养特区"里,只在某一个特定学院整合和利用多学科课程资源,只是提供给一小部分学生跨学科培养的"特区",但是大部分学生并没有真正脱离"学科孤岛"。一些学生难以在各院系课程体系中做出跨学科学习的有效决策,在跨学科学习过程中难以获得身份认同和缺少归属感等,成为跨学科学习的障碍。

最后,系统的学科交叉融合并不彻底,课程堆砌、简单叠加、交而不融、止于表层的情况仍然存在。大多数课程模块仍然是按照传统的教学方式进行,并没有真正把多学科经验融入课程。教师没有获得合作、创新以及改进跨学科教学的空间和支持。此外还存在教师的惰性和阻力、资金缺乏、沟通不畅、设施设备不足等问题,都需要组织转型的过程中予以支持和回应。

（二）实践的案例

本节通过两个实践案例，为转向跨学科学习模式提供借鉴。

1. 伦敦大学学院工程学院的综合工程计划

在 2010 年之前，虽然伦敦大学学院（University College London，UCL）的各个学院一直善于以跨学科的方式开展研究工作，但是各院系依然以相对独立和极为传统的方式开展工科生的人才培养，其人才培养表现在同类院校中并不突出。2014 年，UCL 工程学院进行彻底反思，针对全体本科生提出一项全面的教育改革计划，即"综合工程计划"（Integrated Engineering Programme，IEP）。

IEP 描绘了一张改革的蓝图：一所世界一流研究型大学，实施以学生为中心、基于项目的教学，使学生沉浸在真实的工程实践中，为跨学科学习提供更多机会。工程学院从 8 个系招收了 1000 名新生，将 8 个系的学科模块集成在一起，形成了 IEP 的课程框架。可以归纳为：三个模块、一个项目以及辅修课程（具体详见表 7 - 1）。

表 7 - 1　　　　　　　UCL 综合工程计划（IEP）的课程结构

模块名称	具体内容
工程挑战模块	学生需要完成 2 个为期 5 周的挑战任务，1 号挑战是各个系设计和实施的，向学生介绍基于项目的团队合作与体验式学习，以及他们所选择的工程专业、工程师对世界的影响等。2 号挑战是为所有工程专业学生提供跨学科体验。各个专业学生共同探索现实世界中的复杂问题，例如气候变化、清洁水和卫生、可持续能源等。通过工程方法和科学知识解决问题，并为未来提出解决方案
专业技能模块	为学生提供相关的工程知识和技能。学生将了解如何将理论知识转化为实际应用，并学习与一系列相关技术和工具使用有关的专业技能。该模块还包括对工程设计过程的深入研究，从而帮助学生发展创新思维和解决问题的能力
核心工程模块	为学生融合了所有工程学科的核心课程。旨在让学生学习特定学科的内容，进行情境化、整合性和应用式学习。主要学习形式为课堂教学、讲座、研讨会、实验。数学是唯一一个覆盖全学院的核心工程模块，主要为学生提供必要的数学知识和技能，让学生使用数学工具进行建模和分析，从而在工程实践中发挥重要作用

三个模块分别是工程挑战模块、专业技能模块、核心工程模块，一个项目指的是"如何改变世界"项目。学生们将面对一项与联合国可持续发展目标密切相关的实际工作，成立团队并与企业合作，为其提供一项工程解决方案。近几年来，参与"如何改变世界"项目的行业合作伙伴包括：英国政府交通部、英国奥雅纳工程顾问公司、英国工程师无国界组织、摩托罗拉公司、英国劳埃德银行等[1]。

辅修课程是指学生可以选择超过 15 门辅修课程，这些课程可以帮助学生在某些领域深入了解，并获得更广泛的技能和知识。辅修课程包括人工智能与大数据、计算机编程、环境工程、海洋工程、创业教育、工程数学和生物力学的现代应用等。例如，"数据科学与企业"课程主要介绍如何将数据科学应用于商业企业中，培养学生的商业意识和数据分析能力；创新创业课程主要介绍如何进行创新和创业，培养学生的创新思维和创新精神，为未来的创业之路打好基础；可再生能源课程主要介绍可再生能源的原理、技术和应用，为学生掌握未来能源发展方向提供基础。

虽然 UCL 工程学院在实施 IEP 时遇到了一系列的挑战，其中一些反映了教学模式转型过程中遇到的实际困难。但 IEP 提供了世界一流的工程教育模式，取得了很好的育人成效，UCL 的师生和学校都明确表示希望维持和加深 IEP 教育改革[2]。UCL 的 IEP 教育改革从以下三个方面提供了跨学科育人的实践典范。

一是通过跨院系的项目进行跨学科学习。将多学科经验融入工程课程，促进学生解决多维度、开放式问题，使学生与不同学科背景、专业知识和专业视角的人合作。

二是将知识应用于实践。允许学生直面现实问题来加强对工程理论的理解与应用。课程计划也有别于传统的以教师为中心的工程课程，而是把学生放在中心，运用各种资源让学生将知识运用到真实的

---

① 徐立辉、王孙禺：《跨学科合作的工科人才培养新模式——工程教育的探索性多案例研究》，《清华大学教育研究》2020 年第 5 期。

② ［美］露丝·格雷厄姆：《全球工程教育情景扫描与未来展望》，张炜、庄逸雪、陈洁译，浙江大学出版社 2022 年版，第 110—112 页。

工程问题中，鼓励学生运用工程技能造福社会可持续发展和增进人类福祉。

三是扩大跨学科育人实施规模、课程整合程度。IEP 改革的学生覆盖面的广度是令人印象深刻的，这得益于 UCL 提供的支持性的制度环境，IEP 课程计划是与行业企业、慈善机构和所在社区的合作伙伴共同开发的。学校提供的支持系统和一系列利益相关方的积极合作，推动了工程学院进行大规模教育创新。

2. 欧林工学院的跨学科学习

欧林工学院（Franklin W. Olin College of Engineering）成立于 1997 年，它并不是一所传统意义上的大学，该校摒弃了传统的以学科来管理教师的方式，既无学科院系的设置，也无终身教职制度。小规模、无院系设置、以学生为中心成为欧林工学院的组织特征。

该校宗旨是要成为工科教育实验室，培养学生成为工程创新者以应对复杂的全球问题。建校者们积极学习全球工科院校的实践，设计有利于学生跨学科自主学习的培养愿景，包括：每年的培养计划中均包含动手实践设计项目；学生需要提交一项极具挑战而又符合实际，同时体现专业实践能力的毕业设计项目；学生有机会以团队成员和团队领导者的身份独立开展科研工作；课程设置基于主动学习与跨学科学习理念，围绕实践工程项目学习进行；学生通过书面、口头和视觉/图形的表现形式，开展具有逻辑性和说服力的交流沟通等。

欧林工学院通过"欧林三角模型"（具体详见图 7 - 1）框架将上述目标整合在一起。在欧林三角模型中，起到支撑作用的是卓越工程学、创业精神以及艺术、人文科学与社会科学。

其中，工程学位于三角模型的顶点，指欧林工学院将培养学生获得坚实的科学和工程基础知识。与传统授课方式不同，学生需要参与到更多的项目中去，所学的知识与生活密切相关，极具情境性、动态性。创业精神的培养促进学生对工程商业环境、金融和市场问题的理解，培养学生的组织能力、团队协作能力、合理配置资源的能力，塑造学生的价值观与道德伦理。任何工程都离不开一定商业、政治、文化和美学背景，只有这样学生和教师才能够把工程和现实世界联系起来。艺术、人文、社会学科能使学生全面地了解个人与世界，全方位地思考问题，旨在培

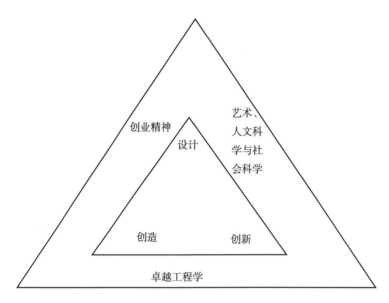

图7-1 欧林三角模型

养学生的创新能力与产品设计能力。

　　建校教师们在制定好上述课程框架后，对课程的具体培养方法和教育方式进行了全方位的探索。欧林工学院的课程设置是动态、不断更新迭代的，课程体系充分融合不同学科背景的师资并采用跨学科学术资源来开展共同教学，采用独特方式以实现工程、创业和人文科学的融合，创造一种强调跨学科学习和教育创新的学术文化。为避免学生割裂地学习工科，欧林工学院的学生还可以充分利用毗邻的两所知名高校的艺术、人文科学与社会科学课程优势来优化选课结构。学生们可以选择在巴布森学院（一所以商科为主的高校）和韦斯利学院（一所女子文理学院）分别修读创业和人文科学课程。

　　接下来，通过欧林工学院的课程计划（具体详见表7-2）可以了解跨学科思维的工程师培养理念是如何被落实在教学实践中的。

表7-2　　　　　　　　　　　　欧林工学院的课程计划

第一学年	第1学期	工程学：分布系统	数学与科学：建模与物理世界模拟	工程学：设计的本质	艺术、人文社会科学基础	=15学分
	第2学期	工程学：空间分配系统	数学：向量微积分	科学：物理	科学：生物或材料科学	企业管理基础；商业与企业管理基础 =17学分
第二学年	第1学期	数学：线性代数、概率与统计	工程学：工程原理	科学：化学、数学与科学或材料科学	艺术、人文社会科学基础	=16学分
	第2学期	数学或科学	工程学：专业工程项目	工程学：专业工程项目	工程学：用户导向协同设计	=16学分
第三学年	第1学期	选修	工程学：专业工程项目	工程学：专业工程项目	艺术、人文社会科学	=16学分
	第2学期	选修	工程学：专业工程项目	选修	艺术、人文社会科学或企业管理	=16学分
第四学年	第1学期	科学或数学	工程学：高级设计	工程学：工程高级咨询项目	艺术、人文社会科学或企业管理	=16学分
	第2学期	选修或自学	工程学：专业工程项目	工程学：工程高级咨询项目	艺术、人文社会科学：设计专题	=16学分

资料来源：李曼丽《独辟蹊径的卓越工程师培养之道——欧林工学院的人才教育理念与实践》，《大学教育科学》2010年第2期。

在麻省理工学院2018年3月发布的《全球前沿工程教育》报告中，来自全球的工程教育权威专家一致认为，欧林工学院是全球工程教育的领袖，被评定为世界本科工程教育的第一名。2020年《普林斯顿评论》的文章指出，欧林工学院前瞻性的思维、紧密的师生关系、对现实世界问题和解决方案的重视使毕业生就业之后成了有价值的员工、潜在的创新者和企业家。未来，欧林工学院将继续扩大影响力，并不断挖掘可持续发展的新机会。

（三）转型的策略

大学的跨学科教育为应对全球社会挑战提供宝贵的人力资源及智力支持，帮助全球社会应对可持续发展挑战。针对面临的问题以及国内外实践经验，大学的人才培养模式能够成功转型并促进跨学科学习，主要取决于以下几个方面：拥有广泛的组织支持；从校领导到教职工及学生各层面能达成共识；实施结构和组织变革，组建跨学科培养平台；构建整体制度框架，涵盖教师聘任、科研资助、课程设计等；信息技术和设施设备等资源支持。

跨学科培养模式同样没有单一的途径和标准，培养过程因不同国家的大学及其人才培养结构而异。总体来看，第一，增加对跨学科学习的组织支持。中国大学可以建立校级的促进跨学科学术委员会，负责对学科交叉融合人才培养的重要事项做出决策，包括明确学科交叉融合促进创新人才培养的育人理念，统筹调配各学科学习资源，搭建实体跨学科培养平台，积极整合不同优势学科乃至不同院校的资源等。大学应建立和完善跨学科培养管理体系，对教师开设跨学科课程、学生跨学科学习、本科生的跨学科导师制等做出合理的制度规定和管理要求。

第二，建议采取独立式与综合式并行的跨学科培养模式发展路径。现有跨学科培养组织存在多种组织形态，比如虚体的多学科联合培养、实体的交叉学科组织、依托多学科院系的实体跨学科培养组织。跨学科组织机构能更有效地促进研究生层次学生的跨学科能力发展，学院开展的综合式跨学科培养也是促进跨学科能力发展的重要途径。

第三，建议学院在课程内容上开发出具有知识整合特征的高层次前沿性的跨学科课程。在设计专业的培养方案时，注意将跨学科课程、跨学科研究、跨学科实践项目（例如区域可持续发展问题挑战项目）、跨学科交流等多种培养活动有机结合，扩大学生跨学科视野，促进学生跨学科知识掌握与整合能力、跨学科研究与应用能力的发展。

三　产教融合的育人模式

产教融合在很多国家成为教育、人才、产业、经济变革的战略方向。高质量的产教融合，是大学服务经济社会的重要方式，也是人才培养模式创新的重要途径。在人才培养模式、结构与制度的转型过程中，大学需要深化产教融合，在工业界和学术界之间真正架起桥梁，构筑协同育人共同体，促进社会与经济的可持续发展。

（一）面临的问题

大学始终以战略前瞻的方式培育能够引领科技革命和产业变革的卓越工程科技人才和技术创业人才，为当地、国家和全球的可持续增长创造机会。高校与产业间的合作由来已久，但是中国大学仍处在从产学研协同创新向产教融合育人的发展阶段，高等教育和产业发展创新要素交叉渗透、相互融合的广度和深度不足，产教融合育人的长效机制尚未充分建立，合作未能牢牢抓住全面提高人才培养能力的核心点，合作双方之间的匹配与融合度也有待提升，需要多渠道开辟产教融合人才培养新模式。

产教融合涉及高校、企业、政府、教师、学生、中介组织等多重主体，合作情景复杂，不同机构之间呈现松散耦合的状态。传统路径的产教融合是由政府协调、大学与产业松散耦合的模式，在这种模式下，大学与产业的交互关系难以对人才培养产生重要影响。高校的一些专业学位点缺少条件"融教于产"，而企业缺少动力和精力"寓产于教"，导致产教双方的合作育人难以实现真正的协同，难以发挥产教融合的育人效能。究其根本原因，是产业系统与教育系统存在着从性质到机制的差异，从而衍生出产教融合中的矛盾与难点。

在传统的重"学"轻"术"人才培养模式影响下，仅关注科研产出的人才培养模式已无法适应时代发展的新需要，产教融合新范式的探索势在必行。《教育部关于深入推进学术学位与专业学位研究生教育分类发展的意见》提出专业学位与学术学位的人才培养同等地位、同等重要，要以深化科教融汇、产教融合为方向，强化两类学位在定位、标准、招生、培养、评价、师资等环节的差异化要求。研究型大学是高层次人才培养和前沿科技研发的中心。研究型大学在提振本科教育改革的过程中，一方面通常视本科生科研为拔尖人才培养的重要抓手，而另一方面又深受教学、科研和社会服务之间矛盾的掣肘。中国研究型大学以学术型研究生培养为重心，专业学位研究生和学术学位研究生的培养定位界限模糊、培养模式趋同。2020—2025 年，中国将逐年将硕士专业学位研究生招生规模扩大到硕士研究生招生总规模的 2/3 左右。专硕人才培养模式的转型问题亟待解决。

（二）实践的案例

本书通过三个具体的案例来讨论产教融合育人模式及其成功运行经验。

1. 大学主导的产教融合育人模式——以约翰·霍普金斯大学的工程博士培养为例

工程教育在塑造未来科技和社会发展过程中扮演着至关重要的角色。欧洲在工程教育创新方面的成绩突出，美国工程教育无论从体量还是水平上来看也值得关注。

虽然工科领域内获得学术型博士学位的毕业生可以从事各种职业，但博士学位的目标主要是培养学者。在很多研究型大学中，专业型博士学位的招生数量是非常少的。随着社会发展以及科技创新的快速进步，职场人士追求更高层次的高等教育学历学位的需求在增长。职场人士群体希望接受以研究为主的博士教育，但他们已经有了稳定职业、家庭，因此不愿意离开原有的工作、家庭转而搬迁到另一个城市生活。为获得博士学位，一些人被迫中断职业，进入全日制的学术型博士项目进行学术训练，但是学习的内容难以适应职业发展的需要。一些博士生认为工业界内的工作机会比学术界更多，并不计划毕业后担任教职，工业界更重视人才的实践能力，而学术型博士项目难以满足这种需求。

面对工程师的终身学习需求，工程博士学位项目应运而生了。工程博士生在联通学术界和工业界方面有着巨大的潜力，工程博士项目将前沿技术和商业技能训练与博士水平的研究相结合，使学生能发展不同于其他学术型博士生的能力：行业文化知识（最新动态、解决问题的方法或商业化策略）、可转移的技能（人际网、沟通或谈判）以及创业精神（如初创公司发展）。他们的研究可能成为具有商业化潜力的产品，学生与企业文化和学术文化的双重文化接触会拓宽他们的职业前景，这使他们比攻读学术型博士学位的毕业生更具有就业力并有潜力成为创新型的企业家。

约翰·霍普金斯大学工学院的工程博士项目是具有代表性的教育创新实践。这个创新的工程博士项目的培养目标是使学生成为具有创造性的工程师，同时与各公司和机构建立研究合作关系。该项目具有以下特点：（1）基于工程博士生的雇主和约翰·霍普金斯大学工学院之间的研究伙伴关系，学生与工学院的教师合作，解决对其雇主而言非常重要且具有挑战性的问题；（2）工程博士生可以在工作的同时进行博士学习，可根据需要从学院广泛的在线课程中选修课程，采用在线学习和校内学习混合模式的工程课程计划；（3）工程博士项目专门为工程师而设计，而不是培养未来的学者。因此，工程博士不一定通过完成博士论文的形式获得学位，他们可以通过递交各种形式的实践性"研究成果集"参加博士学位答辩。博士期间的成果可以包括专利申请、计算机代码、计算机模拟、产品计划书、用户手册、期刊论文等①。

约翰·霍普金斯大学希望工程博士项目能够与传统的学术型博士项目平行发展，该校在博士教育转型过程中，遇到并解决的一些难题包括：（1）帮助工学院的教师了解工程博士的性质和要求，以及消除对新的人才培养方式的博士生教育的怀疑态度；（2）通过对招生程序的几次迭代，使未来的导师和工程博士学术委员会的成员掌握做出正确决定所需的信息；（3）完善工程博士财政资助体系，确保导师积极与工程博士生接触并拥有学生所需要的资源，能够与博士生和博士生的赞助者进行合作研究。

2. 校企共同主导的产教融合育人模式——以筑波大学为例

1957 年，日本在《新长期经济计划》中首次提出"产业结构高级化"的方向，想要以强大的国家科研力量实现技术立国。在美国硅谷模式的启发下，日本试图通过集聚创新要素来实现创新能力的提升。在改革方向、办学理念、制度设想方面，日本对于新型大学开放性、应用性和外部连接性的新构想突破了日本大学的传统办学模式。

筑波科学城是日本政府在 20 世纪 60 年代为实现"技术立国"目标而建立的日本第一科学城，也是全球典型的以成为高水平的研究和教育基地为目的的科学城。在筑波科学城建设和高等教育办学模式的改革的内外部条件推动下，筑波大学从其前身东京教育大学传统办学模式到开放式战略创新大学的转型，仅用了五年左右的时间。

筑波大学的组织转型过程也遇到了一些难题。政府主导模式下的筑波科学城起初只有 43 家通过行政力量促成的国有企业，且均为九个部委下设的科研机构，相互之间联系薄弱，无法形成对人才有迫切需求的产业集群。为增强筑波科学新城的产业多样性和凝聚力，发挥产业的连锁

---

① Johns Hopkings Whiting School of Engineering, *Doctor of Engineering Information* （https：//engineering. jhu. edu/doctor-of-engineering/co-advisors/）.

集群效应，必须通过产教深度融合发展，让高等教育更好地支撑产业转型升级，服务社会经济发展。

基于地域优势，筑波大学作为筑波科学城的核心，与企业保持紧密联系，产学联合体日益成熟。该校设立开放式创新战略组织，扩大基于产业领域且满足企业合作需求的跨学科团队，为了产教协同研究系统的长期稳定性，设立研讨会讨论研究主题，聘请公司代表为教职员工。开发研究中心是在国际产学联合本部的基础上，为积极推进社会要求高的学问领域的共同研究开发以及构筑官产学共同研究体制而设立的，目前已涉及体育、健康服务、心理支援、创新制药、计算机、政策开发、碳中和等在内的多个领域的研发中心。该校建立起风险管理与合规体制，包括利益冲突、输出管理、机密信息、竞争政策四个小组委员会和利益冲突管理办公室、情报处理推进机构两个专业团队。这些开放式创新策略组织提高了筑波大学产教融合的科研产出数量和成果转化率，也促进筑波科学新城成为日本科技创新的中心区，被誉为"日本的硅谷"。

筑波大学与科学城企业的校企合作，逐渐形成了研究生院—研究科—学群的产教融合模式。在产业集群理论的指导下，筑波大学摒弃了日本帝国大学时代建立起来的学部制，建立学群制。学群制有利于打破传统教学模式下科研与实践的壁垒，提高跨学科人才培养质量、创新产出及科研转化率。筑波大学面向硕士招生的学群包括人文社会科学研究群、数理物质科学研究群、生命地球科学研究群、系统信息工程研究群等学群。在研究生院—研究科—学群的产教融合模式下，硕士生完成在筑波大学的理论学习后，进入科学城内的合作企业完成专门课题的研究，并直接输出科研成果。

筑波大学与企业主要通过共同研究、委托研究与学术指导等方式实现人才协同培养，研究生培养重视专业性和应用性。共同研究指由筑波大学的教师和科学城内企业的研究员就某一共同课题进行研究，一般在大学内进行，成果共有；委托研究是大学接受企业、外部机构的委托进行科研，企业或外部机构提供资金支持，成果也由其独享；学术指导则是企业申请科研咨询服务，大学进行相关指导。硕士生在科研团队里进行实践训练，通过实验室与筑波科学城的合作联系参与产教融合，获得实践经验。

完全复制西方的经验不现实亦不明智，但是前文的案例仍然对中国的高等教育领域产教融合教育改革与发展具有借鉴作用。中国现有研究生教育培养和产业创新之间的互动相对偏少，削弱了研究生教育强化产业集群与基础设施连接、完善产业集群建设的作用，因此，要重视研究生教育与产业之间的联系，尤其需要重视专业学位的研究生教育，完善高层次应用型人才的培养模式。如何持续推进深度产教融合、让产教融合真正服务于人才培养，成为变革时代下高校、企业、政府和科研机构等人才培养多元主体都需要思考的问题。

3. 企业主导的产教融合育人——以华为为例

在很多地区，我们观察到产教融合存在"校热企冷"的现象，一些大学没有在某个领域领先于企业的核心技术，企业并不愿意主动来这样的大学进行产教融合、协同育人合作。我们观察到在深圳有一种现象，华为、腾讯、比亚迪等科技领先企业既重视技术研发，也重视前端的基础研究，在某些领域的核心技术已经走在了深圳本土大学前面。深圳本土的新大学办学时间短，在一些新兴战略学科的人才培养方面需要借助大企业的力量和资源。这种情况下，企业以长期积累的技术优势、知识经验和成功实践为基础，建立前沿、标准的实训环境和课程体系，实现教学与企业应用的无缝对接，使产教融合育人模式呈现出企业的主导性。本书以华为培养产教融合创新人才为例进行分析。

（1）华为ICT（信息与通信）学院合作模式

华为是全球领先的ICT基础设施和智能终端提供商。Gartner发布的《2021—2023年大型企业IT新兴技术路线图》显示，IT高管认为，人才短缺是64%的新兴技术应用的主要障碍，而2020年这一比例仅为4%；《中国ICT人才生态白皮书》测算，中国ICT岗位呈现明显的人才供给不足态势，到2025年，中国ICT人才缺口将达到2135万人。

华为ICT学院是华为公司主导、面向全球的校企合作项目，旨在以产业和技术发展的最新需求为方向，通过平台课程资源建设、师资培训、评优激励等举措，助力高校人才培养模式改革，为产业输送新一代应用型与创新型ICT人才。截至2022年11月，华为已与全球2200多所院校合作共建华为ICT学院，年培养学生15万余名。

华为面向全球华为 ICT 学院提供课程，包括通识课、实践课和专业课三类。截至 2022 年年底，华为已发布中文课程 23 门和英文课程 18 门。课程将最新的 ICT 技术应用融入教学，加强产业与教育的联接，助力 ICT 人才生态建设。华为 ICT 学院教师可在华为人才在线官网开班授课，使用平台院校解决方案课程资源及在线实验资源进行教学，为学生提供实操演练。学生通过华为人才在线官网能实现快速注册及关联院校、快速报名班级、在线学习、在线实验、完成作业及考试，并通过社区参与师生互动。华为通过举办"百舸计划"，提升学生的岗位适配能力，助力学生快速实现职场转型；华为每年在全球举办数十场人才双选会，1000 多家与华为合作的招聘企业参与，优先为华为 ICT 学院学生提供招聘岗位。

（2）产学合作协同育人项目

为深化产教融合、校企合作、协同育人，以产业和技术发展的最新需求推动高校人才培养改革。教育部自 2014 年起组织实施产学合作协同育人项目。项目通过"政府搭台、企业支持、高校对接、共建共享"，实现了高校人才培养与产业发展的合作共赢，有力促进了教育链、人才链与产业链、创新链的有机衔接。华为积极响应教育部高教司关于征集产学合作协同育人项目的号召，5 年多来累计设立 637 项各类子项目，与众多高校建立课程、教材、师资培训、实践基地等项目合作，推动了数通、基础软件、华为云、鲲鹏、昇腾、海思、HarmonyOS 等技术融入高校人才培养体系，产生了国家一流课程、教材、精品 MOOC 等一大批优秀成果。

2006 年以来，华为与深圳职业技术大学密切联动，大力推进职业能力导向的人才培养模式改革，共建专业、共建课程、共训师资、共建平台、共育人才，探路具有"深圳特色"的双元育人模式。2018 年，这一"课证共生共长"教育模式荣获了国家级教学成果奖特等奖。截至 2022 年年底，深圳职业技术大学已有 3000 多名学生通过华为认证，已经成为 ICT 产业的人才培养重镇。2023 年 10 月，以深圳职业技术大学为牵头学校、华为技术有限公司为牵头企业、深圳市高新技术产业园区为依托园区的深圳市域产教联合体成功入选教育部评选的国家第一批 28 个市域产教联合体。

在与大学协同育人的过程中，华为在学生、教师、高校建设三方面提供支持，在学、证、赛、就业整个过程形成了一站式的解决方案助力人才培养。

制定人才培养方案，助力高校课程改革。华为基于对产业行业的政策、市场、技术调研和发展趋势的预判，融合华为商用解决方案产品与技术，结合长空学院计算机专业原有人才培养方案与改革需求，共同制定适合教学、基于行业需求、具有产教融合特色的人才培养方案、教学计划与课程体系，帮助高校明确与细化专业培养目标、学生毕业能力要求，优化并调整专业结构，提升重点专业建设。

专业导师实践培训，助力创新人才培养。华为企业工程师通过走进课堂、带领学生开展企业项目实战，对学生创新创业方面给予帮助或者指导，探索创新型人才培养新模式。

全方位赛事支持，以赛促学、以赛促教、以赛促创。为学生提供"互联网＋"等大赛的技能辅导与支撑，由华为专家带领学生取得好成绩。华为 ICT 学院通过组织学生参与 ICT 大赛，可以锻炼和激励学生进一步提升自身的 ICT 技能，助力学生提升职业起点，吸引更多学生参与华为 ICT 学院课程学习。

提供毕业设计及就业指导，助力毕业生实现高质量就业。一方面为学生提供毕业设计和就业指导服务，提升学生就业竞争力，另一方面搭载就业平台，在这个平台上吸收华为上下游一百多家合作企业，满足学生招聘需求，以线上招聘会的形式搭建毕业生与企业之间的桥梁，促进学生高质量就业，同时也帮助华为生态企业更快获取优秀人才。

举办丰富的科创活动，打造人才交流平台。通过举办峰会、校园沙龙、夏令营、实训营等线上、线下分享交流活动，帮助学生有效掌握实践知识。

（三）转型的策略

第一，加快构建专业学位研究生产教融合培养模式，加强多学科融合的产教融合课程建设，加强产教融合沉浸式学习体验。开展全学程、难度递增的项目引导式教学，在团队协作中完成调研、设计、制作、调试、分享等，体验多学科知识交叉融合解决项目挑战，以培养团队协作能力、沟通表达能力等综合能力。可设计、引入企业真实场景项目，对标企业项目推进流程及制度，创造沉浸式项目实践过程，让学生及时感受产业脉动及面临的工程挑战，在真实情境中培养学生的知识综合运用能力、复杂问题分析能力和创造性解决问题能力等。坚持以学生为中心的教育理念意味着这些项目并不是导师主持的横向课题，而是由校企双方共同设计、引入，由研究生担任项目负责人。校内导师与企业导师共同把关项目实践全过程，在项目的推进过程中参考企业项目推进的流程及制度，形成双导师协同的质量保障机制。制定和完善专业学位研究生产教联合培养管理细则、跨领域产教融合协同育人项目实施办法等。强化专业学位论文的应用导向，完善专业学位研究生教育评价机制。聚焦人才培养成效、科研创新质量、社会服务贡献等核心要素，分类制定学术学位研究生和专业学位研究生的学术成果要求，探索多种形式的学术成果组合呈现方式。加强学院和导师在产教融合育人绩效方面的考核，持续加强校企双导师队伍建设，采用灵活方式引育产业师资的产学研全链条队伍。大学应明确产业导师的资质标准、责任义务，依据协议加强产业导师工作投入、保障教学质量。产业导师应深度参与研究生培养方案设计、教学资源开发、实践课程教学，指导研究生开展实践创新研究、毕业设计、学位论文撰写及专业实践，同时与校内导师紧密配合，开展教学项目建设、科技项目攻关、研发成果转化等。

第二，系统谋划高能级融合型平台建设，深化战略共识、平台共建、任务共担、人才共育、资源共享机制，建立发展共同体在人才培养领域进行全方位、深层次融合。准确把握企业主导的产学研深度融合的内涵，力求实质性地推进创新主体协同培养产教融合型人才的目标。例如"北大—阿里妈妈人工智能创新联合实验室"，共同研究人工智能等前沿技术，推动学术研究和产业应用的融合；华为与清华大学的联合实验室共同研究5G、物联网等领域的技术和应用，推动产学研合作的深入发展，同时启动产业人才培养合作计划，持续在科技、人才、学生实践和就业等方面深化合作。2016年，同济大学研究生二年级的舒强与国家973计划首席科学家余卓平教授和同济大学汽车学院熊璐教授两位导师一同创立同驭汽车，专注智能线控底盘关键技术的研发和产业化。校企"同题共答"，8年迭代摆脱进口依赖。同驭汽车作为同济大学科技成果转化首批重点孵化企业、同济大学汽车学院创新人才培养实践基地，学生可以到同驭的工厂车间实地感知企业的一线需求，实现学以致用。上述合作模式，使人才培养、学术研究和工业实践充分结合，围绕产业升级发展的真实场景和需求，真正在产教融合的攻关实践中培养战略科学家、企业家，形成高校、领军企业协同育人的新局面。

第三，建议政府部门通过政策保障，支持产教资源相对集聚、产教融合基础较好、需求旺盛的城市建立示范性的市域产教联合体，由高水平大学、龙头企业牵头，组建兼具高层次人才培养、高水平科技创新与成果转化、促进高质量发展功能的产教融合共同体。国内已有部分区域率先开展了"地方政府部门支持＋校地联动"专业学位研究生培养模式的有效探索。例如，广东省教育厅和佛山市人民政府共建的广东省研究生联合培养基地，该基地是地方政府提供保障的第三方育人平台，由广东省教育厅下达佛山基地研究生联合培养专项招生计划，佛山市政府提供政策支持与资金补贴，通过第三方运作确保研究生联合培养成效。此外，建议大学和企业联合建立周期性的有影响力的产教融合论坛，整合产教融合育人的中国案例和中国模式。通过解构对比成功的产教融合案例和一些失败的产教融合案例，挖掘出中国情境下产教融合协同育人的关键要素和作用机制，整合出中国式产教融合协同培养专业学位研究生的发展模式，提升高校和行业产业协同育人的能力。

四　落实可持续发展教育

可持续发展教育是具有变革性的教育，因为它旨在使社会各界为可持续发展努力。推进可持续发展教育既直接贡献于可持续发展目标4，同时也将有助于实现所有其他的可持续发展目标。可持续发展目标的实现，要求大学将可持续发展教育纳入育人过程，使教职工和学生具备可持续发展素养，成为可持续发展社会的贡献者。

（一）面临的问题

2005 年至 2014 年实施的"联合国可持续发展教育十年"、2014 年实施的联合国教科文组织《可持续发展教育全球行动计划》等全球行动和公约，成功提高了对可持续发展教育的认识，动员了全球各地的利益相关方，为国际合作创建了平台，对政策产生了影响，在教育和学习的所有领域产生了大批具体良好做法的项目。可持续发展教育和全球公民教育，已被很多国家纳入政策、战略和课程。但仍然面对大量挑战：可持续发展教育中的活动常常仅在固定时间范围和有限预算的条件下开展；可持续发展教育政策和做法常常没有适当关联起来；可持续发展教育还有待完成纳入教育和可持续发展的议程主流。教育工作者需要进一步有针对性的支持、专业知识和培训机会，将绿色转型和可持续发展的原则纳入他们的教学和培训实践。他们往往觉得自己没有足够的能力应对生态焦虑和生态悲观情绪，也没有足够的力量帮助学习者以积极的方式参与气候和环境问题。

中国政府采取了积极而富有成效的战略举措推进可持续发展教育。一是纳入国家规划，明确行动目标。按照协调、绿色发展理念，将生态文明建设作为国家发展规划的重点。以生态文明教育为重点，将可持续发展教育纳入国家教育事业发展规划，突出强调培养学生的环境保护观念、绿色低碳生活方式和危机应对能力。二是修订课程教材，深度融入教学过程。将节粮节水节能、保护环境的理念纳入品德、地理、生物等必修课程教材中，重点阐释绿水青山就是金山银山、人与自然和谐共生理念，使全体学生掌握可持续发展理念和基本知识。三是健全激励机制，保障有效实施。在师范院校公共必修课中开设生态文明相关课程，提高教师的生态文明素养。遴选生态文明建设示范区，作为学生研学旅行基地。开展国家级教学成果评选，对优秀的生态文明教育教学成果予以奖励推广。

但现阶段中国大学可持续发展教育的课程数量、教育质量以及由学生主导的可持续发展旗舰项目等与世界一流大学相比仍有较大差距。面临的问题主要表现在：很多高校仅仅把可持续发展教育、"双碳"行动与环境相关的专业与课程建设结合，未能从17项可持续发展目标出发，深刻审思大学如何全面通过人才培养、科学研究、社会服务、国际交流与合作、文化传承与创新等职能服务于人类可持续发展的未来。大学提供的可持续发展教育和培训范围过小，无法使更多毕业生具备可持续发展转型过程中所需的核心素养与关键技能。一些高校组织多学科的骨干教师共同开设了可持续发展教育的本科生通识课程，但人才培养规模比较小、学生参与度较低。在众多的选修课程中，学生有必须选修的党史、新中国史、改革开放史、社会主义发展史的"四史"类课程和人文艺术类课程等，可持续发展教育选修课成为学生凭借自身兴趣的选择。此外，可持续发展教育要求按照互动、以学习者为中心的方式设计教学，创设不同的合作环境让学生进行实践练习，使学习更具探索性、变革性并注重行动。目前中国大学的可持续发展教育在教学法和学习成果方面还存在着不足。

上述问题的本质原因在于，大学尚未将学科发展、专业建设、人才培养与可持续发展教育真正有机结合，未能在各个层面上和所有学习环境下用全机构方法进行可持续发展教育。

（二）实践的案例

为了展示良好的做法，本节提供德国大学可持续发展教育的案例，以供中国大学借鉴。

2022 年，柏林自由大学未来研究所作为德国"可持续发展教育"国家监测的实施机构，发布了高等教育领域的监测报告。报告指出，截至2021 年年底，德国 16 个联邦州中有 9 个州在其高等教育法中规定了大学应根据可持续发展原则执行任务，12 个州在与高等教育管理部门签订的目标和绩效协议中提及可持续发展；在所调查的 20 所大学中，10 所在其使命宣言中纳入了可持续发展原则，7 所发布了可持续发展报告。在此基础上，柏林自由大学未来研究所建议在德国高等教育法修订中，将可持续发展作为一项任务纳入所有组织领域，并为此制定针对大学的可持续发展计划。

柏林自由大学积极落实联合国可持续发展议程，在 2016 年发布了《可持续发展使命陈述》，宣布将在研究、教学、知识转化、治理、校园运营等多领域践行可持续发展[1]。该校将可持续科学视为解决未来全球生态、社会、经济和文化问题的研究驱动。在 2017 年的 1546 个研究项目中，有约 30% 的项目涉及可持续发展目标相关内容[2]，这些研究尤其集中在生物学、政治社会科学、教育学和心理学等基础学科。该校高度重视可持续发展领域的科研、教学、知识迁移和转化。在人才培养方面，学

---

[1] 柏林自由大学，*Sustainability in Research, Teaching, Knowledge Transfer, and on Campus* (https：//www. fu-berlin. de/en/universitaet/profil/nachhaltigkeit/index. html)。

[2] 柏林自由大学，*Research for Sustainable Development* (https：//www. fu-berlin. de/en/sites/nachhaltigkeit/handlungsfelder/forschung/Ueberblick/index. html)。

校将可持续性的要求纳入大学课程，广泛开展 ESD，全校约 15% 的课程涉及可持续发展主题。

柏林自由大学自 2018 年冬季学期起，在本科生的"通识性专门技能课程"（简称为 ABV 课程）中列入 ESD 课程模块，面向全体学生开放选修。柏林自由大学的 ESD 课程由该校可持续与能源管理部负责组织。在课程设计周期内，学校可持续与能源管理部联合教务处、教育学院专家、ESD 课程资深教师共同组成课程设计团队，为该 ESD 课程模块规划了 4 个类别，包括可持续管理、可持续沟通、可持续研究、塑造可持续发展，并为每种类型设置了详细的课程目标与实现路径，具体详见表 7 - 3。可持续与能源管理部还经常举办公开讲座，作为 ESD 课程的有益补充，并鼓励师生、公众就如何履行大学的社会责任展开讨论。

表 7 - 3   柏林自由大学"可持续发展"课程模块 ESD 课程

	可持续管理	可持续沟通	可持续研究	塑造可持续发展
基础	主题：全球性社会挑战、可持续发展的指导原则、联合国 17 项可持续发展目标、可持续发展教育、企业社会责任、服务式学习、可持续管理			
	核心问题：什么策略和方法能使我们将可持续管理融入企业和机构中？	核心问题：可持续政策和活动适合什么样的沟通渠道和工具？	核心问题：如何把可持续性中的交叉主题纳入研究项目中？	核心问题：如何将复杂的可持续问题转化成可执行的项目？
实践环节	核心任务：在导师指导下开展基于现实生活的可持续项目的跨学科小组任务			
	目标：探索和实现基于可持续性的管理项目（例如大学的校园、采购、能源、设备或管理等）	目标：探索和设计科学、政治和商业领域的沟通概念与策略	目标：探索并实现与可持续性相关的研究，可与学校、公司项目联合	目标：探索并实现基于行动的工作坊和生活实验室的可持续性活动
	主导方法：通过交互式、渗透式参与实现可持续发展技能培养			

柏林自由大学重视创新 ESD 教学模式和教学方法，在 ESD 课程设计中，关注价值观指导下的可持续发展行为模式的培养。这种课程设计能

够让学生在可持续发展理念的大框架下，通过具体的能力培养与训练，对可持续发展理念形成感知与认识，从而将可持续发展作为一种生活方式，进而反思和改进自己的行为。柏林自由大学 ESD 课程的建设，首先离不开科研与教学的结合，该校系统提供的是研究型教学，不仅将基础学科知识迁移应用到科研中去，也将前瞻性研究成果融入日常教学中来，在科研和教学中同时加强"可持续发展"。不仅如此，在进行 ESD 课程建设时，柏林自由大学也注重教学模式和教学方法的多元性，不仅在本科生 ABV 课程中列入相关课程，提高可持续发展观念在学生中的普及程度，还定期举办公开讲座，扩大可持续发展教育的影响范围。与柏林自由大学类似，在公开性讲座方面，柏林洪堡大学也有所创新，该校在进行生态研究 ESD 课程时，采用数字化手段，所有参与人员均可在线参与可持续发展系列讲座；并且该课程还根据难度系数划分为两个级别，分别是基线课程和深度课程。在建设 ESD 课程的同时，柏林自由大学在校园内各个领域都深入贯彻可持续发展理念，让 ESD 绝不仅仅停留在课堂中。通过深度参与大学可持续性联盟、可持续校园国际联盟等国际组织，鼓励学生积极参与国际化合作项目交流，与全世界范围内志同道合的人一起真正将理念贯彻到实践中。

（三）转型的策略

为破解上述问题，在组织转型的过程中，可以采取以下措施。

第一，建议中国大学充分将可持续发展理念与实践融入人才培养体系，形成通识教育、专业教育、创新实践为一体的多层次、有特色的可持续发展教育体系，以全机构方式落实可持续发展教育。在第四章提供的五个案例大学贡献 SDG 的行动中，可以看到，五所大学的可持续发展教育都不仅仅是开设几门课程，而是已经形成可持续发展通识教育、专业教育与可持续教育项目等组成的比较完善的可持续教育内容框架。与可持续发展相关的伦理学须作为可持续发展教学中的一个重要部分，有必要增加与数智时代学习者的可持续发展必须具备的伦理素养和智能素养相关的内容。

第二，创建具有可持续发展特点的学习环境，使可持续发展原则融入教育和培训环境之中。改变学习环境和培训环境不仅是要用更可持续方式管理实体设施，而且也要变革整个机构的理念和管理结构。大学将可持续发展纳入校园日常管理、治理、政策及行政管理当中。全机构进程的开展方式应使领导者、教师、学习者、行政管理人员共同制订可持续发展愿景和计划，以便在整个机构内实施可持续发展教育。将可持续发展教育纳入教职员工培训，提高他们讲授可持续性问题并进行和指导相关研究的能力，提高教师更有效实施可持续发展教育的能力。在社区层面强化可持续发展教育计划，构建多利益相关方参与的可持续发展教育网络。

第三，考虑到政府及政策因素对可持续发展教育的驱动，建议中国通过顶层设计进一步明晰基础教育、中等教育、职业教育、高等教育机构的可持续发展教育的目标和措施，真正将可持续发展教育理念深植于全民教育体系。关注职业教育、高等教育、基础教育及各种非正规、非正式教育中的可持续发展教育，大力开发青少年可持续发展教育基地，开发形式多样、内容丰富、覆盖各年龄段的可持续发展教育优秀项目，使各类学习者有机会获得推动可持续发展所需要的知识、技能、价值和态度。在基础教育领域，教育重点是树立青少年的可持续发展理念，了解人类生活方式和行为对环境的影响，从而自觉采取行动。在职业教育领域，重视可持续发展教育的产教融合育人与校企合作，推动企业研究制定最佳可持续发展解决方案。在高等教育领域，积极建设可持续发展教育课程，重视可持续发展领域的科研、教学、成果转化，加强与社会各部门之间的互动，积极向政府部门、企业界、教师和其他部门提供可持续发展目标相关的 ESD 课程，加强可持续发展教育教师培训力度，建立与扩大开展中外可持续发展教育双边、多边合作与交流的平台。

第四，各学科、学院提供与自身学科特色相结合的大量可持续发展教育课程并使其覆盖广泛的学生群体，发展学生在组织和社区中设计和运用可持续发展解决方案的能力，使更多学生成为推动可持续发展目标实现的主动实践者。可持续发展教育以参与性和合作性的方式培养批判性思考、理解复杂系统、构想未来、制订决策等技能。可根据具体主题开展联合教学科目、举办不同院系和项目之间的跨学科活动，实施由学生主导的科研实践项目等创新活动。建议综合性大学开设跨学科融合性的可持续发展教育课程，例如将生物工程、土地与水源管理、经济发展与立法等领域的专业知识整合在一起。通过融合式课程设置，可以培养学生与可持续发展目标相关的交叉技能和关键能力。高校教师在相关课程中也需要创新教学方法，通过跨学科实践、行动式学习、多主体参与等措施培养学生跨领域的技能与能力。例如，莫纳什大学可持续发展研究院实施的面向全校学生的"绿色脚步"课外领导力项目已有20多年的历史。该项目的教学设计与普通大学课程不同，将批判性探究、实用技能工具的学习、可持续发展专家的洞见、学生创造性的团队实践合作充分结合，通过体验式工作坊、可持续发展培训、可持续发展专家咨询等方式在实践中学习新技能，通过学生跨学科团队的创造性实践解决某项可持续发展挑战。建议大学支持师生参与绿色低碳志愿服务，在校内和社区中设计和运用可持续发展解决方案；开展公益性可持续发展宣传教育活动，普及绿色低碳知识，积极引导社会公众参与绿色低碳活动。

第二节 创新驱动可持续发展转型

一 组建更灵活的跨学科组织

众所周知，建立一个跨学科的制度结构是困难的。大学内部的学科边界的划分是历史背景、既得利益、财政分配、创业机遇或学术联盟的产物①。学科之间的连接和真正的跨学科的工作模式能够达到多深的层次，受制于科学研究的本质、研究问题的类型和组织的情境。

（一）面临的问题

学科结构是大学长期以来形成的、相对稳定的结构。大学内部的学科分隔，使科学研究活动越来越细化和专业化，彼此之间缺乏整合和沟通，甚至存在着分歧与斗争②。这种情况主要源于学科的知识领域不断地细分，学科的不同学术规范——每个领域的学者试图与同行的价值偏好相符合，导致不同学科的研究之间难以相互协调。基础研究与应用研究之间、重视理论与重视实践之间的分歧也经常被夸大，这种情况主要源

---

① ［英］迈克尔·吉本斯、［英］卡米耶·利摩日、［英］黑尔佳·诺沃提尼等：《知识生产的新模式——当代社会科学与研究的动力学》，陈洪捷、沈文钦等译，北京大学出版社2011年版，第149页。

② ［英］托尼·比彻、［英］保罗·特罗勒尔：《学术部落与学术领地——知识探索与学科文化》，唐跃勤、蒲茂华、陈洪捷译，北京大学出版社2018年版，第5—5页。

于教师的研究角色差异以及大学对研究成果的评价方式。

纵观多数综合性大学，其学科格局长期稳定，拥有多样、丰富的学科资源，但如果我们把学科的认知作为自我设限的边界，就很难突破现有的知识体系，也就很难再有原始创新。利用大学的优势，把握好学科的互动、融合，鼓励创新性研究成果，是必须面对的思考题。随着学科间的交叉融合逐步向更广范围和更深程度的发展，很多世界性难题的解决难以在自然科学或社会科学内部实现。然而，研究型大学组建的跨学科组织所实现的学科跨越，往往是在自然科学内部或社会科学内部实现的"小跨越"，而非彻底超越自然科学和社会科学藩篱而实现的跨学科的"大跨越"①。

大学对变革的抗拒根植于组织化的部门、院系、学科之中。由于缺少稳定的、可预计的、惯例性的组织支持，一些大学的研究者不得不面临不连续的、不稳定的或者短暂的跨学科工作方式。一些大学组织内部仍然存在着的明显的"筒仓效应"②，影响大学在很多创新领域难以完全发挥出自身的知识与能力优势。近年来，人们不断对大学的上述问题发出批评的声音，并将批判的矛头指向以学科为基本建制逻辑的传统学术组织结构。新的知识生产方式将现存的制度结构和程序置于张力之下，这种张力要求新的根本的转变。

（二）实践的案例

跨学科要求知识和组织机构的多样化。大学需要实施学术组织的转型与创新，组建更具有灵活性的跨学科组织。早在20世纪40年代中后期，以跨学科研究为特征的研究所、研究中心等组织，已经陆续在各国的研究型大学中成立，这些跨学科组织通过不同学科知识的整合，完成综合性课题并推动新知识的产生。如今，全球知名的跨学科组织有：斯坦福大学生物学跨学科中心、麻省理工学院生物技术处理工程研究中心、

---

① 申超、杨沐琳：《有差异的跨越——美国大学中两类跨学科组织运行的个案比较》，《大学教育科学》2022年第2期。

② 筒仓效应指组织内只有垂直的指挥系统，缺少水平的协同机制，部门之间缺少沟通、互动、协作，知识和技能孤立地存在于这些筒仓之中，不同部门的人员难以跨越内部界限，共享信息，突破差异，有效整合资源，合作创新。筒仓效应会导致组织运作效率降低，资源浪费，进而失去应对外部环境变化的能力。

剑桥大学超导研究中心、密歇根大学社会研究所等。例如，密歇根大学社会研究所成立于 1949 年，每年以超过 8000 万美元的年度预算经费，支持来自包括心理学、商业、经济、公共卫生等 20 多个学科领域的 200 多个科学家开展研究，是一个享有盛誉、横跨若干社会科学领域的跨学科组织。斯坦福大学生物学跨学科中心 Bio - X 成立于 1998 年，X 表示医学、工程学、物理学、化学等自然学科。Bio - X 拥有 45 个最先进的实验室，吸引了斯坦福大学七大学院 600 多名教师参与生命科学各个层次的前沿研究，取得了许多突破性的研究成果。

跨学科研究在哈佛大学有着悠久的历史，跨学科组织的改革是在 21 世纪正式拉开帷幕的。当时的哈佛大学已经拥有全世界最杰出的老师、学生及学术资源，但科层制模式情境形成的"组织割据"导致哈佛大学没有完全发挥自身优势。哈佛大学需要对传统组织结构做出改革，以应对新世纪的挑战。哈佛大学第 27 任校长劳伦斯·萨默斯于 2001 年上任后，积极推动跨学科组织改革。他任命史蒂文·海曼教授担任哈佛大学教务长，成为改革的核心领导力。劳伦斯校长和教务长海曼认为，在学科改革中，领导者需要与学者真正合作，而不是从上到下进行管理或强硬地实施学科改革举措。跨学科组织中的研究人员通常保留院系职位，在学术资源使用、学术任务达成、学术职称评定、学术成果共享等方面，难免存在着紧张关系。这些方面与院系的关系如果处理不当，便会引起不必要的冲突，导致跨学科组织的合作难以持续。跨学科组织的领导者不仅要成为研究团队与资助机构的沟通者，以及横跨许多组织的"边界代理人"，还要在领导力、综合能力及技能技巧方面获得组织成员尊重①。跨学科组织优秀的领导者往往由富有经验的教授直接担任，他们不仅善于对外有效传递跨学科组织的精神与使命，传递价值观念形成良好学科交叉氛围，而且懂得如何提高教师从事科研的积极性，并通过娴熟的沟通技巧与谈判能力，有效防范与处理跨学科组织与院系之间可能产生的冲突。

---

① 李鹏虎、王梦文：《世界一流大学如何实施跨学科组织改革——基于领导力视角的分析》，《高等工程教育研究》2022 年第 1 期。

（三）转型的策略

首先，学科在社会发展和技术进步中不断演化，又因为新的社会需求和技术革命开拓出新的研究领域，学科边界不断重塑、再造。学科专业化程度的不断提高，意味着研究人员需要掌握更多的知识才能取得重大进展。这种需求通常只能通过知识共享来满足。

其次，即使是规模最大、综合性最强的大学，也不具备应对世界面临的紧迫挑战的所有专业知识。任何一项影响人类社会可持续发展的议题，其成因都是复杂的。很多全球问题超出了传统学科的知识边界，能够负责解决这些问题的人们不应该再被程序性知识的传统机制所局限。不同学科、不同专家必须携手合作，共同攻破人类面临的综合性世界难题。政府机构、科学家以及企业一定要面向可持续发展目标的相关问题，提出共同设计、共同分析和共同实施的机制，将理论和应用研究相结合，将知识创造和社会决策相贯通，促进全球和区域的可持续发展。

最后，我们希望无论是在大学内部还是大学之间、大学与外部的研究机构之间，研究者们能够进行跨学科、跨领域的研究合作，发挥自身优势并进行资源互补，为推动全球可持续发展目标的实现，做出创造性的、有影响力的贡献。

跨学科组织的建立是对传统学科组织建制的创新与改革。在大学中，学院、学科建制是相对稳定的，但是以创新为导向的研究所、研究中心、联合实验室、智库等跨学科研究机构的设立，应该更加灵活、使其能快速适应学科变化，能打造多学科融合创新的学术共同体。

强化学科交叉和寻求新的科研范式是未来科学技术快速发展的必由之路。无论是主动变革，还是无奈之举，组建跨学科组织的核心是探索新的科学研究范式，人才是科学研究的主体和关键，学部制、学院制、交叉学科平台都只是工具，绝对不能颠倒两者之间的关系。不同学科的融合，表面上看是学科融合，但核心是人与人之间的交流互动和思想碰撞，融合形成学术合力。一个好的学术共同体，往往能够突破固化的行政边界，从而实现共谋资源、共享机遇、共同发展。

大学必须营造一种能够培养组织开放性、灵活性、创新性的环境，创造可供各类创新行为和组织茁壮成长的环境。大学应该是一个积极促进教师合作、学生合作和伙伴合作的地方，是一个教育、研究、创新和实践的结合地，一个解决全球问题的学科聚集地。新的科技革命、新的发展格局构建孕育着学科发展的巨大可能，大学需要抓住机遇拓展格局、优化结构，促进高水平学科交叉融合创新。

二　探索新路径打破学术壁垒

（一）面临的问题

很多跨学科组织建立后，面临着一系列治理难题和现实困境。为避免机构僵化的学术体制对组织变革与转型造成阻力，大学亟须推进研究所、研究中心等基层学术组织的转型。近年来，大多数高校都强调学科相互融合的多学科性和合作性布局，已建成鼓励跨学科教学、学习和科研的全新组织结构。如果从组织管理层面，仍按照传统的对院系进行绩效管理和考核评价的方式去管理跨学科的组织，很快就会产生一些问题。从宏观层面来看，存在的困局主要有：建立深度交叉合作难、获得交叉研究资助难、评估交叉研究成果难、获得学界社会认可难。尤其是学术评价长期遵从的"认第一作者、第一作者单位、通讯作者，不认非第一作者、非第一作者单位、非通讯作者"的制度阻碍了学科交叉与合作，难以形成不同学科的学者交叉研究的文化。

一些研究型大学的跨学科组织是高度灵活的平台式机构，往往只有少量的教授和研究生，他们一起构成了研究活动核心——研究团队，但是大学、研究团队无法为跨学科组织提供职位、持续的资金支持和晋升机会，只能用短期的项目导向/问题导向的研究合同来提供科研资源支持。跨学科组织的研究人员的高流动性导致一些跨学科组织成为脆弱的组织，难以形成强大的科研规模。客观来讲，受到传统学术建制及其管理方式的限制，从事多学科研究的学者在被同行评估时可能处于劣势，导致大学里的一些跨学科组织的创新和更新不可避免地会受到影响，从而出现不可持续的发展。

（二）实践的案例

一些新型大学在促进学术组织可持续性方面进行了更加自主、灵活的探索。这些新型大学运用新型组织结构、新的组织制度，突破学术创新的阻力，迅速提升科研绩效表现，形成新型研究型大学的科研影响力。

1997年创办的欧林工学院是在摆脱传统学术建制、打破传统学术壁垒方面具有创新性的高校之一。该校摒弃了传统的以学科来管理教师的方式，既无学科院系的设置，也无终身教职制度。建校者们认为，终身教职制度不利于学校自主落实全新的学位项目与课程。

2009 年创办的新加坡科技设计大学起初就被设计成一个围绕支柱学科而不是由院系组织的跨学科高校。该校遵循独特的组织结构和学位体系而建立，并未设置传统院系。在校园设计方面也融入了打破传统界限的考量，不再建立个人研究实验室，而是将实验室设计成为共享设施，旨在鼓励跨学科合作。为支持其多学科属性，新加坡科技设计大学采取了共同治理模式。

2010 年在中国深圳创办的南方科技大学在发挥 PI 制（独立课题组负责人制）优势的基础上，加强大团队建设，根据攻关需要，大团队可以集结多学科人员协同队伍，使单兵作战、对重大技术难题攻关能力不强等问题迎刃而解。南方科技大学支持院系之间、院系与研究院之间双聘或联聘优秀人才，建立集成化、综合化、交融化的新型科研组织。南方科技大学在短短 12 年之内迅速成为全球卓越的学校，在 2022 泰晤士高等教育年轻大学排行榜位列中国内地第 1 位。其物理学、化学、工程学、地球科学、材料科学、计算机科学、环境/生态学、临床医学、免疫学 9 个学科进入 ESI 前 1%。

传统的研究型大学的学术组织同样可以通过组织转型，打破学术壁垒，探索新的学术治理路径。本人从 2020 年 5 月至 2023 年 5 月参与组建跨学科组织并从事基础研究和智库咨询工作的经历中提供一个案例供讨论。2020 年 8 月，大连理工大学依托对日交流的特色优势，成立大连理工大学中日高等教育研究中心（以下简称"中日中心"）。该中心重点在中日高等教育、科技、文化研究领域持续产出高水平、高质量、国际领先的基础研究成果；根据国家对中日关系发展的需求和决策咨询需要，开展中日高等教育政策咨询研究；依托大连理工大学对日交流特色优势，以科学研究为媒介，打造中日学者、智库、高校长期开展高等教育交流与研究合作的机制化平台。该中心是由高等教育研究院、外国语学院（主要是日语系）、国际合作交流处、国际教育学院以及校内关心中日教育交流合作与研究的教师们共同组建的多学科的研究中心。校长和主管国际化的校领导非常支持成立中心，中心实质上发挥着意义引领的作用，校领导希望中心成立后能够为学校和国家推进中日高等教育交流合作提供智库服务，表示会通过长期的资源配置支持中心发展。几位院领导对成立这样一个新机构表示期待，并表示会提供人员、场地等学术资源支持。老师们表示有热情、有兴趣参与中日中心的工作，他们认为这个新的"跨学科平台"的组建，吸引了人文学科、社会科学、自然科学、工程学领域的教授，为丰富教育学、日本语言文学两个学科的科研成果和引入新思想、新方法提供了平台。

中心成立时建立了合理的治理结构和组织架构，全体成员共同讨论并拟定研究任务，确定了三大研究领域和六个研究方向，每个方向由一位牵头的教授带领团队开展科研工作。中心的组建工作十分顺畅，规划合理。然而，中心成立一年后，真正坚持下来参与跨学科科研合作、持续产出中日高等教育比较研究的高水平研究成果、国际化咨询报告、开展中日高等教育学术合作的老师却寥寥无几。几位教授多次尝试在国际关系、日本研究、人工智能与高等教育融合发展几个领域策划跨学科研究项目并申报国家级重大课题，但从计划、经费、评议、立项到发表、鉴定，每一个环节都困难重重，特别是大跨度项目——社会科学与自然科学的大跨度交叉项目，在评议中获得共识的概率更少。经过调查，其最主要的原因有两个方面。

第一，跨学科研究中心的每位老师的绩效考核、履职考评、职称评审仍然是由自己所在的学院或行政机关决定。这虽有利于学校、学部的统一管理，但也给跨学科研究人员的引进、考评带来了不利影响。中日中心老师们分别参加三个不同的学院组织的年度考核和聘期考核。教育学、日本语言文学这类人文学科基本上是高度依赖特定学科期刊的小型且高凝聚力的学科，学科间互动少。一位归属教育学一级学科的老师在日本学研究类期刊、日本的教育类期刊发表日文的学术成果，在接受来自中国教育学的同行评议时，跨越学科边界的社会成本也会变高。从事跨学科研究的老师在考核实施单位参加评估时处于劣势。

第二，中日中心每年承担大量的智库咨询任务，其中95%的工作都无法得到批示或成果采纳等证明，难以转化为学院、专家认可的科研工作量。这意味着在研究中心的服务工作，使老师们在考核的具体实施单位——学院及其学科同行进行严格的学术评估时仍然处于劣势。参与中日中心的各项工作相当于是在老师们本职工作基础上，新增加的一份"志愿"的公共服务，表现出色的人也无法被授予更有声望的学术职位、获得更多的绩效薪酬、调动更多的资源。学校每年给中心的投入是基本科研业务费形式的支持，根据科研需要逐笔进行报销。因缺少可持续的资源体系，中心聘任的临时科研人员、科研助理难以长期服务。学院的决策者们并未讨论相应的政策转换或变革路径以解决这些问题。最终，在成立三年后，从2023年开始，中日中心几乎没有新学术产出和研究贡献了。

（三）转型的策略

跨学科研究已成为当今科学研究和知识创新的大趋势，大学需要破除学科之间的壁垒、促进高水平科技成果的形成，为开展大规模的跨学科研究提供所需要的充分物质条件保障、制度设置、文化建设、研究环境等。

第一，大学应对创新性强、发展潜力好的前沿研究进行布局和资助，鼓励进行多学科、跨学科以及交叉学科的研究，破除学科壁垒、遴选优秀交叉科学人才、促进交叉科学人才的成长与发展。中国的国家自然科学基金委员会通过交叉科学部的成立，满足了在传统学部难以找到归属感的交叉学者们的迫切需求，让在传统学部难以立项的极具交叉特征的项目有了立项的机会，为传统学部难以促成的多学科深度交叉融合研究提供了平台。这种做法值得大学借鉴，大学应与各方持续深入沟通，积极寻求支持，对阻碍合作性和参与性的考核评估制度尽快进行调整，创新跨学科研究的立项、评价与资助方式。

第二，管理决策者应创新学术体制并设计更具吸引力的多学科交叉的学术治理结构和管理方案。大学应鼓励跨学科项目式学习设计与实施，为学生提供与可持续发展目标相关的多学科、交叉学科或跨学科课程与创新实践项目。面向世界科技前沿和国家重大需求、人类可持续发展面临的共性问题以及全球性挑战，积极为专家学者提供跨学科交流平台，为师生创造更多的机会参与不同学科的对话与创新，促进多边国际科研合作，为实现可持续发展贡献更多智慧和力量。

第三，促进大学建设服务可持续发展的公共决策智库。智库的发展定位与特色区别于高校其他的学科组织，使对大学设置的智库的管理需要采取更为特殊的路径。智库研究与科学研究确实存在差异，智库研究工作需要多样化的分析视角、广泛的数据来源、公共权威的认可以及社会媒体的关注。建议坚持智库研究学术性，倡导专家学者基于专业学术积累和科学严谨论证提出战略性思想性研判。大学应积极组织动员全校教师开展可持续发展战略和政策研究，推动组建跨学科研究团队开展文理工融合的交叉研究、合作研究，致力打造政策研究学术共同体，形成强大的可持续发展政策研究创新合力。智库成果价值的判断应坚持问题导向，以是否面向国家与区域战略发展关键领域，是否解决经济社会面临的难题，是否推进科技与社会进步，是否服务公共政策为基本判断标准，激发智库发展的内生动力，不断增强其社会服务能力。重要的智库类组织有必要单独设立智库研究序列职位，完善专职研究人员的聘任管理，从智库建设发展与智库研究的实际出发，在智库专职研究人员的管理招聘、评价考核、职位晋升、薪酬福利等方面，设定相应的评价指标体系与管理办法，突破研究人员的发展瓶颈。

三 健全和优化学术评价体系

大学为促进全球可持续转型而开展的创新活动依赖高质量的科研工作。如今科学研究前沿不断延伸，新兴研究领域不断涌现，全球研究前沿的焦点正是人类可持续发展的重大问题，与能源、环境、人类健康、资源利用等可持续发展密切相关。传统意义上的基础研究、应用研究的边界日趋模糊。科学研究与工程结合向应用转化的研究问题越来越广。目标导向的基础研究与应用研发的结合更加紧密，应用性牵引趋势明显。在以知识和创新为基础的后工业社会里，规模化和标准化将受到个性化和多态性的挑战，想象力和创造性的品质将取代知识和技能的数量成为衡量研究质量的关键。负责任的科学研究是推动科技事业可持续发展的重要保障。为促进科学研究的可持续发展，大学须关注学术评价体系的健全和优化。

（一）面临的问题

第一，在新自由主义制度及话语塑造下，全球高等教育日渐陷入对竞争的偏好，形成强调竞争及问责的政策价值观。代表西方价值观及新自由主义体制的全球大学排名等国际学术测评工具，通过设定整齐划一的测评指标体系，对各国差异化的高等教育实践与理念进行同一化的"规训"，造成了对多样性的破坏以及学术评价制度的异化。为克服唯学历、唯资历、唯"帽子"、唯论文、唯项目等倾向，中国很多大学开始推行多维度的评价体制。尽管改革者勾勒出美好的一流大学未来图景，但积极推行的各类发展与改革措施体现的仍然是"科研产出最大"的大学价值观。很多大学的评价制度改革是"渐进式"的，一些学校及其教师需要三五年甚至更长时间真正理解国家的政策意图，需要几年时间持续调整评审办法和流程，同时又要为评委的评价观念转变提供引导，等等。但如果这项改革的推进过慢，加上新政策无法真正固定下来，"五唯"的问题还会在各类考核中持续出现，使改革效果大打折扣甚至出现倒退。已进入终身轨的教授们多年来已熟悉原有的评价模式，迅速转换和调整评价模式绝非易事。这导致一些组织转型的相关改革会因为速度过慢而变得不成功。

第二，高层领导者、同行评价的专家及人力资源部门、科研部门设计的表格，几乎都在要求优秀科学家、哲学社会科学学者回答"你的研究成果有什么用""你能产出多少研究成果"等问题。绝大多数时候，科学家、哲学社会科学学者的探索性研究对这个问题没有真正的答案。研究成果的"社会价值"应由企业家或后来者评价，而非科学家本人来回答。一些面向未来的基础研究，虽然目前看似无用，但未来可能会有重大的应用前景。在一些学者探索性的前沿科研工作尚未真正开始的申报阶段，科研项目的管理和资助方就要求提供详细的研究设计、经费预算。探索性、有挑战的研究课题很难完全按照政府科技管理部门评审专家的预期来发展，很难完全按照项目申报阶段的预期和技术路线来发展，如果有，这种研究或许不会有创新突破。此外，按完成生产任务、产出产品的方式去评审项目、评价人才，不是完全公正、科学的。采用工厂"计件制"方式计算被重要数据库收录的论文篇数来评价科学家的创新性的学术工作也不是完全科学的。学术评价制度应该引导科研人员静下心来，逐步地按规律开展长周期的基础研究。

第三，管理者为满足任期内的科研业绩考核需要而损害了后辈青年学者满足自身发展的需要。大学可持续发展的核心，是促进人的可持续发展，青年是可持续发展的基石。早期学者处于刚获得博士学位到确立学术地位的过渡期,是高等教育和科技发展中最具活跃度和创造力的新生力量,但又是缺乏话语权的弱势群体。大学对学术产出的迫切需求,使功利化的"非升即走"考核制兴起。"板凳甘坐十年冷,文章不写半句空",曾经是一种美誉,现如今即便是学者及其团队有"甘坐冷板凳""十年磨一剑"的执着追求,但用不了三年,冷板凳都没得坐。"非升即走"制度本身具有合理性,但部分大学采取"非升即走"制度的同时,聘任大量远超预期留任教师规模的助理教授、副教授。部分大学采取"非升即走"制度,但是学术评价标准非常模糊,或者在政策执行过程中频繁调整考核标准,或者采用短期评价方式、实施动态末位淘汰制。为了任期内、聘期内、考核期内的绩效目标,一些大学与助理教授、副教授、教授签订岗位责任协议,规定论文、项目经费数和质量的显性要求。这不仅无助于改善传统人才评价弊端,也未能改善科研评价中存在的论文相关指标过于片面等现象。类似做法破坏了大学与教师的契约关系,加剧了竞争导向的组织文化,成为组织内学者之间以合作而非竞争的方式共同探索学术的障碍,破坏了"考核评价"促进教师专业发展的价值,损害了后辈青年学者满足自身发展的需要。

第四,学术工作有其内在的节奏,但学术评价却有固定的标准和时间。女性学者早期在面临组建家庭、孕育子女等人生阶段任务的同时,还要成功地从非固定学术职位向终身教职过渡。中国倡导性别平等,更是妇女赋权的行动派,始终坚持把消除性别差距、促进教育公平作为重要目标和任务。南京大学余秀兰等人的研究发现,35 岁至 47 岁是女性学者学术生涯中的调整与重建阶段,随着孩子逐渐长大,女性学者将生活重心重新转移到学术研究上,这意味着存在女性科研人员学术高峰期后移的现象。性别平等和多元化是可持续发展的核心价值之一。然而,有的大学不愿意录用或很少录用婚育年龄段的学者,有的大学在高层领导职位和学术委员会中很少见到女性教授的身影。在职业发展、晋升机会、薪资待遇等方面存在着性别歧视和不平等的问题,导致一些女性学者停留在无法充分发挥其专业能力的职位上,呈现职业发展"玻璃天花板"和"粘地板"效应。

第五,人工智能等新兴技术快速发展对负责任的研究带来了机遇和挑战。以信息技术、人工智能为代表的新兴技术快速发展,会推动科学研究范式发生深刻变革，同时可能在研究数据处理、研究成果形成、署名与知识产权归属等方面引发新问题。

（二）转型的策略

资金不足、知识创新所需的人力资源有限、创新活动（尤其是技术创新成果）在学术职业发展评估中不受重视等因素，都是制约组织创新能力的因素。大学需要创建有效的治理结构、提高科学研究的自主性、实施有效的措施来激发具有原创性的学术工作。倡导负责任的研究与创新，营造诚实守信、崇尚创新的良好科研生态。我们需要对大学的学术评价制度安排进行反思，仔细甄别哪些制度是合理的，哪些制度阻碍科学研究的合作与发展，积极运用新的思维，通过创新与转型来实现这种变革。

第一，大学应以"破五唯"和"立新标"为突破口，创新学术人才评价机制，努力形成保障学者开展长期原创性研究活动的宽松氛围。研究型大学应更好地引导、支持从事基础研究的科学家，鼓励学者勇于探索长周期的重大科学问题，实现"从0到1"的原始创新突破；应尊重科学探索的不确定性规律，在政策和资金层面为从事基础研究的科学家提供长期稳定支持。建议研究型大学通过分类评价体现科研活动的多样性和人才的差异性，加快构建并实施多元化评价的学术人才评价体系，加快构建并实施多元化科研成果评价标准，依据基础研究、应用研究、技术开发成果等不同类型采用不同的评价标准。坚持实行质量导向的代表作评价制度，引导学术评价工作突出科学精神、创新质量、服务贡献，聚焦标志性学术成果的创新内容和学术贡献，关注代表性论文对标志性成果的支撑度和关联度，运用基于定量数据和证据的评价方法。"揭榜挂帅"的科学家在重大任务决策、技术路线调整以及人、财、物资源配置、学术评价等方面必须得到充分授权。

第二，各国政府、大学和社会组织寻求为青年学者提供友善环境和多元支持，增进他们的学术动力，促进其发展，是十分必要的。这不仅为青年学者持续、优质的学术产出奠定基础，还将影响到科学研究的持续、高质量发展①。青年科技人才精力旺盛、思维活跃、知识更新快，是最具创新活力的群体，需要重点培育和支持。大学需要坚定有关保护教师权益、稳定教师队伍、营造安全学术环境的理念，增加制度举措。学术评价不能只计量青年学者当前和过去的业绩，要对青年学者未来发展潜力、学术成果的发展态势给予关注，给青年学者潜心治学的底气。构建规范公平的学术同行评议制度，要求同行专家注重发现有发展潜力的人才，结合学习经历、学术影响和学术地位、科研能力、业绩成果等方面，全面评估青年学者的未来发展潜力，突出中长期目标导向，适当延长青年人才评价考核周期，支持青年人才当主角。

第三，建议推动学术权力重心下移到学院基层组织，推进大学学术委员会、教授委员会等大学学术管理与评价体系改革，完善学术权益内部申诉与审理、回溯制度，保障师生学术自由，回应学者利益诉求，保障大学学术共同体的发展权利等。倡导并推动各类学术委员会的多样性，确保女性、青年人有平等参与大学治理与管理的机会，避免结构性因素阻碍女性学者攀登事业高峰，促进性别平等成为共同遵循的行为规范和价值标准。重视女性科研人员的成长发展，允许孕哺期女性延长项目周期、提升女性专家评审参与度等措施，适当放宽女性申请基金项目、人才项目的年龄限制，为更多女性科研人员获得项目资助、开展基础研究提供有力支持，为培养造就更多女性科技领军人才提供有力支撑。

第四，大学应随着人工智能等新技术发展，尽快对依规合理使用生成式人工智能的科研行为更新规范，保障大学科研健康发展，营造诚实守信、崇尚创新的良好科研生态，推动弘扬科学家精神、恪守诚信规范成为普遍共识和自觉行动。2023 年 12 月 21 日，科技部监督司编制印发《负责任研究行为规范指引（2023）》，从研究选题与实施、数据管理、成果署名、同行评议、伦理审查、监督管理等 11 个方面，对科研人员和科研机构、高等学校、企业等，提出了开展负责任的研究应普遍遵循的科学道德准则和学术研究规范。高校科研人员应依规合理使用生成式人工智能参与研究，依规合理使用生成式人工智能处理文字、数据或学术图

---

① 樊秀娣、阮文洁：《全球早期学者职业发展困境、原因及对策研究》，《比较教育研究》2022 年第 10 期。

像。研究项目的申报材料应真实、准确、客观，不得使用生成式人工智能直接生成申报材料。科研人员在文献引用时，使用生成式人工智能生成的内容，特别是涉及事实和观点等关键内容的，应明确标注并说明其生成过程，确保真实准确和尊重他人知识产权。不得直接使用未经核实的由生成式人工智能生成的参考文献。在成果署名时，不得将生成式人工智能列为成果共同完成人。应在研究方法或附录等相关位置表明使用生成式人工智能的主要方式和细节，说明具体的软件名称、版本和使用时间，并对涉及事实和观点引证的辅助生成内容做出具体标注。

第三节　拓展社会服务广度与深度

为服务可持续发展，大学需要拓展社会服务的广度与深度，更好地承担起为全球、国家、区域可持续发展服务的使命，提升大学对社会的贡献与积极影响力。本节结合当前时代背景下新的社会需求，探讨大学面向可持续发展的社会服务的拓展和创新。

一　低碳转型的社会示范

实现碳达峰、碳中和是一场广泛而深刻的经济社会系统性变革。社会各界对工业、能源、交通、建筑等重点领域的低碳转型尤为关注，积极推动钢铁、建材、化工、石化、电力等传统产业向高端化、智能化、绿色化发展。但各类高等教育机构的低碳转型未得到重视。据中国地质大学（武汉）经济管理学院"双碳"课题组测算，2017 年中国教育领域的碳排放量高达 2.46 亿吨。相比中小学，大学承担着更加复杂的科研和教育功能，年均用电量普遍超过一千万度，还有大量的油、气消耗，折算下来碳排放量超过很多规上工业企业。虽然与企业相比，大学的碳排放量相对较低，但是面对气候变化这类重大挑战，大学在应对紧迫挑战中不可缺席。

大学应发挥人才培养、学科建设、基础研究等方面的优势，主动开展碳中和研究、创新人才培养和社会服务，积极应对低碳转型新形势和创新发展的新要求。事实上，在各类教育系统中，高等教育机构是最早将碳中和议题纳入办学理念和评价指标的，也是最早将碳中和议题融入组织治理、管理和价值链体系的。大学通过开展零碳、低碳校园建设，通过国际、国内合作平台在各地创造碳中和的大学和社区，通过合作和知识分享、转移的力量，成为低碳转型的社会示范，推进低碳社会的转型进程。

（一）欧洲大学的低碳转型

2008 年，英国《气候变化法》提出英国碳减排规划之后，英国大学积极制定"碳管理计划"，降低校园运行碳排放，有步骤地实现碳中和。英国大学联盟 140 个成员单位均已签署全面应对气候危机的承诺，将应对气候危机行动推向新的战略高度。为促进校园"净零"（Net Zero）运行目标的实现，英国大学普遍采取引入绿色能源设备、降低采购和交通碳排放、提高学生气候素养、通过科研攻克气候复杂问题等行动，更加紧密地与企业、政府及社会各界合作引领社会低碳转型[1]。英国高等教育学会支持大学将碳减排与学生学习经历联系起来，指导大学以联合国可持续发展目标审视其所有专业的教学、学习和评估。近些年，英国大学围绕气候变化新建大量研究中心，由 24 所一流研究型大学组成的罗素大学集团在气候领域科研投入巨大。据统计，截至 2021 年，英国大学建立的与气候变化相关的各领域研究中心已达 226 个[2]。

2022 年 6 月 16 日，欧盟委员会发布一项促进绿色转型和可持续发展教育的倡议，此倡议阐述了各类教育机构应如何将绿色转型和可持续发展纳入其管理，支持扩大绿色转型和可持续发展的良好实践与教育科研[3]。

丹麦的哥本哈根大学作为一所在可持续发展领域具有悠久研究历史和教育传统的高校，积极利用科研成果、人文教育、政策与治理等创造更多公共利益，为繁荣和可持续社会做贡献。2009 年，在哥本哈根召开联合国气候峰会之际，哥本哈根大学科学学院的"绿色灯塔"作为丹麦

---

① 冯磊：《责任与合作：英国大学全面应对气候危机行动探析》，《比较教育研究》2022 年第 7 期。

② Environmental Association for Universities and Colleges, *Climate Commission UK Research Centre Mapping*（https：//www.eauc.org.uk/climate_commission_uk_research_centre_mapping）。

③ The Council of the European Union, *Council Recommendation on Learning for the Green Transition and Sustainable Development*, Official Journal of the European Union, 2022 – 6 – 27.

第一个遵循碳中和原则设计的公共建筑，向世界展示了实现碳中和设计目标的成果。卫生与医学学院的科研楼马士基塔成为高能效实验室建设的先锋典范，总面积5000平方米的绿色屋顶成为社区自然公园的组成部分，在密集的城市中提高建筑对气候的适应性，为公众带来公共利益。哥本哈根市提出争取在2025年成为首座碳中和城市。哥本哈根大学成为所在城市低碳转型的标杆。哥本哈根大学在《2030战略——为更多人创造利益》中表示有信心成为气候友好型组织，积极应对校园内气候足迹、资源使用和生物多样性等方面的重大挑战，积极促进和支持绿色转型，创造机会让学生和教职员工更容易参与大学的绿色转型。该校提出加强校园废弃物回收及循环再造技术的应用，倡导在教学和研究中采购绿色产品，重点关注产品全生命周期的碳排放等具体行动和政策①。

苏黎世联邦理工学院（ETH）作为瑞士最负盛名的科学和技术研究机构之一，将"责任与可持续"的办学理念嵌入整个校园的决策运行中。ETH许多部门主张通过科研、教育、校园以及社会对话等多种形式，夯实碳中和校园建设的科学和技术基础。ETH科学城校区在设计规划、能源利用、智能建造等方面保持着活跃的探索系统，秉承人与环境协调共生发展的精神，实现高效集约型的校园空间规划与建造，并结合能源利用、产学研用等措施，促成了院校从专业布局到良性运转全生命周期的系统化发展。与此同时，ETH持续关注能源、气候、食品、未来城市和复杂风险处理等全球重要议题，在生态未来的框架下开展一系列科学研究项目，鼓励与行业合作伙伴促进基础研究，领导多家瑞士能源研究机构，与合作伙伴筹建瑞士极地研究所，组织国家气候服务中心，并在气候模拟中心构建未来发展模型，推进高密度城市开发，为创新驱动的现代企业提供弹性系统项目保障信息安全与隐私。

（二）美国大学的低碳转型

2015年，美国为了展现其高等教育界对巴黎气候变化大会及碳中和倡议的支持，美国白宫发起了"美国校园气候行动"。全美共有318所高校的400余万学生加入行动，并发布《美国校园气候行动宣言》。在宣言

---

① University of Copenhagen, *Strategy 2030-Creating benefit for more people* (https：//about. ku. dk/strategy/Strategy_2030_UCPH. pdf).

中，美国的高等教育机构表示"支持清洁能源和气候行动，将立即采取行动加速向低碳校园过渡，并在整个校园内推进可持续且富有韧性的变革实践，避免对全球经济繁荣和公共健康造成威胁"。

2019年7月，在纽约举行的高等教育可持续倡议部长级会议上，肯尼亚的斯特拉斯莫尔大学、中国的同济大学、美国的加利福尼亚州立大学、英国的格拉斯哥大学等7000多所高等院校及继续教育机构承诺将致力实现校园"碳中和"，积极行动以应对全球气候变化。肯尼亚斯特拉斯莫尔大学利用清洁能源，建立了自己的600千瓦的光伏并网系统。中国同济大学将可持续发展融入课程中。加州大学致力于到2025年实现碳中和。科尔盖特大学（Colgate University）和美利坚大学（American University）宣称已经实现了碳中和。全球联盟和全球负责任领导力倡议等主要全球教育网络对此给予支持，承诺实现所提议的碳中和目标。这些机构宣布名为"气候紧急"的倡议，同意实行三点计划，共同解决气候危机。这三点计划包括：第一，承诺到2030年或最迟到2050年实现碳中和；第二，为以行动为主的气候研究和技能培养动员更多资源；第三，在课程、校园和社区外联项目中增加对环境和可持续性的教育内容。这一倡议由"教育中的可持续性领导力联盟"、总部位于美国的高等教育气候行动组织"第二自然"以及联合国环境规划署的"青年与教育联盟"发起。这是全球高等教育机构首次做出共同承诺以应对气候紧急情况。联合国环境规划署预计，到2019年年底，预期超过1万所高等教育机构将加入这一倡议，各国政府也受邀为开展行动提供支持①。

（三）中国大学的低碳转型

2020年12月12日，习近平总书记在气候雄心峰会上发表题为《继往开来，开启全球应对气候变化新征程》的重要讲话，宣布到2030年，中国的单位国内生产总值二氧化碳排放将比2005年下降65%以上，非化石能源占一次能源消费比重将达到25%左右，森林蓄积量将比2005年增加60亿立方米，风电、太阳能发电总装机容量将达到12亿千瓦以上。中国将以新发展理念为引领，在推动高质量发展中促进经济社会发展绿色

---

① 联合国：全球7000多所高等学府发起"气候紧急"倡议 承诺实现校园碳中和（https：//news. un. org/zh/story/2019/07/1037891）。

低碳转型。正如党的二十大报告所指出，中国式现代化是人与自然和谐共生的现代化，要坚持可持续发展，实现永续发展。

本书在第一章第三节已专门介绍中国一批先锋大学将参与碳中和行动纳入行动框架，围绕碳中和开展卓有成效的基础研究、科技攻关、教学活动、人才培养以及前瞻性的政策研究，并积极与政府、科研机构、社会组织合作采取有效的策略与行动推动碳中和转型进程等。本节重点关注中国大学践行低碳转型的可量化和可操作的管理模式。

中国地质大学（武汉）坚守"人与自然和谐发展"的价值观，以"美丽中国 宜居地球：迈向 2030"为战略主题，绘制"建设地球科学领域国际知名研究型大学"的发展蓝图。2021 年，中国地质大学（武汉）启动"碳达峰、碳中和"规划编制，进一步加大节能减排力度，加速实现碳达峰，力争 2045 年实现碳中和，以高校的实际行动引领社会低碳全面发展。

中国地质大学（武汉）尝试把校园变成师生共同开展科技研发、技术孵化、协同育人的"碳中和生活实验室"，鼓励师生共同参与建设一个富有生机和韧性的近零碳校园。针对校园碳中和的实际难题构建跨学科师生团队，以校园碳中和生活实验室等形式开展实践，有助于将碳中和理念融入人才培养体系，培育创新型碳中和人才，并建立校园碳中和评价体系，让师生成为碳中和的践行者。该校开展"校园碳中和生活实验室"的人才培养试点，组建经济、管理、环境、生态等专业老师组成跨学科团队，开展本科生碳管理教育，指导学生开展碳通量测量、碳汇监测、垃圾分类、湿地保护、畜牧业 CCER 开发、LCA 碳足迹等工作。

目前，中国地质大学（武汉）未来城校园内景观设计绿化率超过 35%。同时，学校大量采用了地源热泵、空气源热泵、光伏、智慧能碳管理系统、智慧暖通、中水循环系统等先进技术，生均碳排放量比同类理工高校低 30% 以上。未来城校区还就学生宿舍低用电计量提出奖励机制，鼓励学生参与低碳日的宣传活动。2023 年 8 月，中国地质大学（武汉）未来城近零碳校区入选生态环境部公布的 2022 年绿色低碳典型案例——"绿色低碳公众参与示范基地"，向公众和高校分享近零碳示范校园的建设经验[1]。

（四）大学低碳转型的行动路径

碳中和是场景性的、有针对性的，没有放之四海而皆准的碳减排技术，也不能单纯停留在理论设想和模拟计算，大学需要在具体的校园场景下通过碳中和示范运行，真实理性地评价碳减排情况，实现校园碳中和。建设碳中和的校园是一项具有复杂性、艰巨性和持久性的任务，需要专业化管理、规范化统筹、多元化参与和系统化推进。

大学的碳排放包括三类范围，第一类是涵盖校园所有直接排放（如自主发电排放、内部机动车排放等），第二类是外部能源使用所产生的间接排放，第三类是校园运行活动（如交通、采购、水供应、废物循环与处理等）所产生的间接排放。

2021年至今，中国绿色大学联盟在积极开展"校园碳排放核算边界问题"与"核算清单及数据获取"等校园碳中和核心问题的研究与突破，推动校园碳排放核算、评价、减排工作。2023年5月第十九届国际绿色建筑与建筑节能大会发布了《普通高等学校校园碳排放核算指南》，推进大学校园碳中和的一系列标准编制成果，为针对校园开展碳盘查提供方法学。根据高校校园全范围碳排放核算，核算内容包括校园建筑设施运行维护碳排放、校园生活设施碳排放、校园交通碳排放、学校教学科研业务碳排放及校园碳减排。

校园碳排放总量核算按下式计算：

$$C_{AC} = \sum_i^n C_i - \sum_j^k RC_j$$

式中：C_{AC}——校园碳排放总量，吨 CO_2/年；$\sum_i^n C_i$——校园碳排放量合计，吨 CO_2/年；$\sum_j^k RC_j$——校园碳减排量合计，吨 CO_2/年。

为评价同地域或同类型院校的校园碳排放及其管控水平，该指南提出校园碳排放评价指标（具体详见表7－4）。

---

[1] 中华人民共和国生态环境部：《关于2022年绿色低碳典型案例征集结果的通告》（https：//www.mee.gov.cn/ywgz/ydqhbh/wsqtkz/202308/t20230801_1037873.shtml）。

表7-4　　　　　　　　　　校园碳排放评价指标

1　校园基础碳排放评价指标
1.1　校园基础碳排放总量，指基于校园基础碳排放核算的结果，吨 CO_2/年
1.2　校园基础生均碳排放指标，指基于基础碳排放核算总量和在校学生数计算所得的生均指标，吨 CO_2/（生·年）
1.3　校园建筑单位面积碳排放指标，基于校园建筑设施运行中能源消耗的碳排放量核算结果与校园总建筑面积计算所得的单位建筑面积碳排放指标，千克 CO_2/（平方米·年）
2　校园全范围碳排放评价指标
2.1　校园生均交通碳排放量，千克 CO_2/（生·年）
2.2　校园生均餐厨垃圾碳排放量，千克 CO_2/（生·年）
2.3　校园生均生活垃圾碳排放量，千克 CO_2/（生·年）
2.4　学校单位科研产值碳排放量，千克 CO_2/（生·年）
2.5　校园可再生能源减排贡献度（占比），%
2.6　校园可再生能源替代率（占比），%

　　该指南的运用对推动大学低碳转型具有重要意义。大学应在减少碳排放总量的同时降低用能成本。具体的行动可包括：将太阳能、风能及生物能等可持续能源设备引入校园；落实可持续采购政策；落实绿色交通政策，实施碳足迹管理计划；运用计算方法和工具监测碳减排计划，确认抵消所需要的经核证的减排量；打造校园综合能源系统，构建智慧化能源运营管理平台，将科研和供能系统的实际运行相结合，通过大数据分析和实时监控，开展能效诊断，优化能源供应方案，积极推进校园节能增效、清洁供热供冷、能源互联互通，为推动经济社会发展低碳转型贡献智慧和力量。

　　为实现碳中和，大学可以规划并实施的主要工作包括：碳中和承诺、温室气体减排、抵消剩余排放量和碳中和宣告。碳中和承诺包括碳中和达成时间表、设置减排目标、制定相应的措施和策略。大学可以公开发布碳中和行动报告，综合衡量自身在碳中和领域的人才培养、科研成果、社会影响、学科表现、国际合作等多维度的突出表现。后期，国家层面还可以整体发布高等教育系统碳中和进展报告，扩大气候行动传播渠道和社会影响范围。

二 探索可持续发展的生活实验室

作为社区生活的中心，大学既能够为当地社区自力更生提供巨大助力，又能为发展当地社区和自然世界之间的可持续关系提供强有力的支持①。大学可以提供环境、知识、条件，让人们在此探索与研究如何将科技、社会、环境关联起来支持更加可持续的生活。大学可以采用系统化的方法设计可持续校园的基础建设与通用设施，使可持续发展的科学研究和教育活动超出实验室和教室的传统范畴，将整个大学校园及其所在社区变成开放的可持续发展生活实验室，探索与实践社会与环境的可持续发展，锐意开展有益的社会变革。生活实验室呈现出多学科、多文化、多利益相关者、多情境、多方法等特点，它强调广泛利益相关者的协同参与，建立以政府、广泛的企业网络以及各种科研机构为主体的开放创新社区，提供了更多人可以方便参与并积极投入设计创新解决方案的条件与环境，使其能够对真实世界产生影响，引导新的社会变革。大学可以通过"生活实验室"模式扩大影响力和号召力，以大学校园作为天然的可持续发展创新实验空间，为大学或利益相关者面临的各类可持续发展挑战提供知识和解决方案，以实际行动引领社会可持续发展。

大学应引导师生自觉做绿色低碳技术的创新者、可持续生活的践行者。本书以剑桥大学、香港科技大学两个案例来具体解释说明。

(一) 剑桥大学的可持续生活实验室计划

剑桥大学约有2万名学生和超过1万名教职工，每年在能源方面的支出约1500万英镑。这意味着这所大学有着很高的环境影响力和大量的碳足迹。剑桥大学致力于通过出色的环境可持续性表现产生积极的社会影响。该校计划到2030年能源使用的碳排放量比2015年的基础线降低75%，预计到2048年达到校园净零排放，到2050年实现碳中和②。

剑桥大学通过"可持续生活实验室"为学生提供改善校园环境可持

---

① 联合国教科文组织编：《一起重新构想我们的未来：为教育打造新的社会契约》，教育科学出版社2022年版，第97页。

② The Cambridge Green Challenge, *Sustainability* (https://www.environment.admin.cam.ac.uk/about-us).

续性的机会①。生活实验室设置了学术项目、实践项目、实习计划、奖励计划等多种项目形式，各类项目和研究主题涵盖在交通、生物多样性、能源、废弃物、食品、行为改变、福祉、建筑环境、消费模式、文化等方方面面，只要能够为学校及社会的可持续发展提供帮助的想法、计划和倡议，都可以在这里得到支持。

一是学术项目。利用学生和教职员工的专业知识和才能，将知识转化为现实，致力于可持续发展。学术项目可以作为学生课程、学位的一部分进行，选题范围也较为宽泛，例如碳减排和能源效率、生物多样性等，任何旨在提高大学可持续性并能产生切实影响的学生研究和项目，都可以经批准后利用生活实验室获取数据、信息以及资金。

二是实践项目。由"生活实验室"与社区合作建立志愿项目，为学生创造参与社区环境计划的机会。这类由学生个人或团队在学术研究之外进行的实践，既可以是已经进行项目的拓展，也可以是全新的创意。"生活实验室"可以在一定程度上为志愿项目提供数据、资金、宣传推广等方面的服务与支持。

例如，2017 年的剑桥大学可持续食品营销项目，学生通过多方面的方法（包括评估剑桥大学可持续食品政策的影响、审查大学餐饮服务营销、研究消费行为心理并进行小型社会实验）制定科学的营销计划，与大学餐饮服务部合作，推动可持续食品的营销。

三是实习项目。"生活实验室"每年为学生提供有偿的可持续实习，使其与环境与能源部门合作，参与开发和执行特定环境项目，目的是使学生在世界领先的可持续机构获得可持续发展方面的实践经验。这些实习大多在夏季进行，学生有机会接触到现实生活中的问题以及处理这些问题的专业人士，并获得与可持续性领域专业人士合作的经验。

四是奖励计划。"碳挑战"是一个鼓励学生和教职员工团队制定使用游戏化方法减少碳排放的创意活动。参赛作品主题涉及很多主题，方案可以是基于技术的，但不一定是非常庞大复杂的系统。"生活实验室"正在寻找团队开发可以实现的游戏化脱碳创新想法，并不断扩大应用规模。

———————————

① University of Cambridge, *Living Laboratory for Sustainability* (https：//www. environment. admin. cam. ac. uk/living-lab).

剑桥大学通过"生活实验室"使学生和教职员工能够为可持续发展贡献他们的专业知识、才能和洞见，鼓励师生将知识应用到现实世界中，提高相关人员的技能，从而提供了更多机会实现剑桥大学的使命，即"通过追求教育、学习和研究为社会做出贡献"。

（二）香港科技大学的可持续智慧校园计划

香港科技大学（以下简称为港科大）致力于成为可持续发展教育的全球领导者，计划将清水湾校区改造成一个体验式学习的生活实验室，在一个充满活力的社区中展示尖端研究和可持续发展运营，致力于通过科技和创新手段，应对当前的全球风险，为当今重大的全球性问题提供解决方案。

2015 年，港科大制定首个可持续发展战略计划——"2020 可持续发展挑战"，从运营、教育、社区、示范四个领域实施计划，为减少能源消耗、温室气体和废弃物排放量制定一系列绩效目标，努力成为碳中和、零浪费、净积极环境影响的校区。"2028 可持续发展挑战"的绩效目标更为积极进取，包括在 2028 年把耗电量及废物生产量较 2014 基准年分别减少 15% 以及 75%[①]。

港科大在 2019 年 2 月进一步推出可持续智慧校园计划，将真实的校园变作生活实验室，通过积极实践创新，鼓励以智能方案解决现实生活中的可持续发展问题。港科大校长史维教授表示通过此计划，科大将为创新性观念与方案提供一个试点；大学是社会的缩影，通过将校园变成生活实验室，将这种创新文化扩展至整个社会，协助社会走向更环保、更宜居及以人为本的未来。希望通过将校园变成实验室而借此灌输一种从失败中学习和自发改变的文化，并将这种文化扩展至整个社会。可持续发展智慧校园计划学术主任罗康锦教授表示："此计划于校园试行概念及技术，为智慧城市及可持续发展背后的技术开发，提供了一个重要的测试平台。自计划成立以来，许多产业伙伴和政府机构都与我们探索合作的机会。我们坚信，此计划将有助于把抽象的智能城市概念，转化为

---

① *HKUST 2028 Sustainability Challenge*（https：//sust. hkust. edu. hk/about/2028challenge）.

可持续发展和智能的现实。"①

港科大将可持续智慧校园计划视为长期战略，要求所有学术单位和行政部门都参与其中，让大学的每一位成员都可以为创建一个净零碳校园和社区做出贡献。港科大采纳了"零碳投资策略"，以长远投资回报为目标，确保在投资过程中必须考虑环境、社会与管治的因素。订立减碳指标，通过把化石燃料逐步从港科大的股票和定额债券等主要投资组合中剔除，期望至 2030 年，港科大因此而衍生的温室气体能较 2021 年的水平减少一半。

港科大鼓励教职员、学生和校友以创新概念解决现实生活中的可持续发展挑战，开发各类型智能和跨学科项目，为香港成为世界级的可持续发展智慧城市做出贡献。2019 年至 2021 年，港科大三年投入 5000 万港元支持师生研发的校园应用项目，让教职员、学生及校友的奇思妙想在校园建设中化为现实。可持续湿度控制系统、池塘水处理系统等 28 个创新实践项目已经在该校落地生根②。

2020 年，港科大已顺利完成首个可持续发展规划，在减少浪费、降低能源消耗、减少温室气体排放等方面取得了重大进展。例如，在源头上消除垃圾废弃物，最大限度回收校园内所有垃圾。校园周围已经安装了 200 多个回收箱和收集站，回收 15 种不同类型的材料，并推出了食品垃圾收集计划。采用智能技术，使用射频识别技术（RFID）集成电子秤在校园内收集精确的日常垃圾收集数据和信息。以 2014—2015 年为基准，至 2020 年，该校共减少约 1665 吨填埋垃圾。在能源消耗方面，启动大型工业太阳能项目和战略冷却塔安装，在非高峰时段减少能源消耗，计划将能源消耗减少约 4.5%。即使在郑裕彤楼、会议大楼两所建筑物相继落成启用后，也没有为校园增添任何耗电量。港科大已开始研究下一个五年挑战计划，预期在水资源、景观和生物多样性、师生福祉方面增加新

---

① 香港科技大学公共事务处：香港科技大学推展"可持续发展智慧校园"计划 培育可持续创新文化（https：//hkust. edu. hk/zh-hans/news/community-and-sustainability/hkust-launches-sustainable-smart-campus-living-lab-inspiring? cn = 1）。

② The Hong Kong University of Science and Technology, *Sustainable Smart Campus as a Living Lab*（https：//ssc. hkust. edu. hk/all-projects）.

的绩效目标①。

三　服务社会可持续发展的成果转化

科学家通过理论发现世界的规律，工程师利用技术改变世界的样貌。大学和企业开展合作是服务经济社会可持续发展的重要动力，是推动人才智力资源转化为生产力的重要途径。针对能源碳中和领域，聚焦碳减排、碳零排、碳负排等工程技术难题，国家希望大学助力解决"卡脖子"技术难题，以科技创新推动产业创新。越来越多的大学联合地方建设碳中和前沿科技成果转化中心，联合企业建设应用型验证中心，推动重要科研成果转化落地。

（一）面临的问题

中国大学近年来不断优化社会服务体系布局、壮大创新服务力量，但是在应对人类可持续发展的重大挑战、服务国家重大战略需求、服务区域经济社会发展方面，大学提供的社会服务仍然被评价为"不充分/不足/有差距"。

为解决产业前瞻性、先导性、探索性的技术问题，"企业出题、高校答题"的模式常常遇到障碍。这是因为大学擅长回答的是"科学问题"，若缺少企业工程师的合作与协同攻关，大学教授"揭榜挂帅"也回答不好企业面临的"技术难题"。传统的"学者研发—成果转化"的组织范式导致高校科技成果转化率较低、成果产业化成功率较低。产业界的市场竞争是残酷的，没有市场收益的研发，企业最终都会亏损。

一流研究型大学确实具有一流的科技基础设施，也产出一流的科技创新成果，但是科技成果的应用和就地转化率低，科教资源优势无法充分转化为所在区域经济社会发展的新质生产力。这是由于一流研究型大学面临的是脱离产业内容的学科评估制度和学术化的科研资源分配结构，抑制了大学及其教师开展校企协作、转化科技成果的动机。要解决这些问题，大学的社会服务需要向产学研深度融合的新范式转型。

---

① *HKUST Annual Report* 2019 – 2020（https：//publications. ust. hk/Annual _ Report/2019 – 2020/eng/42 – 43/）.

（二）实践的案例

大学通过多向互动的合作与社会嵌入的社会服务促进城市的可持续发展，深圳市是一个很好的示范。深圳结合联合国 2030 年可持续发展议程，在积极探索国家可持续发展议程创新示范区建设的"深圳路径"，建设引领可持续发展的全球创新城市。深圳是国内最年轻的超大型城市，在快速城市化进程中，历史遗留问题和新问题相互叠加，经济社会可持续发展面临较大制约。与硅谷、波士顿等世界创新中心相比，与粤港澳大湾区的香港、广州相比，深圳的高等教育和科技创新发展基础是薄弱的，支撑产业升级、引领未来发展的技术储备不足，新兴产业领域关键核心技术相对较少，高层次领军人才和高技能人才相对较少。针对城市可持续发展中存在的基础研究相对不足、协同创新力量缺乏等难题，深圳市委市政府、深圳市科技创新委员会、在深高校、高水平企业、科研院所、金融资本等组织探索建立起"基础研究＋技术攻关＋成果产业化＋科技金融＋人才支撑"的全过程创新生态链，实现官产学研深度融合的创新体系历史性变革和系统性重构，显著提升创新驱动可持续发展能力[1]。深圳市科技创新委员会支持企业联合高等院校、科研机构承担符合产业布局的技术攻关面上项目、重点项目、悬赏项目、重大项目和战略性项目。2022 年深圳全社会研发投入 1880.49 亿元，研发投入占 GDP 的比重为 5.81%，2022 年深圳企业研发投入达 1785.18 亿元，占深圳全社会研发投入比重达 94.9%，位居全国城市第一。

由"企业需求驱动"的大学科研成果转化，已经成为深圳特色，这种模式也在助推深圳成为全球转化研究中心的最佳之选。2021 年 11 月起，华为把产业中的挑战难题面向社会发布，这些难题兼具商业价值和科学价值，在这个过程中，涌现出数百位大学老师踊跃揭榜，其中有些优秀想法，具备解决难题的潜力，华为公司特设立火花奖，以感谢获奖者对于产业界及科学界做出的贡献。这种"企业出题、大学揭榜、校企同题共答"的模式，促进了产学研深度融合创新。深度融入创新生态系统的南方科技大学、深圳大学、哈尔滨工业大学（深圳）等大学正在为

---

① 柯兵、孙新章：《城市层面落实联合国 2030 年可持续发展议程的中国探索：国家可持续发展议程创新示范区》，《中国人口·资源与环境》2023 年第 7 期。

城市的可持续发展提供源源不断的创新解决方案，推动产学研深度协同，强化校校、校地、校企融合创新，共同开创城市可持续创新的美好明天，为人类命运共同体带来福祉。

（三）转型的策略

2022年，教育部印发《关于加强高校有组织科研 推动高水平自立自强的若干意见》，指出高校科技创新仍存在有组织体系化布局不足，对国家重大战略需求支撑不够等突出问题。把握新发展阶段、贯彻新发展理念、构建新发展格局，高校要把服务国家战略需求作为最高追求，要在继续充分发挥好自由探索基础研究主力军和主阵地作用以及持续开展高水平自由探索研究的基础上，加快变革高校科研范式和组织模式，强化有组织科研，更好服务国家安全和经济社会发展面临的现实问题和紧迫需求，为实现高水平科技自立自强、加快建设世界重要人才中心和创新高地提供有力支撑。

大学应积极发挥教育、科技、人才三位一体的优势，探索产学研深度融合的组织范式。大学是基础研究的主力军，从根本上为企业创新提供长远支撑。企业是技术创新的主要需求者、积极推动者。必须要由企业来发现场景，凭借其市场经验和实际需求，明确提出技术挑战或创新目标作为研究的出发点，企业在预测能够实现利润的情况下，与高校合作，研发出技术解决方案。高校依托其科研实力和理论知识，与企业携手攻关，共同探索和开发解决方案。这样的合作不仅提升了科研活动的针对性和实用性，还加速了科技成果从实验室到市场的转化过程。

构建"应用基础研究—产品研发—应用技术研究—中试孵化—产业化"全链条创新模式，并非严格遵循"0—1—10—100"的分段式成果转化，而是在最初成果出现后就进入转化阶段，并在转化过程中不断迭代、加速落地并不断产生新的成果。重大科技成果实现商业运行，需要校企双方不间断相互磨合、共同探索。在应用基础研究、产品研发、应用技术研究、中试孵化、产业化的不同阶段，大学和企业能够做出的贡献程度是有差别的。

建议探索产学研深度融合的管理模式变革，进化产学研协同创新的模式、机制，共同推进"企业出题、校企共同答题、企业阅卷"的机制，联合推动科学新发现、技术新发明、产业新方向，提升科技成果转移转化能力服务产业转型升级。针对校企合作面临的一些挑战，双方应本着互利共赢的目标，通过完善工作机制、优化合作契约设计和落实知识产权保护措施等方式，不断优化资源配置，努力构建更加可持续的合作生态。

第四节　提升治理效能　驱动组织转型

时至今日，大学在各国的重要性与日俱增。现代大学成为影响我们政治经济社会各个领域的积极的行动者和塑造者。从传统的学者自治，到法人治理，再到现代的共同治理，传统与现代交相辉映形成大学复杂而独特的治理面貌。开创可持续发展之路给大学治理与管理带来了新挑战。大学的可持续发展受益于规范的治理。大学的可持续发展，要通过解决制度性、结构性问题，实现大学内部结构、外部体系的优化，激发、释放和增强大学主体的活力、创新的动力和体系的韧性。仅仅建立起治理体系还不够，还需要建立起与其相匹配的治理能力。大学治理水平的高低、治理能力的不同，影响着大学可持续发展组织转型的广度和深度。在可持续发展转型的过程中，有效治理与管理创新都发挥着重要作用。大学需要建立与可持续组织相适应的治理观和治理原则，通过有效和负责任的治理向可持续性过渡。

一　全机构的可持续发展治理

（一）面临的问题

大学作为社会中最难变革的机构之一，其对可持续发展不充分的认识和保守固化的组织结构是阻碍其转向可持续发展的主要问题。大学内部僵化的学术和行政单位则会导致低效沟通、对新范式的排斥和拒绝，大学管理思维和政策制定过程中对短期利益的过度关注也会阻碍变革。与常态大学治理并行的可持续发展治理由于分权、形式主义、逐底竞争等原因难以有效落实，无法达到预期效果。此外，资源有限和参与不足也是阻碍大学可持续发展的重要原因。限于人力资源、专业理解、管理基础等因素，大学缺少完善的环境、安全等管理体系，建立起系统性的ESG治理与管理体系并非易事。这些障碍严重影响着大学的可持续组织转型，将其妥善解决能在很大程度上推动可持续发展进程。

大学的可持续发展治理受到许多因素的影响，没有任何单一举措可以确保大学可持续发展过程中的良好治理，因此需要一整套相互协调的措施，需要通过全机构的可持续发展治理，协调可持续发展进程，向可持续发展组织转型。根据联合国教科文组织对于"全机构方式"（whole-institution approaches）的定义，全机构方式要求将可持续发展纳入学习环境的所有方面，从运营和管理的可持续发展到教学、课程和研究的变革，以及加强学校与社区内可持续发展利益相关方之间的相互合作。全机构方式包括教学、治理、研究与创新、基础设施、设备与运营，并应让学习者、教职工、家长、当地和更广泛的社区参与进来。在大学层面，其目的是将大学的核心发展进程与可持续发展目标相协调，将大学在教学、研究和社会服务等方面的能力联系起来，使其学术活动和运营过程与可持续发展保持一致。从目前的实践情况来看，通过"全机构方式"将可持续性融入大学各个领域的行动，并不是有效的。单个行动领域做得再好也无法从整体上推动可持续发展转型的进程，必须从机构层面对每个领域的资源和行动进行整合并促进领域间的合作。

（二）实践的案例

《大学可持续发展》宣言的提出标志着德国已经形成了关于大学可持续发展的政策主张。德国联邦教育和研究部在总结德国大学现有实践经验的基础上，最终确定了大学可持续发展六个相互关联的关键行动领域，分别是教学、研究、知识转移、治理、校园运营和可持续发展报告，其中知识转移是作为社会服务的核心被列为行动领域之一。

1. 构建网络

德国大学可持续发展治理的核心任务是使各部门的利益相关者相互交流，而成功交流的关键在于上级利益相关者就可持续发展进程的基本方向达成一致，以及各利益相关方就具体问题交流信息并制定措施。构建大学的可持续发展网络需要从两方面进行：一方面是进行一般商议，主要是通过设置包含所有利益相关方代表的委员会，定期举行会议，商议大学可持续发展的概念、目标和行动领域并对发展方向达成一致，同时定期向公众报告可持续发展进程；另一方面是对具体主题进行商议以制定解决办法，在此基础上将可持续发展的理念和方法贯彻到大学所有领域，这可以通过专题工作小组、研究中心、学生倡议和研讨会等方式实现。

2. 沟通协调

参与者之间的协调是可持续发展活动顺利开展的一个重要先决条件，因此，大学需要明确相关人员的责任并建立可持续发展管理机构，以便长期协调各方行动。首先，大学可以任命与可持续发展主题相关的协调员，这一职位通常由教授担任，以便在该主题领域贡献其专业知识。其次，大学可以建立跨部门的可持续发展组织，作为大学可持续发展活动的中心，同时加强与大学管理层的联系。最后，可以建立由学生和工作人员共同管理的可持续发展办公室，收集学生的想法，整理和协调学生倡议，发挥学生在可持续发展进程中的作用。

3. 全机构管理

所谓全机构管理包括基于对大学现状的分析，确定目标和具体措施，制定系统的管理程序，建立必要的组织结构，在大学的教学、研究、知识转移、校园运营等各个领域实施商定的措施，并对其效果进行监测和报告。首先，对数据的收集和分析，这不是一个纯粹的技术分析过程，而是需要大量的沟通与合作，提高可持续发展过程的透明度，提高大学内部人员的可持续发展意识，从而增加大学教学、研究、校园运营等领域的可持续发展行动。其次，通过任务声明或指导方针的形式，描述大学的可持续发展目标，并将其分解为具体的行动领域，为可持续发展进程提供方向。落实具体的行动措施，从而在实践上推动可持续发展进程，这些措施同时可以对治理本身产生影响。此外，需要不断宣传可持续发展理念，让大学成员认识到可持续发展的重要性，可以通过公开发布大学的可持续发展报告，加强课程框架内对可持续发展的讨论。最后，须通过大学与利益相关者之间的互动与合作，推动可持续发展成果的进一步交流和发展，以促进可持续发展成果在大学内部及向社会的传播、应用与示范。

（三）转型的路径

第一，以可持续发展为导向重塑大学价值观，实现可持续发展价值观的融入。大学的核心价值观是其走向卓越的关键，在组织转型过程中，需要重视大学价值层的驱动因素。针对核心领域——科学研究，应转变

"追求科研产出最大化"的价值观，转向"追求可持续科研产出"的价值观，即通过负责任创新实现可持续的科研产出，基于这种价值观进行学术治理与绩效评价，建立公平、合理的科研制度杜绝科研资源的浪费与过度使用，确保大学在经费压力下能够持续保持学术卓越。对大学可持续发展的评价，应将治理资源从唯科研成果等指标，转向关注师生健康、个人成长、家庭幸福、工作满意、组织和谐、社区关怀、组织文化等指标上来。

第二，全机构的可持续发展治理涉及管理和协调大学行动，并形成适应性的可持续发展治理框架。环境、社会和治理（ESG，Environmental，Social，Governance）政策体系是贯彻新发展理念、推动高质量发展的工具。ESG 可用来评价组织在环境、社会和治理绩效方面的综合价值。ESG 不可避免地受到行业环境和组织特性的影响。重视 ESG 绩效的企业通常更受市场青睐、有更低的融资成本，企业经营也更稳健。上市公司受资本市场驱动较明显，更关注应付外部需求如 ESG 报告、ESG 评级等 ESG 管理工作，ESG 尚未全面融入产品和服务及内部运营，对研发、采购、人力资源、环境安全职能部门的治理作用尚未真正激活，大学要引以为戒。ESG 对于大学而言，重心应放在运用 ESG 体系实现可持续发展价值体系的重塑上。大学需要探索系统的 ESG 治理与管理体系，形成符合大学组织特性的 ESG 关键领域、关键指标、具体目标和标准，明确可持续发展指标的责任部门、管理要求，使每一指标的具体管理和披露要求都落到实处，告知利益相关者其业务的可持续性和稳定性，反映大学的发展理念和发展成果，校内外的利益相关者可以通过大学的 ESG 表现来感知大学的可持续性和风险。

本书提出大学 ESG 体系构建的一般逻辑，为构建 ESG 治理与管理体系奠定基础，具体详见图 7-2。

环境表现能够反映大学有效地利用最佳环境管理方法，提升其在污染防治、资源利用、减少碳排放等方面的效率与效果，从而帮助大学获得竞争优势。社会表现着重强调大学加强对利益相关方关系的管理，使其能够最大限度地为各利益相关者创造多元综合价值。ESG 中的 G（Governance）要求大学建立负责任的管理机制和制度，建立负责任的可持续发展的文化，以可持续发展为导向重塑大学价值观。治理表现包括两个

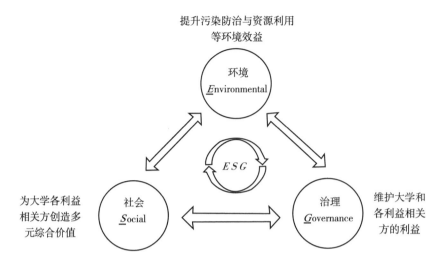

图 7 - 2 大学 ESG 体系的具体内涵

方面，即内部治理和外部治理，指通过一系列制度安排，对大学与利益相关方之间的关系进行协调，最终维护大学以及各利益相关方的利益。

第三，大学主动将可持续发展目标融入发展战略，用"全机构方式"作为转型路径，改善其 ESG 表现并实现环境与社会协同共进。大学需要在战略中将战略目标与可持续发展目标建立联系，在管理中构建利益相关方深度参与机制，在组织发展中打破管理边界、链接多种资源、探索多赢共享，更好地适应可持续发展实践的需求。大学需要建立承担可持续发展治理使命的机构，例如成立"可持续发展委员会"升级 ESG 治理结构。这一机构能够遵循"全机构方法"系统地协调和管理教学、研究、知识转移和校园运营中的可持续发展活动，是大学可持续发展中跨部门管理的核心机构。该治理机构需要从政策层面纳入可持续发展理念的同时，让教学、科研、服务、校园运营活动都能够为可持续发展目标服务，使全校师生能够在整个机构范围内通力合作，共同为可持续发展目标做出贡献。指标管理于大学而言并不陌生，但是大学没有遇到迫在眉睫的各种强制或半强制的可持续发展信息披露监管要求。我们仍然建议大学的可持续发展治理机构保障可持续发展活动信息的公开、透明、可获取、可监测和可比较，促进参与者的共同理解，保障决策与行动的实施，并激励参与者了解进展与效果。治理机构需要对可持续发展活动进行定期评估，及时发现问题并调整行动提高大学可持续发展的质量和效率。可持续发展指标是评估大学可持续发展进程的关键，其制定既要参考外部的可持续发展要求，又要反映对可持续发展的实际贡献。因此，评估指标可以在与大学内外的利益相关方讨论的基础上借鉴全球报告倡议标准、泰晤士高等教育世界大学影响力排名等国际通用指标，并根据大学实际情况完善或增添部分指标。在国内，清华大学、浙江大学等发布过可持续发展报告，主要是报告大学对可持续发展目标的贡献。但如果运用全机构的可持续发展治理方式，可采用 ESG 信息披露框架，报告大学的年度关键绩效、可持续发展战略管理、可持续业务（可包括针对 17 个可持续发展目标开展的可持续发展教育、科研、社会服务等）、社区与校园运营、可持续治理等内容。

二　大学管理的数智革新

技术推动的重塑浪潮正在席卷全球。数字—智能化转型，是大学应对时代之变的战略选择，是实现高等教育学习革命、质量革命和高质量发展的战略选择。人工智能的能力不会局限于回答问题、辅助科研、制作教学课件等，人工智能与高等教育深度融合的前景是实现大学管理的数字化转型和智能化升级。

（一）面临的问题

大学的可持续发展，意味着发展的道路是"平衡且负责"的，然而大学的数智化转型恰恰是极不均衡的转型。中国大学的数智化转型处于初级阶段和中期阶段，一些大学完成数字校园建设、教育信息化建设，完成智慧教学平台、智慧科研平台、采用物联网技术的校园数智管理平台建设等。高教界非常期待数智化转型带来更高效公平的组织治理、更可持续的服务效率。但在现实中，由于种种障碍，大学在数智化转型初期并没有表现出比传统大学更高的管理效能。

首先，无论是诞生于工业时代的传统大学，还是诞生于互联网时代的新型大学，都深刻感受到参与数智革新的紧迫性，但很多大学不具备与智能时代匹配的组织能力来支撑转型。大学管理主体缺乏整体性和全过程的数智化发展思维，在数智化转型过程中更多采取的是一种发现问题然后解决问题的针对型和碎片化治理思维。组织参与和组织承诺不足，也导致转型阻力重重。老大学的组织模式已有历史沉淀，他们犹豫不决、顾虑重重，或者想转型而不得其法。一些大学伴随着数智化进程，开展了组织机构精简优化、削减人员配置的措施，以适应组织变革和管理模式转型的需要。很多一线老师不理解大学为什么要进行数智化转型，担心数智化转型成为对教职工"不友好"的转型，导致工作机会减少、薪酬福利水平下降或裁员等问题。新型大学要通过数字化转型和智能化升级重新定义自己，必须全面拥抱数字化和智能化才能实现"跨越式"的持续发展。虽然船小好调头，但是正在熟悉新制度的大量职场新人还没有完全适应各种新应用的操作，未来重复性操作性的行政工作又即将被机器人、数字人、智能系统承担，新大学的很多新部门又会何去何从呢？

其次，数智化进程难以毕其功于一役，一时之间很难看到效果。大学的管理效能指的是管理体系促进大学高效圆满地完成既定目标、实现大学使命的有效性。这种效能是效率、效果、效益的函数。高等教育工作的对象是教师、学生及其有创新性的成果，不是工业企业的商品，教学、科研、管理的流程不是机械重复的程序。在很多大学，数智化技术与大学核心的人才培养、科学研究的融合不够深入，主要是因为大学的数智化的自主研发和技术创新能力不足，来自企业的数智化解决方案不能简单迁移到大学，这必然需要机构、平台、供应商根据人才培养、科学研究、运营管理等业务需求定制方案，需要大量的资金投入和强有力的组织支持，才能实现全面的数字化转型和智能化升级。

此外，从师生的感受来看，数智化转型初期的大学，大学的内部治理与管理看似合规实则僵化，数智化流程没有变得高效、快捷、灵活、精准。大学通常是从管理业务部门率先开始数字化转型与智能化升级，以便大学内部能够尽快看到数智化转型的效果。一些大学采用具有智能化、平台化、数字化特色的办公系统，采取统一的事务处理、协作沟通、知识共享的协同管理平台。师生认为系统使用确实方便线上办公、审核，但是数据流、审批流、业务流延长办理时间的例子也是不胜枚举的。不少大学虽实现校园数据和场景的可视化，但尚达不到预测时空变化做出改进管理决策的水平。一些大学利用信息技术手段来监测教师的工作状态和工作流程，以维持行政管理的有序和效率化，反而使大学的行政服务变得教条、僵化。中国大学纷纷上线管理系统的人工智能小助手，但师生在办事过程中对其答疑解惑、辅助工作等能力仍然不满意。由于目前存在算法和算力方面的限制，以及对大量数据进行训练的大模型预训练不足，大学应用的多模态人机交互系统尚未能够达到经验丰富的老师所具备的人类智能、管理水平和精准处理问题的能力。因此，目前的人工智能应用在满足师生更准确、个性化和有温度的交互服务需求方面面临很多挑战，需要进一步的研究和改进。

最后，由于很多大学没有在可持续范式下运作数智化转型，导致转型后的大学校园产生了更高的能源消耗和碳排放，给校园碳中和目标带来新压力。近几年促使人工智能突破的驱动力主要来自数据和计算，但需要大量计算与反复训练密集型的深度模型，导致大量的能源消耗和碳排放。因此，我们担心随着人工智能技术在高等教育场景的应用越来越广泛，也会导致能源消耗和碳排放的增加，需要相应的校园碳中和措施。

（二）转型的策略

第一，大学应在可持续的范式下完成新型数智化转型，推动对社会负责任的数智化转型。数智化，不单在于技术，更关乎人；不单是一种工具，更是战略本身。因此，数智化转型不是引入技术就够了，而是要作为一种战略，进行组织转型。传统大学采用颠覆式的变革模式，意味着采取新的模式、新的技术、新的管理思路等，尽管新的模式在其他新型大学中被证明是有效的，但能否在本组织内部发挥作用，仍然依赖本组织对新知识的掌握程度。在可持续发展范式下推动大学的数智化转型，建议运用可持续发展的四重底线模型，探索组织数智革新的转型路线。建议面向可持续发展的大学，把可持续发展理念以数据及智能的形式具体纳入大学管理，加快将数字技术运用于治理与管理的各阶段，改善管理结构和组织架构，合理运用数字化平台并协同工作实现精益管理，优化资源配置并提升资源利用效率，提升大学治理水平。提供师生所需且能参与的数据交互及决策平台，可以加快可持续校园建设（例如节能减排）、大学实践 SDG 的数据化进程，从师生可持续发展实践体验、校园生态可持续、组织可持续方面融入组织数据化、数智化转型的路线。

第二，通过数智革新，大学的数字空间和物理空间高度融合，大学的管理体系成为由人和智能系统所组成的行动者联合体。在人工智能技术的加持下，数字治理平台作为治理施动者的趋势日益明显，人机关系正在从"治理主体使用治理工具"转变为"治理工具驱动治理主体"。治理的技术网络越来越多地被外部智能环境所塑造，从"技术内嵌于治理机构"转变为"治理技术适应外部智能环境"。在目前的数智化转型场景下，大学运用人工智能技术、区块链技术、大数据技术等数字技术支撑，激发高等教育的转型与管理创新。一方面通过视频探头、网络数据留痕、自动识别等技术从物理空间采集数据，另一方面又把数据传送、加工、分析后的结果通过"数据驾驶舱"、自动预警等系统反馈回物理世界。在大学的人、物、事件都"数据化"，且不同管理环节的数据联动起来之后，智能系统可以依靠机器学习挖掘数据背后隐藏的规律，并据此做出决策。智能系统也会通过智能提醒等指令影响、塑造着治理者的行为动机。未来，人工智能会成为治理过程中协调人与人、物与物、人与物之间相互关系的指挥中枢，也能够提升决策的准确性和决策效率。大学的管理体系会成为由人和智能系统所组成的行动者联合体，智能系统逐渐作为治理主体的一部分而发挥作用①。

第三，大学数智化转型的目的并不是"机器换人"或"教师下岗"，它的本质还是"转型"，是要运用数字—智能技术赋能师资管理与工作设计，促进新兴技术以更深入、更以人为中心的方式重塑人的潜力、优化工作环境，让教师的工作变得更有意义，更有地位，更有尊严。人工智能的发展，主要是靠海量数据，从数据中学习从而获得智能。人工智能在大学管理中应用的挑战已经不在算法、大模型本身，而是数据没有跟着应用快速生长起来。不可一味地改革而不管人的价值。人工智能不应被视为人类教师的替代者，大学数智化创新的使命并不在于采用最新科技或迎合前沿趋势，数智化转型要始终坚持以人为本，秉持可持续发展的价值观。大学的大量基层老师和学生是数智化转型的第一接触点，他们提供大量的行为数据，使智能系统的数据积累跟着应用生长，才能实现数字员工、辅助决策等基于数据和算法的高等教育治理新模式，实现真正的数智化转型提效。

第四，大学需要数智技术与高等教育深度融合，深入应用人工智能，

---

① 陈振明、张树全：《技术与制度互构关系转换及其对公共治理的影响》，《公共管理学报》2023 年第 4 期。

创造更高效应用场景，使数智化深入大学的核心工作。大学应当系统推进权力、科层、信息、技术与场景的良性互动，解决技术与制度规则之间的异步困境，加快组织能力重塑，善于应对各种人工智能治理困境和挑战。截至 2023 年年底，中国累计发布了 200 多个人工智能大模型，其中有 20 多个产品获批向公众提供服务。国产人工智能大模型持续迭代升级，其自然语言交互与多场景内容的生成能力逼近人类。其实，大学能够使用的大模型是通用型基座大模型，需要针对某一个应用场景精调。不建议大学将数智化转型的命运完全"外包"给企业供应商及其 IT 运维团队，倡导通过校企协同创新的方式，自主研发、应用并推广可复制、易推行、有成效、低成本的解决方案和数智化系统、产品与服务。通过典型范例让更多大学看到潜力和希望，认识到数智化的必要性、紧迫性，提高数智化的主动性和积极性。高等教育学界需要加强人工智能时代的大学组织演进理论和实践研究，尤其是数智化转型驱动的治理范式变革研究，以及在可持续范式下实现大学数智化转型的实践研究。

三　提升治理效能的路径

治理效能的改进成为备受关切、亟待改革的问题。组织规模较大的研究型大学各治理主体的治理任务出现显著膨胀，同时又因新的治理目标、任务的出现，组织面临权力、资源与治理任务不匹配和权责不清的情况，受科层体制权力、责任、资源调整响应周期长的限制，治理效率始终难以提升，治理效益仍显不佳。规模精干的新型研究型大学积极探索治理创新，虽然有的新型大学已经完成或接近完成组织转型，但新的治理与管理结构、新的制度与政策设计在运行过程中由于缺少组织迭代、管理人员经验不足等因素，并没有实证研究证据表明新型研究型大学的治理效能高于传统研究型大学。

（一）实现有效治理

即便是高等教育最发达的国家，大学也面临着调整和改革的压力，需要提升治理效能。一方面，现代大学的治理场景的复杂性不断增加，大学与内外部环境的持续深度互动，使治理涉及越来越多利益相关者的博弈。治理结构完善的进程，也体现着各利益主体权力博弈的过程。大学内部利益日趋多元、管理更加复杂、社会互动频繁，诸多不稳定因素导致大学治理潜藏着风险，需要提升治理效能。另一方面，大学之间的竞争日趋激烈，大学的改革与发展需要越来越多的资源加持。一些主体手握资源，其行为决策对大学发展的重要性不言而喻。一旦高等教育发展所需的各类资源垄断在少数大学、少数组织、少数人手中，为各方参与者攫取私利、损害治理效率，就会抑制大学创新能力的提升，加剧不平等，导致高等教育发展不平衡、不可持续且危机四伏。因此，大学需要通过完善治理结构和治理机制减少信息不对称下的效率损失，维护大学的运营效率和利益相关者的合法权益。如何通过制度安排与机制设计提升治理水平，成为大学治理研究的当务之急，亟须理论界予以回应。

大学的有效治理是高质量教学和科研的重要保障。实现可持续发展，需要大学的有效治理，提升大学的治理效能。本书认为，大学治理是大学实现自身目标和任务的治理结构、治理规则和治理实践的总和，包括治理主体及各主体责任的分配、利益相关者行为的控制和标准、决策的程序和过程及规则的规定等[①]。有效治理是大学治理的理想状态，即为实现大学公共利益最大化的社会管理过程。顾建民认为，大学的有效治理包含两方面的特定含义[②]：一是"有效的"治理，最终体现在高深知识的生产、传播和应用上，充分实现了大学应有的功能，满足各利益相关者对大学的期待；二是"有效地"治理，使各利益相关者在大学运行中各尽所能，确保大学目标得以实现。

治理的有效性取决于治理效果和效率，即在取得预期结果的同时，最佳利用资源的过程和制度。治理效能可以简单理解为大学的治理模式和治理体系助力大学实现大学使命的有效性[③]。主要包括科学决策效能、战略规划效能、问责效能、管理运营效能等方面内容，体现着各利益相关者在决策、规划、问责等方面参与大学治理的效率、效果、效益。

国内外学者们普遍认同，无论是历史还是现实，各国的大学不存在统一不变的有效治理模式。中国大学治理体系的建立既要吸收西方大学

---

① 李立国、王梦然：《制度与人：大学治理的建构与演进》，《中国高教研究》2021 年第 9 期。

② 顾建民等：《大学何以有效治理：模式、机制与路径》，上海交通大学出版社 2021 年版。

③ 常桐善：《推进高等教育数字化转型 强化治理效能——美国的实践经验及其对中国的启示》，《中国教育信息化》2022 年第 2 期。

发展中的有益经验，也要凸显中国特色，探索在中国的社会制度和文化传统之下的具有中国特色的现代大学治理体系。大学有效治理的归宿是促进高等教育更好地体现人民意志、保障人民权益、促进人的全面发展。

随着高等教育系统由自上而下的治理结构转变为许多利益相关者之间更为横向的互动，教师、学校领导、学生、地方或区域教育决策者、高等教育机构等利益相关者都应参与大学的可持续发展政策的制定和实施过程。这种政策实施过程本身就可以成为改善高等教育系统的一种手段。大学治理要改变以往的低效、无效状态，完善治理结构，提高治理能力和治理效能。在内部治理上，大学要完善治理结构，形成多元的治理主体，使大学内部管理权力配置合理，权责明晰，健全完善内部运作机制，确保高效的决策过程；在外部治理上，大学要处理好政府和社会等其他利益相关群体的关系，努力使大学的政策和目标获得外部各界的认同和接纳，从而使外界更好地支持和服务大学。

（二）技术治理驱动

本节涉及的"技术"特指新一轮科技革命中以人工智能、移动互联网、云计算、大数据、物联网等为代表的新兴信息技术。每一项划时代意义的技术创新都会带来技术治理体系的变迁，甚至影响整个社会治理形态的演进。

技术治理作为国家刚性的制度结构与柔性的治理技术之间的调适性工具，在日益复杂的社会问题和公共事务中发挥着不可替代的作用。在现代治理制度的支撑下，技术治理着力于弥补政府治理缝隙，解决委托和代理难题，以及应对现代治理日益加剧的复杂性问题。技术赋能治理在提升信息流系统的透明度、治理主体的信息交互与应用方面具有优势。技术赋能治理创新正在成为形成多元互动关系和实现治理机制转型的新型驱动力。各级政府花费巨资推动科技赋能，寄希望于各类科技手段，为公共治理插上技术的翅膀，技术治理被寄予厚望。

现代大学的治理形态本质上是由技术形态决定的，但其治理形态的变革并不是技术形态直接给予的，而是通过影响社会形态和大学组织形态间接赋能的。在不同的发展阶段，大学对应着不同的治理形态。从组织层面来看，大学由传统的单一学术机构发展成为兼具学术组织和大型社会组织双重属性的机构。大学的治理形态必然经由传统的经验（模仿）

管理走向依托技术应用的治理乃至智能技术全面赋能下的数据治理、规则治理和程序智能①。

现实中人工智能应用所引发的技术利维坦、数字鸿沟、信息茧房、马太效应、伦理困境等，则使人工智能治理成了一项复杂工程②，大学不得不在人工智能的"繁荣"与"风险"的割裂中施试而行。虽然大学需要努力推动新兴信息技术在管理中的应用来实现更加有效的治理，但是我们确实需要正视高等教育的特殊性，以及将大数据、人工智能用到管理决策上潜在的风险。大数据分析及其应用最为人称道的优势是它的预测能力，但是商业分析中最有效的预测分析有时也可能导致大学危险的治理决策。它不仅需要用到学生的个人隐私信息，而且管理者也有可能依据大数据分析的结果做出草率的判断。科学运用大数据的前提，是对于高等教育发展规律及其基本规范的理解，而不是盲目地照搬企业管理的分析论。

有效治理的挑战之一，正是治理主体间存在着信息不对称，因信息供给不足、缺乏有效沟通导致组织之间难以进行高效的协调，使治理效率降低甚至治理失效。技术治理可以作为一个可持续管理的工具，且不是一个僵化的结构，而是一种活的、不断发展的灵活方法，促进组织的可持续发展转型。数智化转型不仅仅是管理手段、治理工具的技术应用和升级，其重要的特征在于将数字技术、智能技术融入管理体系，从而建构一个从信息采集、分析研判、咨询论证、规划决策、执行监控的持续行动系统。大学治理与管理的数智革新，意味着教育管理决策将从管理流程为主的线性化向以数据为中心的扁平化、平台化转变，从粗放式管理走向精准化治理。除了运用规制型、经济型、志愿型等传统政策工具之外，大学的可持续组织转型还需要结合特定的时代背景，开展相应的治理创新。行动主体异质性、多要素的交互作用、组织转型的复杂性与不确定性、新旧制度竞争与共演等，这意味着在大学系统的变革过程中，需要创新性、系统性的治理方法和工具，需要运用适切的治理工具

---

① 张海生：《智能技术赋能下的大学治理形态变革》，《高校教育管理》2021 年第 5 期。
② 庞祯敬、薛澜、梁正：《人工智能治理：认知逻辑与范式超越》，《科学学与科学技术管理》2022 年第 9 期。

和技术策略去引导、控制、规范、协调和平衡各方主体。

（三）采取软治理机制

软治理是一种新型治理模式，是通过价值观念、道德理念、政治经验等文化的浸润对社会成员进行合理内化以达到治理目的。从治理方式来看，软治理主要采取文化指引、精神感召、制度规训、心理认同等以规范、文化和价值为基础的治理方式。软治理机制依靠对话、协商、信息等非约束性工具，主要通过参与方的自觉约束和自我认同来治理。

联合国教科文组织大力提升全球层面对可持续发展理念与模式的国际认同，并主要通过可持续发展教育议程和标准制定、能力建设、信息分享、国际合作伙伴网络建设等"软机制"进行"软治理"。

经济合作与发展组织通过设计、管理和实施 PISA 测试，进行广泛的教育数据收集、整理和分析并进行公开，提高了其在教育领域的国际组织的地位，实现了全球教育的"软治理"。

2014 年开始的中国普通本科高校向应用技术类型高等学校转型的改革，是典型的政府政策驱动的大学转型的"硬"治理，即教育行政部门以条例、规章、决定、通知、意见、决议等形式来强制约束大学的转型、规范办学行为。

面向可持续发展的大学组织转型，应减少强制性的行政干预，避免用规划方式确定大学可持续发展的各类硬指标。面向可持续发展的大学组织转型，适合采用更为复合、平衡、弹性的方式治理，使大学有能力根据环境变化制定可持续发展转型策略，而不是用固定的、强制的治理方式驱动新的组织转型。教育行政部门可通过"建议"的形式协调大学开展可持续发展关键行动领域建设，通过程序导向的评价指标体系、基准参照式评价方法及多种在线反馈工具的设计重申关键行动领域的建设目标及要求，制定指标、标准和基准清单，推广示范大学的良好实践，帮助和监测大学对相关建议的执行。

价值认同是软治理的核心，群体认同的可持续发展价值观是大学可持续发展组织转型的驱动因素。针对可持续校园的环境管理，大学可以通过协商合作、文化引领、道德动员、荣誉激励等软治理机制来推动环境治理，行为导向应从刚性行为向共识性引导性行为转型，增强治理主体号召力、核心价值引领力以及广大师生的行动力。

四　强化可持续发展的资源支撑

(一) 面临的问题

大学能否在风险增量化、复杂化、数字化背景下实现可持续发展？

2023 年 6 月，联合国教科文组织曾发出警告，实现 SDG 4 面临巨大的教育投资缺口，呼吁保障可持续的国家公共教育经费，并促进教育资源的公平分配。有学者认为，近年来，欧洲大学的财政经费不断缩减，大学接受的社会捐赠明显减少，缺少经费阻碍了大学履行多维的社会责任①。2020 年以来，在国内我们也观察到一些大学对于开放校园、服务社区、环境责任、援助社会弱势群体等"非学术型"的社会责任，开始有意回避或暂时搁置。

新大学的快速发展主要依赖巨大的财政投入和人才红利，其实自身的战略、治理、组织能力、行政效能等还十分薄弱。快速发展的大学对中央或地方政府的财政拨款依赖程度高，运行成本持续增加，一旦来自政府的财政经费缩减或哪怕是维持现状，组织很快就会出现种种问题。经济不景气时，企业对创新投资持更加谨慎的态度，不愿意持续冒险为校企合作投入大量资金，一些受社会资金支持的协同创新机构，也会因资金链断裂而停止科研活动面临关闭。

大学可持续发展治理传统上往往被视为政府应当承担的职责。个别大学因过度开发、负债过高、无力偿还，却由地方政府"买单"使其不"破产"。个别大学因生源严重不足、办学质量较差难以为继，地方教育行政部门希望将其"合并"给发展势头好的公立综合性研究型大学。但是接收大学也担心几年后被拖累，面临着很大的治理压力。数智化转型或许会成为挽回颓势的生存手段，但其数智化转型面临预算受限、缺人才、缺技术、阻力强等严峻问题。

(二) 转型的策略

无论哪种类型的大学，办学资源都是大学实现高质量可持续发展的关键支撑。为促进自身以及社会的可持续发展，大学需要强化可持续发

---

① 李凤玮、马在天：《重新定义未来大学——欧洲大学协会〈没有围墙的大学——2030 年愿景〉解读》，《江苏高教》2024 年第 1 期。

展的资源支撑和配置。新成立的大学更要在积极履行社会责任的过程中，拓展办学资源，形成可持续发展的资源体系。

第一，建立可持续的资源保障体系，构建核心层、紧密层、合作层格局有序、风险可控的资源统筹机制，健全办学经费保障机制，更加高效配置资源。要注重人的主体性的资源供给，使资源供给各方都能够在整个体系中稳健运行，营造支撑学校发展的可持续资源体系。

第二，通过有效的资源管理和配置机制改革，提升资源动态调整和优化配置的现代化水平。完善以绩效为导向的资源配置机制，促进资源要素的合理流动和联动共享。中国大学应进一步健全灵活运用各种发展资源的体制机制，资源配置充分体现以人为本的理念，注重人的主体性的资源供给，强化资源配置和师生需求的匹配。坚守主责主业，防止盲目扩张，正确利用好校内外发展资源。全面实现办学资源为人的成长服务，不断改善支撑人才发展的生态环境，推动重大平台为人的成长成才提供全周期全方位支持。

第三，全面提升资源管理能力，增强资源拓展能力。积极拓展大学的外部资源，强化资源开发与协作，使支撑学校发展的资源条件持续改善，使学校可持续发展能力和生态环境进一步提升。大学可以充分利用新资源、新技术进行调整与变革，通过将现有办学资源与数字资源有机结合进行重组创造，获得更广阔的发展空间。主动服务国家重大战略和经济社会高质量发展，使政府支持、社会捐赠、科研经费规模等稳步增长，既要满足学校快速发展的需求，又不损害长远可持续发展的需要。

参考文献

中文文献

著作

程海东：《文明进程中的可持续发展研究》，中国社会科学出版社 2016 年版。

顾建民等：《大学何以有效治理：模式、机制与路径》，上海交通大学出版社 2021 年版。

关婷：《2030 年可持续发展议程的现实挑战与落实之道》，社会科学文献出版社 2022 年版。

孙继荣：《可持续发展战略方法论》，中国经济出版社 2023 年版。

[荷] 埃琳娜·卡瓦尼亚罗、[荷] 乔治·柯里尔：《可持续发展导论：社会·组织·领导力》，江波、陈海云、吴赟译，同济大学出版社 2018 年版。

[美] 伯顿·克拉克：《大学的持续变革——创业型大学新案例和新概念》，王承绪译，人民教育出版社 2008 年版。

[英] 杰拉尔德·G. 马尔腾：《人类生态学——可持续发展的基本概念》，顾朝林等译，商务印书馆 2021 年版。

联合国教科文组织编：《一起重新构想我们的未来：为教育打造新的社会契约》，教育科学出版社 2022 年版。

[美] 罗杰·盖格：《美国高等教育史：学习与文化，从学院建立到二战》，葛玉梅译，社会科学文献出版社 2021 年版。

[英] 迈克尔·吉本斯、[英] 卡米耶·利摩日、[英] 黑尔佳·诺沃提尼等：《知识生产的新模式——当代社会科学与研究的动力学》，陈洪捷、沈文钦等译，北京大学出版社 2011 年版。

［英］托尼·比彻、［英］保罗·特罗勒尔：《学术部落与学术领地——
　　知识探索与学科文化》，唐跃勤、蒲茂华、陈洪捷译，北京大学出版社
　　2018 年版。

［德］乌尔里希·泰希勒：《迈向教育高度发达的社会：国际比较视野下
　　的高等教育体系》，肖念、王绽蕊主译，科学出版社 2015 年版。

期刊论文

陈振明、张树全：《技术与制度互构关系转换及其对公共治理的影响》，
　　《公共管理学报》2023 年第 4 期。

常桐善：《推进高等教育数字化转型　强化治理效能——美国的实践经验
　　及其对中国的启示》，《中国教育信息化》2022 年第 2 期。

杜娟：《吴红波：〈2030 议程〉的全球推进与可持续发展的中国叙事》，
　　《可持续发展经济导刊》2019 年第 3 期。

樊秀娣、阮文洁：《全球早期学者职业发展困境、原因及对策研究》，《比
　　较教育研究》2022 年第 10 期。

冯磊：《责任与合作：英国大学全面应对气候危机行动探析》，《比较教育
　　研究》2022 年第 7 期。

［德］卡特琳·科尔、［加］查尔斯·霍普金斯：《疫情下运用情景思维
　　推进可持续发展教育》，《比较教育学报》2021 年第 6 期。

阚阅、徐冰娜：《可持续发展教育全球行动计划动因、机制与反思——联
　　合国教科文组织全球治理的视角》，《比较教育研究》2020 年第 12 期。

柯兵、孙新章：《城市层面落实联合国 2030 年可持续发展议程的中国探
　　索：国家可持续发展议程创新示范区》，《中国人口·资源与环境》
　　2023 年第 7 期。

刘宝存、徐辉、饶从满等：《教育公平、创新与变革——联合国教育变革
　　峰会主题笔谈》，《比较教育学报》2022 年第 6 期。

刘文杰：《可持续性共创：大学社会服务职能的新拓展》，《比较教育研
　　究》2019 年第 7 期。

李凤玮、马在天：《重新定义未来大学——欧洲大学协会〈没有围墙的大
　　学——2030 年愿景〉解读》，《江苏高教》2024 年第 1 期。

李立国、王梦然：《制度与人：大学治理的建构与演进》，《中国高教研

究》2021 年第 9 期。

李鹏虎、王梦文:《世界一流大学如何实施跨学科组织改革——基于领导力视角的分析》,《高等工程教育研究》2022 年第 1 期。

李莹:《大学促进可持续发展的驱动力研究》,《世界教育信息》2023 年第 6 期。

马佳妮:《高等教育促进可持续发展:国际经验与中国实践》,《教育研究》2023 年第 5 期。

庞祯敬、薛澜、梁正:《人工智能治理:认知逻辑与范式超越》,《科学学与科学技术管理》2022 年第 9 期。

彭婵娟、刘宝存:《乌卡时代教育体系的重塑——基于国际组织教育变革文件的分析》,《高等教育研究》2023 年第 7 期。

史静寰、叶之红、胡建华等:《走向 2030:中国高等教育现代化建设之路》,《中国高教研究》2017 年第 5 期。

史根东、张婧、王鹏:《塑造面向可持续发展的教育——联合国教科文组织世界可持续发展教育大会综述》,《世界教育信息》2015 年第 6 期。

申超、杨沐琳:《有差异的跨越——美国大学中两类跨学科组织运行的个案比较》,《大学教育科学》2022 年第 2 期。

眭依凡:《促进人类命运共同体构建:高等教育的使命与行动》,《中国高教研究》2023 年第 7 期。

唐虔:《全球教育治理的一次成功实践——对国际社会制定 "2030 教育议程" 的回忆》,《比较教育学报》2023 年第 4 期。

袁振国:《教育数字化转型:转什么,怎么转》,《华东师范大学学报》(教育科学版)2023 年第 3 期。

王维军:《高等教育转型促进全球可持续发展》,《上海教育》2022 年第 20 期。

吴寒天、阎光才:《大学与人类命运共同体的建构——中国大学的时代使命与自我革新》,《探索与争鸣》2019 年第 9 期。

邬大光:《大学转型发展的时代呼唤》,《中国高教研究》2021 年第 8 期。

翁默斯、宣勇:《创业型大学的组织转型:分析框架与演进图景》,《教育发展研究》2023 年第 11 期。

吴云雁、张永军、秦琳:《为绿色转型而学习——欧盟可持续发展教育政策分析》，《比较教育研究》2023 年第 4 期。

薛澜、关婷：《多元国家治理模式下的全球治理——理想与现实》，《政治学研究》2021 年第 3 期。

邢磊、马莹、王竹筠等：《满意度说明了什么——学生评教视角下"教"和"学"的关系》，《江苏高教》2022 年第 8 期。

赵婷婷、郭曼瑞：《哈佛大学的三次转型：美国世界一流大学生成的历史经验》，《中国高教研究》2021 年第 10 期。

张海生：《智能技术赋能下的大学治理形态变革》，《高校教育管理》2021 年第 5 期。

赵中建：《21 世纪世界高等教育的展望及其行动框架——'98 世界高等教育大会概述》，《教育发展研究》（原《上海高教研究》）1998 年第 12 期。

赵湘、钟周、刘靖：《主动塑造未来：七所日本国立大学可持续发展战略研究》，《世界教育信息》2022 年第 11 期。

张银英、杨刚、徐佳艳等：《人工智能素养模型构建及其实施路径》，《现代教育技术》2022 年第 3 期。

英文文献

Brusca I., Labrador M., Larran M., "The Challenge of Sustainability and Integrated Reporting at Universities: A Case Study", *Journal of Cleaner Production*, Vol. 188, July 2018.

Filho L., Will M., Salvia A., et al., "The Role of Green and Sustainability Offices in Fostering Sustainability Efforts at Higher Education Institutions", *Journal of Cleaner Production*, Vol. 232, September 2019.

Francisco S., Matheus Leite C., Luiz E. G., et al., "Proposal for Sustainability Action Archetypes for Higher Education Institutions", *International Journal of Sustainability in Higher Education*, Vol. 23, No. 4, April 2022.

Kelly C., "A Global Humanities Approach to the United Nations' Sustainable Development Goals: Understanding Planet, People and Prosperity", *London: Routledge*, 2023.

Leal W., Shiel C., Paço A., et al., "Sustainable Development Goals and

Sustainability Teaching at Universities: Falling behind or Getting Ahead of the Pack", *Journal of Cleaner Production*, Vol. 232, September 2019.

Nidumolu R., Prahalad C. K., et al., "Why Sustainability Is Now the Key Driver of Innovation", *Harvard Business Review*, September 2009.

OECD, *The Short and Winding Road to 2030: Measuring Distance to the SDG Targets*, Paris: OECD Publishing, 2022.

Pedro E. M., Leitão J., Alves H., "Do Socially Responsible Higher Education Institutions Contribute to Sustainable Regional Growth and Innovation?" *International Journal of Sustainability in Higher Education*, Vol. 23, No. 8, July 2022.

Velázquez L., Munguia N., Platt A., et al., "Sustainable University: What Can Be the Matter?" *Journal of Cleaner Production*, Vol. 14, No. 9 – 11, 2006.

Wals A., Jickling B., "Sustainability in Higher Education: From Doublethink and Newspeak to Critical Thinking and Meaningful Learning", *Higher Education Policy*, Vol. 15, No. 2, June 2002.

Weenen H. V., "Toward a Vision of a Sustainable University", *International Journal of Sustainability in Higher Education*, Vol. 1, No. 1, April 2000.

后　　记

2020 年以来，重大全球性问题频发，气候变化、生态失衡、环境污染、新冠疫情大流行、恐怖主义、军事冲突、核扩散等全球性危机日益严峻。新一轮科技革命正在将人类社会带入数字—智能时代，人工智能赋能和重构的行业和领域将持续增加，人类未来的大学将会发生什么样颠覆性的变化，需要从不同的维度去思考和行动。世界之变、时代之变、教育之变正以前所未有的方式展开。全球高等教育目前正在经历其漫长历史中的一段最不确定的时期。

人们曾经乐观地以为高等教育系统中存在与面临的种种问题，通过叠加新的改革能够得以解决，然而，企图用已经产生问题的发展模式、思维方式来解决大学存在的问题，是难以真正成功的。我们需要站在可持续发展的新视角进行系统性的思考，为大学规划并发展出实现可持续发展的科学框架，这一框架能够在解释大学可持续发展的底层逻辑方面发挥关键性作用，从而帮助政策制定者和实践者解决极具挑战性和威胁性的问题。因此，我相信这本书会为试图促进大学可持续发展的人们提供新的见解和灵感。

本书凝结着我数年坚持不懈的努力，是我撰写的"大学社会责任"系列学术专著三部曲之一。第一部《大学社会责任理念与履行模式研究》于 2016 年出版，第二部《大学社会责任的组织融入与治理》于 2020 年出版。第三部《负责任的大学：面向可持续发展的组织转型》（原书名）写作自 2020 年开始，至 2024 年年初结束。2023 年 11 月，我的著作《大学社会责任的组织融入与治理》获得第九届辽宁省哲学社会科学奖·成果奖二等奖。我"甘坐十年冷板凳"的研究，得到了学术界的认可。我非常期待这三本书能惠及和鼓舞致力于履行社会责任的大学。

本书的研究内容基于我主持完成的全国教育科学规划国家青年课题"社会责任视角的大学可持续发展组织转型研究"。在研究历程中，我寻访和调研各地的大学，深入组织创新的现场，和众多的未知不期而遇。无论在学术层面或是实际调研中，我感受到可持续发展理念和方法论对一些大学的组织治理带来一定程度的影响与改变；我观测到不同政策行动者对可持续发展目标的立场、解读与博弈的交互形塑；我批判大学组织制度中的不可持续的行为与错误；我质疑自己踌躇满志提出的"可持续发展组织转型"策略。为可持续的未来重塑高等教育绝非易事。可持续发展的美好使命与愿景，激励着我们努力前行，但我们恐怕也要摒弃乌托邦式的希望，拥抱教育政策与管理研究中的不确定性。

感谢大连理工大学高等教育研究院各位老师多年来对我研究工作的指导与支持，感谢南方科技大学高等教育研究中心沈红讲席教授及其主编"南科高教系列丛书"的指导与支持，感谢中国社会科学出版社赵丽老师为本书出版所做的工作。

感谢我的导师欧进萍院士对我的培养，感谢大连理工大学教育经济与管理专业毕业的牟园园、徐蕾、李福林、兆玥琪、李环环、马文瑜、刘嘉梦、徐晓宇与我共同开展本书的研究工作，感谢认真负责、无私奉献的科研助理姚凯博、李珍珍，感谢他们对本书科研工作的贡献。

本书如有疏漏和不当之处，诚望读者不吝赐教。欢迎学术同行和读者将建议与评价反馈至我的工作邮箱：kangl@ sustech. edu. cn。

康　乐

2024 年 1 月